中国地方社会科学院学术精品文库·浙江系列

中国地方社会科学院学术精品文库·浙江系列

悉尼·韦伯社会主义思想与实践

A Study of Sidney Webb's Socialist Thoughts and Practices

●毛　杰/著

社会科学文献出版社
SOCIAL SCIENCES ACADEMIC PRESS (CHINA)

本书由浙江省省级社会科学学术著作

出版资金资助出版

打造精品　勇攀“一流”

《中国地方社会科学院学术精品文库·浙江系列》序

光阴荏苒，浙江省社会科学院与社会科学文献出版社合力打造的《中国地方社会科学院学术精品文库·浙江系列》（以下简称“《浙江系列》”）已经迈上了新的台阶，可谓洋洋大观。从全省范围看，单一科研机构资助本单位科研人员出版学术专著，持续时间之长、出版体量之大，都是首屈一指的。这既凝聚了我院科研人员的心血智慧，也闪烁着社会科学文献出版社同志们的汗水结晶。回首十年，《浙江系列》为我院形成立足浙江、研究浙江的学科建设特色打造了高端的传播平台，为我院走出一条贴近实际、贴近决策的智库建设之路奠定了坚实的学术基础，成为我院多出成果、快出成果的主要载体。

立足浙江、研究浙江是最大的亮点

浙江是文献之邦，名家辈出，大师林立，是中国历史文化版图上的巍巍重镇；浙江又是改革开放的排头兵，很多关系全局的新经验、新问题、新办法都源自浙江。从一定程度上说，在不少文化领域，浙江的高度就代表了全国的高度；在不少问题对策上，浙江的经验最终都升华为全国的经验。因此，立足浙江、研究浙江成为我院智库建设和学科建设的一大亮点。《浙江系列》自策划启动之日起，就把为省委、省政府决策服务和研究浙江历史文化作为重中之重。十年来，《浙江系列》涉猎领域包括经济、哲学、社会、文学、历史、法律、政治七大一级学科，覆盖范围不可谓不广；研究对象上至史前时代，下至21世纪，跨度不可谓不大。但立足浙江、研究浙江的主线一以贯之，毫不动摇，为繁荣我省哲学社会科学事业积累了丰富的学术储备。

贴近实际、贴近决策是最大的特色

学科建设与智库建设双轮驱动，是地方社会科学院的必由之路，打造区域性的思想库与智囊团，是地方社会科学院理性的自我定位。《浙江系列》诞生十年来，推出了一大批关注浙江现实，积极为省委、省政府决策提供参考的力作，主题涉及民营企业发展、市场经济体系与法制建设、土地征收、党内监督、社会分层、流动人口、妇女儿童保护等重点、热点、难点问题。这些研究坚持求真务实的态度、全面历史的视角、扎实可靠的论证，既有细致入微、客观真实的经验观察，也有基于顶层设计和学科理论框架的理性反思，从而为“短、平、快”的智库报告和决策咨询提供了坚实的理论基础和可靠的科学论证，为建设物质富裕、精神富有的现代化浙江贡献了自己的绵薄之力。

多出成果、出好成果是最大的收获

众所周知，著书立说是学者成熟的标志；出版专著，是学者研究成果的阶段性总结，更是学术研究成果传播、转化的最基本形式。进入20世纪90年代以来，我国出现了学术专著出版极端困难的情况，尤其是基础理论著作出版难、青年科研人员出版难的矛盾特别突出。为了缓解这一矛盾和压力，在中共浙江省委宣传部、浙江省财政厅的关心支持下，我院于2001年设立了浙江省省级社会科学院优秀学术专著出版专项资金，从2004年开始，《浙江系列》成为使用这一出版资助的主渠道。同时，社会科学文献出版社高度重视、精诚协作，为我院科研人员学术专著出版提供了畅通的渠道、严谨专业的编辑力量、权威高效的书稿评审程序，从而加速了科研成果的出版速度。十年来，我院一半左右科研人员都出版了专著，很多青年科研人员入院两三年左右就拿出了专著，一批专著获得了省政府奖。可以说，《浙江系列》已经成为浙江省社会科学院多出成果、快出成果的重要载体。

打造精品、勇攀“一流”是最大的愿景

2012年，省委、省政府为我院确立了建设“一流省级社科院”的总体战略目标。今后，我们将坚持“贴近实际、贴近决策、贴近学术前沿”的科研理念，继续坚持智库建设与学科建设“双轮驱动”，加快实施“科研立院、人才兴院、创新强院、开放办院”的发展战略，努力在2020年年底总体上进入国内一流省级社会科学院的行列。

根据新形势、新任务，《浙江系列》要在牢牢把握高标准的学术品质不放松的前提下，进一步优化评审程序，突出学术水准第一的评价标准；进一步把好编校质量关，提高出版印刷质量；进一步改革配套激励措施，鼓励科研人员将最好的代表作放在《浙江系列》出版。希望通过上述努力，能够涌现一批在全国学术界有较大影响力的学术精品力作，把《浙江系列》打造成荟萃精品力作的传世丛书。

是为序。

张伟斌

2013年10月

目　录

第一章
绪论

本书以“悉尼·韦伯社会主义思想与实践”为名，主要阐述韦伯社会主义思想的基本内容以及在社会改革领域的具体体现，并对其社会主义思想的特点、影响与不足进行分析与评价。

第一节　选题的缘由

从19世纪中后期开始，英国工业在国际社会的垄断地位逐渐下降，其经济虽从总体上看仍处于发展之中，但衰退之势已开始显现。在1873年国际经济危机爆发之后，英国经济长期处于波动状态，并经历了一个长达24年之久的大萧条。此次大萧条最明显的后果是出现长时期的物价下跌，其中资本家是受影响最深的，而工人阶级尤其是其上层如技术工人和熟练工人等，实际生活水平反而随着物价下跌而有所提高。然而，随着失业问题日益严重，工人阶级的生活状况也开始受到影响。当时兴起的大量有关工人阶级生活状况的社会调查，注重对社会普遍贫困状况的揭露，引起了社会尤其是中产阶级知识分子的普遍关注。这部分人在寻找解决之道时，都不约而同地对以往自由资本主义阶段的自由放任和无限制竞争进行批判，并试图通过国家实行一定程度的政府干预来解决社会贫困问题。在这一背景下，社会主义在19世纪80年代的英国又开始复兴。值得注意的是，这一阶段英国的社会主义虽然与以往的社会主义，诸如空想社会主义、马克思的科学社会主义具有一些共同的目标，如追求经济平等，但是随着英国政治民主化进程的发展，当时英国的社会主义思想家普遍接受了运用民主政治的办法来实现社会主义目标的观念。

悉尼·韦伯（Sidney James Webb，1859-1947）是当时英国社会思潮由19世纪的激进自由主义向20世纪社会民主主义转变过程中的代表人物之一。[①] 韦伯原本是一位激进自由主义者，对资本主义私有制和自由放任的经济政策有着根深蒂固的信仰，他曾赞同通过对资本家的道德教化来解决社会普遍存在的贫困问题。后来，韦伯通过进化论接受了一个更为强调个人义务的伦理观，并通过政治经济学研究提出了自己的租金理论和租金社会化目标。至此，韦伯开始真正转向社会主义，同时基于"实用"的观念，基于如何在英国的政治条件下实现租金社会化目标的考虑，他逐渐接受了包括生产资料公有化、分配平等化、政治和产业民主化在内的社会主义目标，并提出建构一种强调政府大规模干预政策的集体主义体制。同样是基于对英国社会现实和实用的考虑，韦伯选择了民主主义的方式作为实现社会主义目标的改革方法与策略。从19世纪80年代末韦伯社会主义思想正式形成，到20世纪20年代这30余年间，韦伯写作了大量有关社会改革问题的文章，积极参与社会改革实践，对当时英国社会主义思想和社会改革

① Sidney Webb，"Utilitarianism，Positivism，and Social Democracy"，*The Journal of Modern History*，Vol. 74，No. 2（Jun.，2002），p. 217.

的发展起了关键性的作用。韦伯一生著作颇丰，除了涉及社会主义思想，他的著作还涉及工会组织和工会运动、地方政府以及福利国家建构等多个方面。他写作的《英国工会运动史》和《工业民主》开创了工运史学科研究的先河；他写作的十卷本《英国地方政府》对英国地方政府的历史沿革做了详细的描述；他所著的《少数派报告》更成为日后英国福利国家奠基石的《贝弗里奇报告》的理论和素材的重要来源。在社会改革实践方面，韦伯被称为19世纪90年代之后10年中伦敦教育体制的创始人，对伦敦乃至整个英国的教育发展及教育体制改革起到了极为重要的作用。他创建的伦敦经济学院、《新政治家》杂志以及他领导的费边社，不仅在当时的英国社会发挥了极为重要的作用，而且至今仍在发挥影响力。在社会观念方面，韦伯在30余年间不停地向社会灌输贫困是社会而非个人的责任的观念，使之得到社会的普遍认可。由此可见，韦伯对19世纪末20世纪初的英国来说是一个不可忽略的人物，对涉及这个年代的英国社会主义思想发展史、工运史、教育史、社会福利思想史乃至早期工党发展史等方面的研究来说，韦伯的社会主义思想都具有重要的学术价值和历史意义。

第二节 国内外研究概况

国内外关于韦伯社会主义思想的研究有较长的历史。国外研究不仅时间早，且较为深入，这主要体现在：一、将大量有关韦伯的一手资料编辑成册；二、研究涉及韦伯社会主义思想的多个方面。我国关于韦伯社会主义思想的研究始于民国时期，然而从总体上来说，我国关于韦伯社会主义思想的研究显得较为薄弱。

一 国外研究概况

国外学术界对韦伯社会主义思想的研究已有较长的历史，并编辑出版了有关韦伯的大量一手资料，其中包括1926年出版的《我的学徒生涯》[①] 和1948年出版的《我们的伙伴关系》[②] 这两本韦伯夫人的自传体著作；日记方面包括1965年由奥斯丁编辑的《韦伯夫妇澳大利亚期间日记》[③]、1974年哈默尔编辑的《韦伯夫妇在新西兰》[④]、1982至1985年间由诺曼和珍妮编辑出版的四卷本《比阿特丽斯·韦伯日记》[⑤]；此外，还包括1973年由英国政治经济学图书馆出版的《韦伯夫妇著作目录》、1978年出版的三卷本《韦伯夫妇书信集》。[⑥]

国外学术界关于韦伯的研究主要可分为两大类。第一类是关于韦伯的整体性研究著作，如汉密尔顿的《悉尼·韦伯与比阿特丽斯·韦伯》[⑦]、丽萨尼·拉迪斯的《比阿特丽斯与悉尼·韦伯：费边社会主义者》[⑧]

---

① Beatrice Webb, *My Apprenticeship*, London: Longmans, 1926.

② Barbara Drake and Margaret I. Cole, eds., *Our Partnership by Beatrice Webb*, London: Longmans, Green and Co., 1948.

③ A. G. Austin, ed., *The Webb's Australian Diary*, Melbourne: I. Pitman & Sons, 1965.

④ D. A. Hamer, *The Webbs in New Zealand*, Wellington: Price Milburn, 1974.

⑤ Norman MacKenzie and Jeanne MacKenzie, eds., *The Diary of Beatrice Webb (1873-1892)*, London: Virago Press Limited, 1982; Norman MacKenzie and Jeanne MacKenzie, eds., *The Diary of Beatrice Webb (1892-1905)*, London: Virago Press Limited, 1983; Norman MacKenzie and Jeanne MacKenzie, eds., *The Diary of Beatrice Webb (1905-1924)*, London: Virago Press Limited, 1984; Norman MacKenzie and Jeanne MacKenzie, eds., *The Diary of Beatrice Webb (1924-1943)*, London: Virago Press Limited, 1985.

⑥ Norman MacKenzie, ed., *The Letters of Sidney and Beatrice Webb (1873-1892)*, Cambridge: Cambridge University Press, 1978; Norman MacKenzie, ed., *The Letters of Sidney and Beatrice Webb (1892-1912)*, Cambridge: Cambridge University Press, 1978; Norman MacKenzie, ed., *The Letters of Sidney and Beatrice Webb (1912-1947)*, Cambridge: Cambridge University Press, 1978.

⑦ Mary Agnes Hamilton, *Sidney and Beatrice Webb: A Study in Contemporary Biography*, London: Sampson Low, Marston & Co, 1932.

⑧ Lisanne Radice, *Beatrice and Sidney Webb: Fabian Socialists*, London: Macmillan, 1984.

以及哈里森的《悉尼·韦伯与比阿特丽斯·韦伯的生活与时代》[1]，三本著作均以时间为序，系统地论述了韦伯夫妇的思想和实践，其中哈里森的著作主要记述韦伯夫妇早期时段（1859～1903年）的历史，而汉密尔顿与丽萨尼的著作则是对韦伯夫妇一生大部分时间做了梳理。玛格丽特·柯尔于1949年编辑出版了《韦伯夫妇与他们的事业》[2]，其中收录了韦伯同时代人，主要是和韦伯一起工作过的人对韦伯夫妇思想和实践的研究文章；此外玛格丽特还写了《比阿特丽斯·韦伯》[3]一书，按专题对韦伯夫妇的社会主义思想和改革实践做了一个全面的评述。

第二类则是对韦伯社会主义思想、理论或社会实践等方面的专题性研究。其中包括：

（1）韦伯社会主义思想形成研究。其中威拉德·沃尔夫在《从激进主义到社会主义》[4]一书第二部分第三节“韦伯：转向社会主义的实证主义道路”中，提出实证主义哲学在韦伯由自由激进主义者向社会主义者的转变过程中起了重要的作用。希尔在《悉尼·韦伯与公益：1887～1889》[5]一文中，通过对韦伯在加入费边社后发表的几篇文章，主要是1889年的《社会主义的历史基础》的文本分析，讨论了早期韦伯社会主义观念的形成与发展。布莱恩·克劳利在《自我、个人与社会：哈耶克和韦伯夫妇政治思想的自由主义》[6]一书中提出韦

---

① Royden J. Harrison, *The Life and Times of Sidney and Beatrice Webb*, Macmillan Press Ltd, 2000.

② Margaret Cole, ed., *The Webbs and Their Work*, London: Frederick Muller Ltd, 1949.

③ Margaret Cole, *Beatrice Webb*, London: Longmans, Green And Co., 1945.

④ Willard Wolfe, *From Radicalism to Socialism*, New Haven and London: Yale University Press, 1975.

⑤ C. E. Hill, "Sidney Webb and the Common Good: 1887-1889," *History of Political Thought*, Vol. 14, No. 4 (1993), pp. 591-622.

⑥ Brian Crowley, *The Self, the Individual and the Community: Liberalism in the Political Thought of F. A. Hayek and Sidney and Beatrice Webb*, Oxford: Oxford University Press, 1987.

伯是受密尔的影响成为一个功利的社会主义计划者，并试图建立一种以“物质需求”为基础的特殊的政治和经济分配模式。在该书中，克劳利使用了“自由主义”而非“社会主义”形容韦伯的政治思想，并提出韦伯和哈耶克在认可一个客观的标准有利于指导人们构建公共政策和集体目标方面具有相似性。麦克则在《费边社员与功利主义》[①]一文中论述了韦伯社会主义思想的形成与边沁功利主义的关系，她认为韦伯的功利主义只是一个笼统的叙述，用以替换当时的个人主义、自由放任的经济理论和行政虚无主义。同时她还提出以韦伯为代表的费边主义和以边沁为代表的功利主义在诸如气质、创立者的个人经济状况[②]以及实际政策的目标与方法上有很多相似性，因此韦伯虽然不承认，但他确实是边沁的继承者。此外，彼得·贝尔哈兹在《劳工的乌托邦：布尔什维主义、费边主义与社会民主》[③] 一书第三章第一节也讨论了韦伯社会主义观念的形成。然而他是基于乌托邦的角度来讨论韦伯早期的社会主义观念，他认为韦伯与其他社会主义者一样，虽然倾向于拒绝观念中的乌托邦元素，并称呼自己为实干家（practical man），但其思想中仍拥有许多乌托邦的观点。大卫·里奇则在《费边社会主义：作为剥削观念的租金理论》[④] 中对费边社，实际上主要是韦伯的租金理论做了整体性论述。他提出，韦伯拒绝接受马克思关于资本主义剥削的剩余价值观，并对剥削的概念做了截然不同的区分，从而形成了一个激进的租金理论，而该理论使费边社体现一种民主社

① Mary Peter Mack, “The Fabians and Utilitarianism,” *Journal of the History of Ideas*, Vol. 16, No. 1 (Jan., 1955), pp. 76-88.

② 指韦伯和边沁。

③ Peter Beilharz, *Labour's Utopias*: *Bolshevism*, *Fabianism and Social Democracy*, London: Routledge, 1992, p. 52.

④ David M. Ricci: “Fabian Socialism: A Theory of Rent as Exploitation,” *The Journal of British Studies*, Vol. 9., No. 1. (Nov., 1969), p. 105.

会主义思想，即通过议会民主的方式来推翻资产阶级的统治。而马克·贝维尔在《悉尼·韦伯：功利主义、实证主义以及社会民主》[①]中详细论述了功利主义、实证主义以及政治经济学在韦伯社会主义思想形成过程中所起的作用。

（2）韦伯福利思想研究。其中较早的是詹姆斯·赛斯所写的《贫困问题：少数派报告的诉求》[②]。在该文中，赛斯通过比较《少数派报告》和《多数派报告》的不同，对韦伯夫妇在《少数派报告》中提出的社会福利思想和具体改革方案进行了论述，他提出虽然两份报告在对以往济贫法体系做出批判方面是一致的，但是就如何建构新体系则有着明显的区别。此外何塞·哈里斯在《韦伯夫妇》[③]一文中对韦伯夫妇的社会福利思想和福利建构理论做了概括性论述，并提出其失败的原因在于韦伯认为只要是符合整个社会利益的政策必会得到有理性的所有人的认可，由此韦伯在构建政策时并没有能够考虑现实的政治和经济权力的阻碍。2011 年，迈克尔·沃德出版了一本名为《比阿特丽斯·韦伯：对更公平社会的探求》[④]的小册子，在《少数派报告》百年之后，沃德对韦伯夫妇在《少数派报告》中提出的社会福利观念和具体的改革方案重新做了诠释。

（3）韦伯的政治思想研究。康芒斯在《韦伯的社会主义共和国宪法》[⑤]一文中，提出韦伯夫妇在所著的《英国社会主义共和国宪法》一书中提出的政府建构模式，虽然在政治上是不可能实现的，但是该书

① Mark Bevir, "Sidney Webb: Utilitarianism, Positivism, and Social Democracy," *The Journal of Modern History*, Vol. 74, No. 2 (Jun., 2002), pp. 217-252.

② James Seth, *The Problem of Destitution: A Plea for the Minority Report*, International Journal of Ethics, Vol. 22, No. 1 (Oct., 1911), pp. 39-50.

③ Paul Barker, ed. *Founders of the Welfare State*, Aldershot: Gower Publishing Company, 1986.

④ Michael Ward, *Beatrice Webb: Her Quest for a Fairer Society*, London: The Smith Institute, 2011.

⑤ John R. Commons, "The Webbs' Constitution for the Socialist Commonwealth," *The American Economic Review*, Vol. 11, No. 1 (Mar., 1921), pp. 82-90.

在对当时英国政治体制的分析和批判方面仍属一本不可多得的杰作。约翰·霍尔在《政治知识分子的角色与影响：托尼与韦伯之比较》[1]一文中提出在处理与工人运动及其组织的关系方面，韦伯和托尼是两个不同的典型。他认为，韦伯源于比阿特丽斯的影响，其知识分子身份是与社会分离开来的，与托尼强调每一个人的重要性和事实上的平等不同，韦伯更关注社会有机体的健康和效率，关注机会平等。凯文·摩根的《布尔什维克主义与英国左翼：韦伯夫妇与苏维埃共产主义》[2]一书，则介绍了韦伯夫妇晚期对苏维埃共产主义的信仰。他对韦伯夫妇在晚期转向苏维埃社会主义做了新的解释，并对韦伯与比阿特丽斯分别进行论述，提出韦伯对中央集权和专家政治的支持和比阿特丽斯对社会道德更高追求的探索，使他们转向了苏维埃社会主义。而杰克·梅里兹则在《工联与费边社会主义》[3]一文中对韦伯的产业民主思想，主要是其对工会的态度做了剖析，他通过分析韦伯反对工会组织和工人运动的原因，提出虽然后来韦伯有条件地接受了工联，但却削弱了费边社会主义的基础。

（4）社会研究方面。玛格丽特·柯尔在《韦伯夫妇与社会理论》[4]一文中提出，韦伯夫妇没有社会理论这一观点是极不合理的，韦伯夫妇虽然确实对抽象理论和原则的讨论缺乏兴趣和耐心，但是如果他们没有社会理论的支撑，对社会应该是什么样或社会将怎样发展没有清晰的观念，那么他们是不可能完成他们已经完成的工作的。赛米在

---

① John A. Hall, "The Roles and Influence of Political Intellectuals: Tawney vs Sidney Webb," *The British Journal of Sociology*, Vol. 28, No. 3 (Sep., 1977), pp. 351-362.

② Kevin Morgan, *Bolshevism and the British Left: The Webbs and Soviet Communism*, London: Lawrence & Wishart Limited, 2006.

③ Jack Melitz, "The Trade Unions and Fabian Socialism," *Industrial and Labor Relations Review*, Vol. 12, No. 4 (Jul., 1959), p. 560.

④ Margaret Cole, "The Webbs and Social Theory," *The British Journal of Sociology*, Vol. 12, No. 2 (Jun., 1961), pp. 93-105.

《韦伯夫妇对社会学的贡献》[①] 一文中肯定了韦伯夫妇在社会学领域所做的贡献，她提出虽然韦伯夫妇并没有对人类行为做更现代的解释，也未能像专业的社会学家那些思考，且他们使用的语言是通俗的英语，但出于韦伯夫妇对社会机构所做的科学研究，应该给予他们在英国社会学专业领域一个位置。盖伊·洛奇（Guy Lodge）在《比阿特丽斯·韦伯与悉尼·韦伯》一文中则从理论的角度，提出韦伯对社会机构和组织的研究，使人们开始关注行政组织架构的重要性，并发展和创造了一个新的强调社会政策和公共管理的经济学派。[②] 此外，杰拉德·库特还在《英国历史经济学：1870~1920》[③] 一书中对作为历史经济学家的韦伯夫妇的经济学思想做了分析，并提出在经济学研究中，除了双方都重视历史研究外，韦伯对演绎经济学也看得很重。

（5）教育改革实践研究方面。爱德华·布伦南在名为《悉尼·韦伯和伦敦技术教育委员会》[④] 的四篇系列文章中，对韦伯在伦敦郡议会技术教育委员会任职期间在伦敦教育领域的改革实践，以及对 1902 及 1903 年两部教育法通过所做的努力做了详细的论述，并肯定了韦伯

---

① T. S. Simey, "The Contribution of Sidney and Beatrice Webb to Sociology," *The British Journal of Sociology*, Vol. 12, No. 2 (Jun., 1961), pp. 106-123.

② Ellie Levenson, Guy Lodge and Greg Rosen, eds., *Fabian Thinkers*, London: Bell & Bain, 2004.

③ 〔英〕杰拉德·库特：《英国历史经济学：1870~1920》，乔吉燕译，中国人民大学出版社，2010。

④ Edward J. T. Brennan, "Sidney Webb and the London Technical Education Board: Pattern for the Future," *The Vocational Aspect of Education*, Vol. 11, No. 23 (Sep., 1959), pp. 85-96; Edward J. T. Brennan, "Sidney Webb and the London Technical Education Board: The Board at Work," *The Vocational Aspect of Education*, Vol. 12, No. 24 (Mar., 1960), pp. 27-43; Edward J. T. Brennan, "Sidney Webb and the London Technical Education Board: The Education Act of 1902," *The Vocational Aspect of Education*, Vol. 13, No. 27 (Sep., 1961), pp. 146-171; Edward J. T. Brennan, "Sidney Webb and the London Technical Education Board: The London Education Act of 1903," *The Vocational Aspect of Education*, Vol. 14, No. 28 (Mar., 1962), pp. 56-76.

在这两部教育法改革过程中所起的重要作用并不弱于莫兰特和巴尔福。此外，达格利什的《一场渗透和说服的战役：韦伯夫妇与1903年教育法》以及贾基斯的《韦伯夫妇对教育的影响》[①]，也对韦伯夫妇在教育领域所做的贡献做了论述。

（6）其他问题研究。马克斯·比尔在《英国社会主义史》[②] 下卷第14章第2节“从欧文和马克思到韦伯”中对韦伯的社会主义思想，主要是租金理论以及民主渐进的改革方式做了概括性的论述，并将之与欧文和马克思做了比较分析。G. D. H. 柯尔的《社会主义思想史》第三卷上册第4章第2节“费边社会主义——韦伯夫妇，萧伯纳和华莱士”则简要论述了韦伯的产业民主思想及公有化观念。[③] 玛丽·墨菲在《回忆韦伯：1859－1947》[④] 一文中，对韦伯的一生，包括其思想和实践两个领域所产生的影响做了简要的回顾。彼得·贝尔哈兹和克里斯·尼兰则在《韦伯夫妇、费边主义与女权运动》[⑤] 一书中，对韦伯夫妇的政治经济学以及妇女权利观念做了详细的论述。此外，玛格丽特·柯尔的《费边社史》[⑥] 以及诺曼和珍妮所写的《早期的费边社员》[⑦]，从费边社的角度论述了韦伯社会主义思想的形成、发展以及对费边社的影响。

---

① A. V. Judges, “The Educational Influence of the Webbs,” *British Journal of Educational Studies*, Vol. 10, No. 1 (Nov., 1961), pp. 33－48.

② 〔德〕马克斯·比尔：《英国社会主义史》下卷，何新舜译，商务印书馆，1959。

③ 〔英〕G. D. H. 柯尔：《社会主义思想史》，第三卷上册，何瑞丰译，商务印书馆，1981。

④ Mary E. Murphy, “In Memoriam: Sidney Webb, 1859－1947,” *American Journal of Sociology*, Vol. 53, No. 4 (Jan., 1948), pp. 295－296.

⑤ Peter Beilharz and Chris Nyland, *The Webbs, Fabianism and Feminism*, Aldershot: Ashgate, 1998.

⑥ 〔英〕玛格丽特·柯尔：《费边社史》，杜安夏、杜小敬等译，商务印书馆，1984。

⑦ Norman and Jeanne Mackenzie, *The First Fabians*, London: Quartet Books, 1979.

二 国内研究概况

与国外研究相比，国内关于韦伯社会主义思想的研究则较为薄弱。整体性研究方面，曹婉莉所著的《韦伯夫妇研究》[1] 对韦伯夫妇的生平、社会主义思想、社会福利思想、社会学研究以及改革实践进行了整体性论述。而专题方面，民国时期，尹树生在《韦伯夫妇的合作理论》[2] 一文中，对韦伯夫妇在《工业民主》以及《消费者合作化运动》中的合作理论做了介绍与分析，并提出韦伯的消费合作理论是建立在民主主义这一坚固的基础之上，其最终目标是建立一个以消费者为本位的社会主义社会。此外，1936 年的《人物月刊》和 1948 年的《观察》杂志，发表了两篇有关韦伯夫人著作的书评，对韦伯夫人的两本著作《我的学徒生涯》《我俩的伴侣生活》做了简要的介绍。[3] 最近，国内对韦伯的研究主要集中于其社会福利思想方面，诸如耿伟的《试论韦伯夫妇对英国福利国家的影响》[4]、曹婉莉、杨和平的《韦伯夫妇的福利济贫思想》[5]、曹婉莉的《韦伯夫妇济贫观对我国济贫的启示》[6] 以及武振华和耿伟的两篇硕士论文《韦伯福利思想研究》[7]《试论韦伯夫妇的济贫思想》[8]，都简要论述了韦伯夫妇的社会福利思想。关于韦伯社会改革方面，则有曹婉莉的《论韦伯夫妇的社会改良思想及其实践》[9]，该文论述了韦伯夫妇以渗透活动为主要方式对英国

---

① 曹婉莉：《韦伯夫妇研究》，上海社会科学院出版社，2012。

② 尹树生：《韦伯夫妇的合作理论》，《合作评论》1945 年第 5 卷第 1 期。

③ 《书评：韦伯夫人：我的学徒生涯（英文本）》，《人物月刊》1936 年第 1 卷第 1 期；《书评：韦伯夫人：我俩的伴侣生活》，《观察》1948 年第 5 卷第 8 期。

④ 耿伟：《试论韦伯夫妇对英国福利国家的影响》，《才智》2012 年第 12 期。

⑤ 曹婉莉、杨和平：《韦伯夫妇的福利济贫思想》，《西华师范大学学报》2009 年第 2 期。

⑥ 曹婉莉：《韦伯夫妇济贫观对我国济贫的启示》，《老区建设》2007 年第 12 期。

⑦ 武振华：《韦伯福利思想研究》，郑州大学硕士学位论文，2010 年。

⑧ 耿伟：《试论韦伯夫妇的济贫思想》，苏州科技学院硕士学位论文，2012 年。

⑨ 曹婉莉：《论韦伯夫妇的社会改良思想及其实践》，《求索》2011 年第 8 期。

政治、教育等方面产生的影响。徐学谦的《韦伯夫妇社会改良思想与实践》[①] 一文简单介绍了韦伯夫妇的产业民主理论以及他们对英国教育、福利等方面的贡献。吴宝爱的硕士学位论文《韦伯夫妇的改良社会主义思想研究》也从社会改良思想的角度论述了韦伯夫妇的社会主义思想。此外，钱乘旦所著的《从韦伯到汤普森——英国工人运动史研究简介》[②]，介绍了韦伯夫妇的产业民主思想，并提出韦伯夫妇是工运史学科创始人的观点。余敏的《谈工会的策略——读韦伯夫妇〈产业民主〉有感》[③]，则简单介绍了韦伯夫妇对工会限制人数和共同规范两种策略的看法。而余久兴的硕士学位论文《试论韦伯夫妇的社会研究》[④] 则从社会学研究角度阐述了韦伯夫妇的社会主义思想。

国内关于韦伯社会主义思想研究的薄弱主要体现在以下几个方面。首先，缺乏整体性研究著作，仅有一本曹婉莉所著的《韦伯夫妇研究》对韦伯社会主义思想和实践做了整体性论述。其次，专题方面的研究大多只涉及韦伯的社会福利思想和社会改良思想两个方面，且都显得较为单薄，对韦伯社会主义思想的其他重要领域，诸如韦伯对资本主义的批判、租金理论、政治思想、教育改革等方面都很少提及。最后，也是较为重要的一点，那就是国内关于韦伯的研究，大都是基于对韦伯夫妇二人的共同研究，而较少有将韦伯夫妇两人分开进行单独论述的文章和著作。

---

① 徐学谦：《韦伯夫妇社会改良思想与实践》，《当代世界社会主义问题》2008 年第 1 期。

② 钱乘旦：《从韦伯到汤普森——英国工人运动史研究简介》，《世界历史》1984 年第 6 期。

③ 余敏：《谈工会的策略——读韦伯夫妇〈产业民主〉有感》，《生产力研究》2012 年第 8 期。

④ 余久兴：《试论韦伯夫妇的社会研究》，北京大学硕士学位论文，2002 年。

第三节 研究的内容与结构

本书的内容主要分为两大部分：韦伯的社会主义思想及其在社会改革领域的具体实践。笔者认为，韦伯兼具社会主义思想家和社会改革家这两种主要身份，其理论和实践在韦伯社会主义思想研究中都具有重要的地位。由于韦伯对“实用”的强调，他的社会主义思想和社会改革实践之间既相互联系又有明显的区别：联系指的是韦伯的社会主义思想和相关理论对其实践选取的社会改革对象、改革方式有着明显的指导作用，同时其社会改革实践也在一定程度上影响了韦伯社会主义思想及观念的转变；至于区别，指的是韦伯在具体的改革实践中，出于社会、政治现实的考虑，会经常性地出现与其思想和理论不一致甚至相矛盾的地方。因此，本书分别就思想和社会改革实践两个方面予以论述，可以形成对韦伯的社会主义思想更为完整的看法。而在具体内容上，以其思想中与社会主义相关的内容为重点，包括韦伯社会主义思想的目标（包括生产资料公有化、分配平等化、政治与产业民主化），以及社会主义改革方法与策略（渗透、渐进、宣传教育）两个方面。社会改革实践方面则主要选取了与韦伯社会主义思想密切相关的两项社会改革，即教育改革以及废除济贫法运动。至于韦伯思想中的其他方面，例如其在《英国地方政府》中提出的地方政府改革理论，在《苏维埃社会主义：一种新的文明?》和《苏联真实情况》中对苏维埃社会主义的信仰和解读，或者在《社会研究方法》中对具体的社会调查方法的阐述等，都只在与社会主义相关的地方提及，而未详细论述。

本书关于韦伯社会主义思想研究的时间范围大致限定在 19 世纪

80年代初至20世纪20年代初，而重点则放在1889至1914年。这段时间内，韦伯的社会主义思想已经基本形成，且在这20余年间并未出现大的变动。在这一阶段，韦伯对社会问题的看法、社会改革的方法与策略、对自由党、保守党、工党、工会等政党和社会组织的态度也基本没有太大的变化。可以说，这段时间是韦伯社会主义思想最为成熟，也是对英国社会影响最深的一个时期。当然这个阶段前后两个时间段也是必须涉及的：1889年的前10年是韦伯社会主义思想的形成时期，在这个阶段，韦伯从一个信任自由放任和资本主义私有制的自由主义者，转变为一个强调国家大规模干预的集体主义的社会主义者；而1914年后10年左右的时间，随着一战的爆发，韦伯的许多观念都开始改变，例如对工党的态度，对诸如渐进、渗透、和平变革等的改革策略等都有了相当大的变化。至于从韦伯出生到19世纪80年代初左右和20世纪20年代往后的两个阶段本书不再予以论述：对于前者来说，当时韦伯还未有社会主义倾向；而对于后者来说，韦伯已开始转向苏维埃共产主义，这时的韦伯与以往强调英国特色的社会主义的韦伯相比已有了较大的改变。

此外，本书将悉尼·韦伯与比阿特丽斯·韦伯分开，单独就悉尼·韦伯加以论述。其实在具体的研究中，很难或者说几乎不可能将两人完全分离开来。他们所写的著作大多是两人共同完成，且是以两人的名义共同出版的，而他们进行的社会改革实践也基本是两人共同完成的。可以说，两人婚后的工作，不论是思想上还是实践上都是在双方合作的基础上共同进行的。因此，本书在论述中许多地方提到的韦伯，其实指代的是韦伯夫妇两个人作为的一个整体。至于为何要将两人分开来而就悉尼·韦伯加以单独论述，是考虑到本书论述的重点是“社会主义”思想。虽然韦伯夫妇在思想上有很多的共通点，他们都重视历史和实证研究法，都重视社会组织在社会改革和行政中的重要性，也都轻理论而重实践。然而，就社会主义思想范畴内容来说，韦伯的社会主义思想更具体系，他有一个很清晰的从自由主义到社会主义的思想转变过程，他心中有一个清晰的社会主义目标，他关注英国下层民众，主要是伦敦居民生活的改善；相比于韦伯，比阿特丽斯对于纯理论思考的忽视甚于韦伯，她从青年时代就开始对甚至可以说只对社会调查、社会组织感兴趣。比阿特丽斯对搜集和整理各种材料的兴趣，远远大于对社会主义思想的兴趣。因此，韦伯夫妇虽然在社会主义组织重要性方面有着共同的兴趣，但是对韦伯来说，他对社会组织的关注是为了通过改善行政部门架构以提高其效率，从而将其作为实现社会主义目标的一个重要手段。因此，本书对悉尼·韦伯的社会主义思想单独予以论述，当然这其中也不可避免地涉及比阿特丽斯对韦伯社会主义思想与社会改革的影响与贡献。

一 基本问题

本书研究的基本问题主要有以下四个方面。

（1）韦伯的社会主义思想是如何形成的？也就是说，韦伯是如何从一个认可自由放任和资本主义私有制的自由主义者，转变为一个强调大规模政府干预的集体主义体制的社会主义者的。关于这个问题，我们一方面要从韦伯吸收的当时英国社会流行的各种社会思潮，例如功利主义、实证主义、进化论、新政治经济学等说起；另一方面，我们也要认识到“实用”这一伦理观念在韦伯社会主义思想形成过程中所发挥的重要作用。

（2）韦伯的社会主义思想具体指的是什么？以往提到韦伯的社会主义思想，或者说“费边社会主义”大多会提到其渐进的、民主的、和平非暴力的改革方式，但往往忽视了社会主义思想的目标层面。然而，韦伯社会主义思想的目标，才是韦伯思想被称为“社会主义”的根本原因，而改革方式只是韦伯社会主义思想的一个方面。只有将两者结合起来，才能对韦伯的社会主义思想做出完整的诠释。

(3) 韦伯社会主义思想的特点是什么？正如上文所述，以往关注韦伯社会主义的特点的论著，几乎都会强调其民主的改革方式，强调和平渐进、强调和平进入社会主义。诚然，韦伯的社会改革方式确实是其社会主义思想的一个显著特点，但是我们不能仅仅用一种维护资产阶级统治的观点来说明这一特点产生的原因。此外，对以往经常有的对韦伯的评价，诸如官僚精英主义者、中央集权论者、缺乏道德关注、忽视人性等评价，都需做一客观的分析。

(4) 韦伯的社会主义思想，与马克思的科学社会主义以及当时兴起的新自由主义等社会思潮有何联系和区别？对于和马克思主义的关系，除了以往经常强调的韦伯是反马克思主义的观点之外，还需认识到在韦伯社会主义思想形成阶段，马克思主义在其中发挥的重要作用；也要认识到20世纪20年代之后，韦伯对马克思主义的看法有一个明显的转变。而与新自由主义的关系方面，除了以往强调的两者的共同点，即都强调以民主宪政的方式通过政府干预解决社会问题之外，还需认识到虽然韦伯在具体实践过程中的表现几乎就等同于一个激进自由主义者，但是韦伯心目中的那个社会主义目标，以及强大的政府干预和集体主义体制，是双方最大的区别。

二 核心观点

韦伯的社会政治思想在其一生中经历了很大的转变，从最初的激进自由主义转向了英国式的民主社会主义，后来又转向苏维埃共产主义。本书认为，韦伯的这些转变都是基于对“实用”这一伦理观念的绝对信仰。正因此，韦伯才在接受了进化论的强调个人义务思想，并在政治经济学分析中提出租金理论之后，才逐渐接受了生产资料公有化和产业民主化等社会主义目标，进而成为一个真正的社会主义者；正因此，韦伯才认可了以渐进、渗透、和平、民主作为实现社会主义目标的改革方式，才关注社会组织架构的重要性，才关注政府、社会组织和国家效率的提升；也正因此，韦伯才会在 20 世纪 20 年代后，对苏联那个高效的有着明确结构的社会组织的政府架构模式产生了狂热的崇拜热情。

三 本书框架

本书的研究框架主要分为绪论、韦伯社会主义思想形成的时代背景、韦伯的社会主义思想的历史内涵、韦伯社会主义思想的改革实践、韦伯社会主义思想的评价等五个部分。

第一章绪论部分，主要论述选题的缘由、国内外研究概况、研究的内容与结构、研究方法与创新等问题。

第二章“悉尼·韦伯社会主义思想形成的时代背景”是对 19 世纪中后期英国社会的经济衰退、政治民主化进程以及劳工运动的发展做一总体性的概述，并介绍在此背景下英国当时兴起的包括新政治经济学、土地改革理论、新自由主义、社会主义等在内的各种社会思潮。

第三章“悉尼·韦伯社会主义思想的历史内涵”是对韦伯的社会主义思想从目标和方法两个方面加以论述，并对韦伯社会主义思想的形成过程、理论基础、目标及改革方法进行细致的分析梳理。

第四章“悉尼·韦伯社会主义思想的改革实践”主要论述韦伯的

社会主义思想在社会改革领域的两个具体实践：第一，对韦伯在1892年加入伦敦郡议会之后在伦敦中等和技术教育、高等教育、奖学金体系和1902及1903年教育法改革过程中的工作进行梳理；第二，对韦伯在废除济贫法改革运动过程中，对英国社会福利思想和福利国家建构方针所做的贡献做一客观论述。

第五章“悉尼·韦伯社会主义思想评价”首先从整体上对韦伯社会主义思想所表现出的折中与实践、效率优先、历史与实证的研究方法以及乐观的态度等明显特点做一分析；进而对韦伯社会主义思想对英国社会的影响和贡献做一客观的评价；最后还分析了韦伯社会主义思想所存在的缺点与不足。

第四节　研究方法与创新

一　研究方法

（1）文献分析法。搜集了大量韦伯本人的著作，以及后人编辑的韦伯的信件、韦伯夫人的日记等原始资料，以客观论述韦伯社会主义思想的内容及特点。

（2）理论联系实际的研究方法。结合韦伯社会改革实践研究，通过分析韦伯思想与实践的联系与区别，对韦伯的社会主义思想做一完整的论述。

（3）比较研究的方法。将韦伯社会主义思想与马克思主义、新自由主义等社会思想进行比较分析，从而加深对韦伯社会主义思想的理解和认识。

二 创新之处

本书的创新之处主要体现在以下三点。第一，选题上的创新。关于韦伯社会主义思想的研究，国内的研究还比较薄弱，且大多集中于福利思想与社会改良思想两个方面；而国外的研究虽然丰富且详细，但以社会主义为主线对韦伯进行整体性论述的专著还不多见。第二，材料上的创新。本书搜集了大量有关韦伯社会主义思想的一手材料，其中包括韦伯夫人的日记[①]和自传、韦伯本人的大量著作和信件，以及韦伯于19世纪80年代末出版的部分手稿等。第三，观点上的创新。这方面主要体现在：（1）对韦伯社会主义的思想和社会改革实践分别加以论述，并通过将两者进行对照比较，更为清晰地揭示其思想与实践之间的互动关系，阐明不但其思想对理论具有指导作用，而且其改革实践也在很大程度上影响他的思想理论。（2）关于韦伯的社会主义思想与马克思主义的关系问题，本书提出韦伯的社会主义思想在形成过程中，确实受到马克思主义很深的影响，这尤其体现在他对资本主义的批判方面。（3）对韦伯的社会改良主义，或他采取的社会改革方式做了更深层次的探讨。本书提出韦伯并非反对阶级斗争和暴力革命的方式，他只是基于当时英国的具体国情而提出了只针对英国的改革道路。（4）以“实用”这一伦理观念为主导，整合韦伯所有的社会主义思想、观念、理论以及实践活动，并提出韦伯思想和实践中体现出的种种矛盾和前后不一，实际上都是受此种观念的影响。

① 其中包括部分韦伯夫人未出版的日记手稿。

第二章
悉尼·韦伯社会主义思想形成的时代背景

悉尼·韦伯的社会主义思想是英国当时社会政治经济环境的产物。19世纪中后期，英国的经济、政治、社会与思想等方面都发生了剧烈的变化。经济上，随着工业垄断地位的逐渐丧失，英国经济虽然总体上仍处于发展之中，但衰落之势已显。从1873年国际性经济危机开始，英国的经济处于长期的波动状态，在之后的24年中伴随着两次商业复苏的是商品价格的一路下跌；政治上，民主化的趋势较为明显。自1832年议会改革之后，英国的政治化进程处于不断发展之中，这包括选举权的扩大、文官体系的建立和地方政府的改革；社会上，劳工运动在宪章运动后再次活跃起来。19世纪中期开始，由于经济和政治民主化的发展，英国的工人运动处于较和缓的状况。然而，自19世纪80年代开始，随着经济大萧条的到来，工人的大量失业导致了新工会运动的产生，大量非熟练工人加入工会以争取自身的经济、政治利益；思想上，传统的自由主义开始遭到越来越多的质疑，以斯密和李嘉图为代表的古典经济学也遭到诸如历史经济学派的猛烈攻击，而社会主义思想也在19世纪80年代开始在英国重新流行起来。

第一节 经济衰退与波动

自19世纪70年代开始到19世纪末，英国经济总体上处于不稳定的状态。1873~1896年，英国经历了一个长达24年的商品价格不断下跌的过程，即大萧条时期。在这段时期内，共发生了三次商业衰退，但也伴随着两次恢复，这两次商业恢复分别发生于1879~1882年和1886~1890年。在世界范围内，英国以往的工商业霸主地位正在日益受到挑战。1870年英国在国际贸易上仍占绝对优势，贸易量比法、德、意的总和还多。但这种差距在慢慢变小。到1889年，德国的对外贸易量比1880年增长1倍多，美国增长近1倍，而英国只增长74%。[①] 从19世纪80年代开始，英国制造品出口在世界贸易中的份额就开始不断缩小，从1881至1884年的43%下降到1899年的34.5%。而从19世纪70年代开始，英国的制造品出口增长率已远远落后于美、德、法等国。[②] 1883年在不列颠协会南港大会上，该会的经济组主席英格利斯·鲍格雷夫先生说："英国获得巨额利润的日子已经过去了，大工业部门的进一步发展也停滞了。几乎可以断定，英国正在走上停滞的道路。"[③]

① 蒋孟引主编《英国史》，中国社会科学出版社，1988，第589页。

② Roderick Floud and Paul Johnson, edited, *The Cambridge Economic History of Modem Britain, volume Ⅱ: Economic Maturity, 1860-1939*, Cambridge University Press, 2008, p. 83.

③〔德〕恩格斯：《英国工人阶级状况》，人民出版社，1956，第30页。

表 2-1 制造品出口在世界贸易中的份额（1881~1913）①

	英国	美国	德国	日本
1881/5	43.0	6.0	16.0	0.0
1899	34.5	12.1	16.6	1.6
1913	31.8	13.7	19.9	2.5

表 2-2 制造品出口增长率（1871~1913）（年度增长百分比）②

	英国	美国	德国	法国
1871/5~1881/5	2.1	7.1		2.2
1881/5~1891/5	0.4	2.7	1.7	1.2
1891/5~1901/5	1.7	9.1	4.3	2.5
1901/5~1913	3.6	6.1	3.3	5.0
1871/5~1913	2.0	6.2		2.3
1881/5~1913			3.7	

英国的经济发展速度下降和工商业霸主地位的衰落，主要是由于其工业垄断地位的丧失。英国作为世界上第一个完成工业革命的国家，凭借工业垄断地位，占领世界市场，并获取巨额利润。而到 19 世纪末期，英国几近 100 年的工业垄断正在被新兴的资本主义国家逐渐打破。1867 年召开的世界博览会表明，英国在技术上的领先地位已完全被德、美、法等新兴资本主义国家赶超。伴随着工业垄断地位的丧失，英国的世界贸易市场也逐渐被侵蚀。1886 年“调查工商业萧条委员会”的最后报告惊呼：“我们作为世界主要工业国的地位，不像从前那样地被确认无疑了，外国正开始在许多过去我们垄断的市场成功

① Roderick Floud and Paul Johnson, eds., *The Cambridge Economic History of Modem Britain*, *volume Ⅱ*: *Economic Maturity*, *1860-1939*, Cambridge University Press, 2008, p. 83.

② Roderick Floud and Paul Johnson, eds., *The Cambridge Economic History of Modem Britain*, *volume Ⅱ*: *Economic Maturity*, *1860-1939*, Cambridge University Press, 2008, p. 82.

地同我们展开竞争。”① 恩格斯对此也做出了自己的评判，他说：“英国的工业垄断是英国现存社会制度的基石。甚至在保持着这种垄断的时期，市场也赶不上英国工业的日益增长的生产率；结果就是每隔十年就有一次危机。而现在新的市场一天比一天减少，连刚果的黑人也被迫接受曼彻斯特的印花布、斯泰福郡的陶器和北明翰的金属制品这种形式的文明了。更何况这种市场正一天天被新兴的资本主义国家慢慢侵蚀。”②

一 工业状况

自19世纪中后期开始，随着世界各国工业化的发展，英国的世界工厂地位不断下降。这段时间内英国的工业仍处于发展之中，19世纪70年代早期到第一次世界大战前夕，英国工业产量平均每年增加1.7%，然而其工业生产增长率则在不断降低，从1860至1870年的33.2%，到1870至1880年的20.8%，再到1880至1890年的17.4%。③而其在世界制造业产量中的份额也在不断下降，从1880年的22.9%降到1900年的18.5%，已落后于美国的23.6%。

表 2-3 1870~1913 年制造业领先国家的工业增长率（年度增长百分比）

	英国	德国	美国	法国
1870~1880	2.3	5.9	5.7	
1880~1890	2.5	4.6	5.6	1.9
1890~1900	2.1	3.9	3.1	2.3
1900~1913	2.1	4.4	5.4	3.3

① 蒋孟引主编《英国史》，第584页。

② 〔德〕恩格斯：《英国工人阶级状况》，人民出版社，1956，第30页。

③ 王觉非主编《近代英国史》，南京大学出版社，1997，第621页。

表 2-4　1860~1913 年各国在世界制造业产量中的份额（百分比）①

国家	1860	1880	1900	1913
英国	19.9	22.9	18.5	13.6
德国	4.9	8.5	13.2	14.8
美国	7.2	14.7	23.6	32.0
法国	1.9	7.8	6.8	6.1
意大利	2.5	2.5	2.5	2.4
日本	2.6	2.4	2.4	2.7

具体到特定行业，无论是煤、生铁还是纺织业，英国的增长速度都远远落后于美国和欧洲大陆国家。1870 年以前，英国的煤产量占世界一半以上，超过法国、德国和美国产量的总和，但在 1870 年以后，这一比例不断下降：从 1871 至 1880 年占 45%，到 1881 至 1889 年只占 38.5%。1889 年美国产煤 2.4 亿吨，已超过英国的 2.25 亿吨。② 此种情况同样发生在生铁制造业上，到 20 世纪初，德国和美国的生铁产量都已高于英国。在 1901 年，美国的钢产量已接近英国的 3 倍，在 1902 年则是整整 3 倍。在纺织业方面，虽然直到 19 世纪 90 年代，英国兰开夏郡的棉产量仍居世界第一，但无论是棉纱还是棉布的增长速度，英国都远远落后于欧洲大陆和美国。这一点，从原棉的消耗量可以明显看出，见表 2-5。

表 2-5　原棉消耗量③

单位：百万磅

年份	英国	欧陆	美国
1871~1875 年	1228.6	856.6	524.7
1896~1900 年	1686.5	2251.9	1572.1

① Roderick Floud and Paul Johnson, eds., *The Cambridge Economic History of Modem Britain*, *volume* Ⅱ: *Economic Maturity*, *1860-1939*, Cambridge University Press, 2008, p. 81.

② 蒋孟引主编《英国史》，第 582 页。

③ 蒋孟引主编《英国史》，第 583 页。

二 农业状况

1873~1900年，英国的农业基本处于萧条时期，主要表现为粮食价格的下跌和耕地数量的减少。这段时间内，粮食价格的下降是一个普遍的趋势，其中小麦由于储藏和运输的便利，价格下跌较为明显。从表2-6可以看出，1900至1904年，相较于1870年小麦的价格下降一半以上。此外，牛肉的价格在1871至1875年和1894至1898年间下降了29%，同一时期羊肉价格下跌25%，咸肉下跌26%。[①] 耕地方面，以小麦为例，1874年大不列颠有363万英亩种植小麦，在1887年仍然有231万英亩，到1900年降至184万英亩。[②] 在1879至1882年间，英农业土地的租金年均下降570万英镑。[③] 与此同时，在1871至1901年，英格兰和威尔士各类农业工人的人数从962348人降至620986人[④]，减少1/3左右。

表2-6 英国食品、租金价格指数（1870~1900/4）（1870年度为100）[⑤]

	小麦	大麦	燕麦	面包	地租	活牛	活羊	牛奶	黄油	奶酪
1870/4	100.0	100.0	100.0	100.0	100.0	100.0	100.0	100.0	100.0	100.0
1875/9	86.7	96.9	101.2	87.5	101.4	99.4	109.5	112.5	100.0	100.0
1880/4	77.1	82.2	86.4	83.8	93.0	97.8	108.5	112.5	100.0	92.3
1885/9	57.4	70.1	72.0	71.0	82.7	82.0	92.3	87.5	83.3	92.3

① 〔英〕W. H. B. 考特：《简明英国经济史（1750年至1939年）》，方延钰等译，商务印书馆，1992，第234~235页。

② 〔英〕克拉潘：《现代英国经济史：机器和国与国的竞争，1887~1914年》，姚曾廙译，商务印书馆，1977，第110页。

③ J. F. Rees, *A Social and Industrial History of England, 1815-1918*, Methuen & Co. Ltd., 1920, p. 121.

④ 〔英〕W. H. B. 考特：《简明英国经济史（1750年至1939年）》，第239页。

⑤ Roderick Floud and Paul Johnson, eds., *The Cambridge Economic History of Modem Britain, volume* Ⅱ: *Economic Maturity, 1860-1939*, Cambridge University Press, 2008, p. 141.

续表

	小麦	大麦	燕麦	面包	地租	活牛	活羊	牛奶	黄油	奶酪
1890/4	53.9	68.8	75.1	70.6	78.5	80.1	91.8	84.4	83.3	84.6
1895/9	50.7	62.6	65.1	63.8	74.2	75.0	89.4	81.3	66.7	76.9
1900/4	49.8	62.4	71.5	63.3	80.4	79.5	92.1	87.5	75.0	100.0

这段时间内，英国农业的萧条部分缘于天气状况，如 1873 年、1875~1877 年、1879 年这 5 年多雨歉收，每英亩小麦产量由 34 蒲式耳降到 19 蒲式耳。而粮食价格下跌的主要原因则在于美洲的丰收和新交通工具的发展导致英国进口了大量便宜的粮食。按 1868 至 1879 年这 12 年的平均数计，货物从芝加哥运到利物浦需 11 先令，在 1880 年仍需约 9 先令，但在 1886 年约 6 先令就可以运到了。到 1892 年，这个数字已是约 4 先令，1902 年则是 2 先令多。[①] 这一结果使从美国输入的小麦数量大增，从 19 世纪 60 年代年均 165 万吨增加到 90 年代初的年均 500 万吨[②]，从而导致英国小麦价格的剧烈下跌。

当然，我们需正确看待这次经济萧条对英国社会及人民群众生活造成的影响。首先，各行业萧条的程度和地区并不相同，工业上造船和钢铁业萧条最为厉害，纤维工业次之，而受农业萧条影响最深的是小麦生产区即英格兰东部和东南部的农民。其次，大萧条实际上最主要的表现为商品价格的下跌。因此萧条主要是针对社会上层即资本家来说的，也正是他们提出了大萧条的说法。对于普通劳动者来说，随着物价下跌，虽然工资降低，但实际工资反而得到一定的提高。因此当时还能维持就业的工人，尤其是工人阶级中的上层在大萧条时期的实际生活水平还有所上升。然而对于大量非熟练工人来说，由大萧条

① 〔英〕克拉潘：《现代英国经济史：机器和国与国的竞争，1887~1914 年》，第 93 页。

② 王觉非主编《近代英国史》，第 619 页。

带来的大量失业是他们生活贫困的主要原因。1889~1903年，查理斯·布斯（Charles Booth）对伦敦东部地区贫困问题进行调查，发表了著名的长篇调查报告《伦敦人的生活与劳动》。他以每周18~21先令作为一对夫妇三个子女的贫困线标准，最后得出伦敦东部有30.7%的人生活在贫穷之中。西博姆·朗特里通过1899年对约克郡的详细调查也宣称有27.84%的人生活在贫困之中。[①] 大萧条造成的大范围失业是工人贫困的最重要原因，“全国店员工会”的戴维斯于19世纪90年代早期在对“皇家劳工委员会”的证词中说明，“店员及其他企业的工人失业现象非常严重，常常有工人于失业一星期或两星期后，为了供给他妻子儿女一家人的面包和黄油，愿意在任何条件下工作”。[②]

第二节 政治民主化的进程与发展

自1832年议会改革之后，英国的政治化进程处于不断发展之中。1867年和1884年两次议会改革使得部分工人获得了选举权；1885年和1870年的两次枢密院令建立了世界上第一个常任文官体系；1835年和1888年的地方政府法案，则完善了英国的地方政府改革。

1832年议会改革，基本没有解决选区席位分配不平等的问题，选民从整体上来说也未增加多少，工业资产阶级虽然获得选举权，下院大多数席位也基本由土地贵族所掌控，广大人民群众和工人阶级并未获得选举权；但是土地贵族和金融寡头开始做出一定的让步，从而开

① 丁建定：《从济贫到社会保险——英国现代社会保障制度的建立（1870—1914）》，中国社会科学出版社，2000，第29~30页。

② 〔英〕莫尔顿、台德：《英国工人运动史：1770~1920》，叶周等译，生活·读书·新知三联书店，1962，第152页。

启了英国政治民主化改革的道路。1867年第二次议会改革规定，城市中凡拥有房产和定居一年以上缴纳10镑以上房租的房客和各郡凡每年土地收入达到5镑的农户和能付12镑租金的佃农拥有选举权。这一改革使得英国（包括英格兰、威尔士、苏格兰和爱尔兰）的选民达到200余万，占全国人口1/10左右。自此，部分工人获得选举权，而工业资产阶级也在下院居于主导地位。1884年和1885年，英国再次颁布《人民代表案》（Representation of the People Act）和《重新分配议席法案》（Redistribution of Seats Bill），开启了第三次议会改革。在这次改革中，每年收入10镑的男子皆获得了选举权，选民由1883年登记的315万增加到570余万，81个居民不到15000人的城镇丧失选派议员资格，居民在50000万人以下的选区各减少一个议席。[①] 在选举程序上，议会分别于1872年和1883年通过《秘密投票法案》（Ballot Act）和《取缔选举舞弊和非法行为令》（Corrupt and Illegal Practices Prevention Act），在选举中采用无记名投票等方式，减少了选举舞弊等腐败现象。此外，英国的政治民主化还体现在上院权力向下院转移，议员资格限制（最突出的是宗教限制）逐渐放松等方面。

在文官制度方面，1855年帕麦斯顿颁布枢密院令《关于录用王国政府文官的枢密院命令》，建立了通过考试选举文官的制度；1870年6月4日再次颁布枢密院令确立了公开竞争考试制度，使得文官录用考试更为透明和公正。此外，在地方政府行政改革方面，在1835年《地方机构法》（Municipal Corporations Act）对英国各城市政府进行改革的基础上[②]，1888年保守党政府颁布地方政府法（Local Government

① 阎照祥：《英国政治制度史》，人民出版社，2003，第342页。

② 伦敦被排除在外。

Act)，在英格兰和威尔士设立了62个郡，61个人口在50000人以上的自治市（county borough）和伦敦郡的政府均由选民直接选举产生。1889年，英国进一步设立地方政府部，统筹管理地方政府行政事宜。随着依照1894年《地方政府法案》建立区一级议会之后，英国的地方行政体制基本形成。

第三节　工人运动的发展

19世纪末期，由于随着大萧条而来的大量失业和社会贫困问题的出现，自宪章运动失败后沉寂的英国工人运动重新开展起来，主要表现为新工会运动和合作运动的发展。英国工会运动历史悠久，韦伯在《英国工会运动史》中说："工会者，乃工人一种继续存在之团体，为维持或改善其劳动生活状况而设者也。此类团体在英国已历200余年。"[①] 宪章运动时期，英国工人阶级为追求自身的政治权利，迸发出了极大的热情；然而自宪章运动失败后，英国工人阶级的革命热情消散，他们似乎抛弃了阶级斗争和政治诉求，而将注意力集中于所谓的工联主义。如1851年成立的混合机器工人协会和1860年成立的混合木工协会，基本上都放弃了革命的目标，而主张进行纯经济的斗争，即通过与资本家进行劳资谈判来获取短暂的诸如提高工资、缩短工时等经济利益，同时他们还采取排外的措施将非熟练工人排除在工会之外。工联主义产生的原因主要在于自19世纪50年代至70年代这段时间内，工人阶级，尤其是其中的技术工人的生活状况得到一定的改善。当时英国由于铁路发展、面包价格的稳定以及工业和对外贸易的发展出现繁荣稳定，政府也在一定程度上施舍一定的剩余财富，尤其是在

① 〔英〕韦伯夫妇：《英国工会运动史》，陈健民译，商务印书馆，1962，第1页。

公共卫生方面，而1834年订立的严厉的济贫法在实施上也一度放松条件。因此，这一阶段英国的工人阶级利用他们获得的部分选举权和自己的工会组织为自己争取利益。正如韦伯所说："自1850年起，工业之发展较从前任何时期均大而稳。是故工会世界当次繁盛之时采取一种'新模范'组织，从而使工会运动得到一种财政上之实力、受过训练之受俸职员以及空前未有之永久会员，并非偶然之事也。"①

1873至1874年间是英国工会运动发展的第二个高峰。1872年工会在年会上说自己代表了375000名有组织的工人，而到1874年，工会已代表1191922名会员。② 随着自由党和保守党一系列工会相关法案的通过，如1871年工会法（Trade Union Act）、1875年的雇主与工人法（Employers and Workmen Act）和密谋与财产保护法（Conspiracy and Protection of Property Act），英国工会获得了合法地位，罢工也成为工会运动的合法手段。自此，英国工会组织发展迅速，并重拾罢工这一合法武器。关于1876至1889年间英国工会罢工次数可见表2-7。尽管如此，这一阶段工会组织的罢工行动大多以失败告终。其主要原因在于在大萧条时期，各行业的处境不一，各工会不仅要处理与雇主之间的矛盾，而且还要应付各工会之间常因利益产生的矛盾与分裂，各自为战而不能联合起来共同抗争。

表2-7③ 1876~1889年英国工会罢工次数

1876年17次	1877年23次	1878年38次	1879年72次	1880年46次
1881年20次	1882年14次	1883年26次	1884年31次	1885年20次
1886年24次	1887年27次	1888年37次	1889年111次	

① 〔英〕韦伯夫妇：《英国工会运动史》，第131~132页。

② 〔英〕韦伯夫妇：《英国工会运动史》，第233页。

③ 〔英〕韦伯夫妇：《英国工会运动史》，第248页。

到19世纪80年代，英国的工人运动进入了一个新阶段，新工会运动开始形成。新工会主义与以往的工联主义有两个明显的不同：首先，新工会主义试图摆脱以往的自由劳工主义，开始接受社会主义者主张的集体主义观念；其次，新工会主义接受各个阶层的工人群众，包括非熟练工人加入工会。19世纪80年代，大量的失业使得英国工人阶级的生活状况急剧恶化。根据当时的工会统计[①]，失业率从1882年的2.3%、1883年的2.6%，增加到此后3年的8.1%、9.3%和10.2%，然后又降到1887年的7.6%、1888年的4.9%以及1889和1890年的2.1%。[②] 而这只是熟练工人的失业率，非熟练工人的失业率更高。与此同时，19世纪80年代末，在社会主义者领导下的两次大罢工取得了胜利，也为新工会主义的产生奠定了基础。1888年的伦敦百瑞梅火柴公司女工大罢工（the Byrant and May Match Girls's Strike），开创了非熟练工人罢工成功的先例。在此影响下，1889年伦敦码头大罢工也随之取得了胜利。由此，英国的工会组织再一次取得了辉煌的成就，大量的非熟练工人开始加入工会，壮大了英国工会的力量。这一点从当时加入工会的工人人数即可明显看出：1885年参加职工大会的工会会员人数只有50万人，到1890年就达到将近160万人，而加入工会的总人数，包括工联理事会在内，也从631000增加到1927000人。[③]

可与工会运动相提并论的是合作社运动的发展，其中发展最为迅速的是消费合作社运动。与旧工联主义一样，消费合作社运动的一个显著特征是不谈政治，也不谈革命，其主要目的是寻求经济上的自助和互助。1884年，罗彻代尔公平先锋社（Equitable Pioneers of Rochdale）

① 主要指熟练工人的失业率。

② 〔英〕G. D. H. 柯尔：《社会主义思想史》第三卷上册，何瑞丰译，商务印书馆，1981，第141页。

③ 〔英〕G. D. H. 柯尔：《社会主义思想史》第三卷上册，第143页。

成立，取得了极大的成功。随着1852年《工业和互助会法案》（The Industrial and Provident Societies Act）的颁布，消费合作社获得合法地位，英国的消费合作化运动开始快速发展起来：1862～1888年，英国零售合作社的数量从400增加到1200个左右，而其成员从1863年的10万人变为1891年的100万人，到1904年则达到200万人。[①] 此外，英国工人阶级自助和互助的其他形式，如友谊社等在这段时间内也取得了相当大的发展。

第四节　新社会思潮的产生

19世纪的英国率先实现了工业化，但在实现生产力极大发展和社会财富极大丰富的同时，社会下层的贫困问题不但没有得到解决反而有加剧的趋势。自19世纪60年代后，英国自由主义思想和放任政策开始受到人们的怀疑，于是一种更强调伦理道德，更强调社会有机体的集体观念的，反对自由放任和无限制竞争的社会思潮开始产生，社会主义思想则成为其中的一个重要组成部分。

一　新政治经济学的产生

这里所谓的新政治经济学，是相对于以斯密、李嘉图为代表的古典经济学而言的。古典经济学的理论，是代表英国工商业阶级利益的一种意识形态。该理论认为每个人都有改善自己生存环境的欲望，如果国家或社会不对之加以干涉，那么人人都必然会得到他们所追求的幸福。这一套理论在被19世纪中后期的社会现实摧毁之后，一个试图

① Sidney and Beatrice Webb, *The Consumers' Cooperative Movement*, London: Longmans, Green and Co., 1921, p. 16.

将经济学变成社会科学一部分并为其注入伦理学考虑的新的政治经济学学派开始兴起。这个新的学派注重历史与社会研究法，故也被称为历史经济学派。该学派的先驱人物主要包括罗斯金（John Ruskon）、莱斯利（Thomas Edward Cliffe Leslie）、大卫·塞姆（David Syme）、英格拉姆（J. K. Ingram）、阿诺德·汤因比（Arnold Toynbee，A. J. Toynbee的叔叔）以及威廉·坎宁安（William Cunninghan）。

新政治经济学派在基督教社会主义、孔德和英国的实证主义、德国历史学派和社会有机体学说的影响下，对古典经济学，尤其是自由放任政策进行了理论上的批判，并对当时英国的经济思想产生了两个重要的影响：第一，经济学研究中，对历史和社会研究的再度兴起。该派在实证主义哲学影响下，反对纯演绎的理论框架，而注重历史归纳法的研究。如该派代表人物莱斯利在其《政治和道德哲学论文集》中写道："事实上，每一个国家的整体经济，是长时段进化的结果，其中有连续也有变化，其经济面只是其中的一个方面，其规律必须在整个社会和社会进化的历史中去寻找。"[①] 此观念对当时英国的经济学和其他社会科学研究产生了重要的影响，如坎宁安的《英国工商业的发展》（*Growth of English Industry and Commerce in Modern Times*）、海因德曼的《社会主义的历史基础》（*The History Basis of Socialism in England*）、悉尼·韦伯所著的《英国工会运动史》（*The History of Trade Unionism*）以及《社会主义的历史基础》显然受此学派的影响。第二，当时的经济学研究一直试图从理论上对传统的自由放任政策进行批判，从而推翻古典经济学。莱斯利认为，在当时的时代，"民主立法与大资本家和地主利益所依附的理论相互冲突的时期即将来临，社会

① Thomas Leslie, *Essays in Political and Moral Philosophy*, Dublin: Hodges, Foster, & Figgis, Grafton-St, 1879, p. 227.

责任的思想在经济领域中所起的作用，一定比它从亚当·斯密以来把人人有改善自己处境的欲望当作全部经济法典根据所起的作用更大”。[①] 塞姆则在其《工业科学概述》中，用冷静的笔调表达了这一观念，他说：“经济学家（自由经济学派）坚持个人是他们自身利益最佳的判断者。对于这个说明我并不想要争辩。相反，我完全接受它。所有我要坚持的是这个原则应该有一个更普遍的应用，即社会对其自身利益的判断应该与个人放在同一位置之上。”[②] 基于此，塞姆进一步提出社会要保障其利益就意味着个人利益服从社会整体利益，并以合作代替竞争。此外，他还对资本主义商业社会无限制的竞争体系提出了严厉的批判，他认为任何以追求利润为唯一目的的工厂，在无限制竞争体系下，要增加利润，必将通过控制整个市场不容他人控制，从而形成垄断局面；在这个过程中，那些不讲道德的人必将获得最后的胜利，而竞争最终必将导致道德的彻底破产。正如他在书中所说：“如果说动物界的法则就是弱肉强食（eat to be eaten）的话，我们的商业社会同样可以被称为骗与被骗（cheat and be cheated）。在这个剧烈竞争的体系中，没有道德的约束，而成了一个人吃人的商业体系。”[③] 如果说塞姆更多的是用冷静的笔调分析自由放任的弊端，那么该学派另外一个代表人物罗斯金，则更多的是站在道德的立场，用满腔的热情批判自由放任，强调个人隶属于社会，以社会服务和合作替代个人的占有和竞争。

---

① 〔德〕马克斯·比尔：《英国社会主义史》下卷，第207页。

② David Syme, *Outlines of an Industrial Science*, Philadelphia: Henry Carye Baird & Co., 1876, p. 188.

③ David Syme, *Outlines of an Industrial Science*, Philadelphia: Henry Carye Baird & Co., 1876, p. 82.

二　土地改革理论的发展

19 世纪末期兴起的土地改革运动的理论基础来源于李嘉图的地租理论，该理论认为地租是文明普遍进步的结果，然而其收益却完全被地主所占有。李嘉图本人是自由放任政策坚定的拥护者，因此他提出通过自由贸易的方式解决地租独占问题。后来的学者从李嘉图的地租理论出发，将他的理论和自然法、人权学说结合起来，提出了通过对地租征收重税、土地国有化、租金国有化等方式来彻底消灭地租。如小密尔在《政治经济学原理》中说："私有财产神圣不可侵犯的原则是不适用于土地财产的。没有人制造了土地，它是整个人类所固有的遗产。土地的财产权是一种权宜之计，而这种独占现在显然是不公正的。"[①] 密尔认为，地租的产生和增加导致了一个可以不劳而获却越来越富有的阶级，而国家对地租的剥夺并不从任何人那里夺取任何东西，因此也就不违背私有财产神圣不可侵犯的原则，因为地租本来就是自然垄断和社会普遍进步的产物。

1870 年，密尔创立了土地所有制改革协会（Land Tenure Reform Association），主张"土地不劳而获的增益和产品，完全归它的真正创造者所有"，并提出国家管理土地，因为"国家有权管理土地，正如其有权管理铁路一样"。[②]该协会创立之后，得到了许多著名的自由党理论家和政治家、劳工领袖等的支持。此外，还有一大批诸如土地法改革协会（Land Law Reform Association）、土地国有社（Land Nationalization Society）、英格兰和苏格兰土地价值税联盟（English & Scottish Leagues for the Taxtion of Land Values）等自由主义土地改革组织纷纷成

① John Stuart Mill, *Principles of Political Economy*, London: Routledge and Kegan Paul, 1963, p. 230.

② 〔德〕马克斯·比尔：《英国社会主义史》下卷，第 212 页。

立，主张国家对土地或地租实施干预政策。

三　社会主义的复兴

1850~1880年是英国社会主义较为沉寂的一段时期，主要原因在于当时英国的经济状况不佳。恩格斯曾说过：“当英国还保持工业垄断的时候，英国工人阶级在某种程度上也分享了这种垄断的利益。这些利益在工人间分配得极不平均：享有特权的少数人拿了绝大部分，但广大的群众也偶尔得到一些。这就是从欧文主义绝迹以后英国不再有过社会主义的原因。”①

到了19世纪80年代，社会主义思想再一次在英国流行起来。其原因可以概括为以下三点：（1）大萧条导致失业率上升，工人阶级尤其是非熟练工人的生活状况急剧恶化，于是他们开始寻求更为激进的社会主义的帮助。（2）随着1867至1874年激进派计划的实现，社会立法虽然也有一定程度的发展，但是需要花钱的社会改革运动明显放慢了步伐，当然这主要是受到经济萧条的影响。（3）中产阶级的良心。当时大量的社会调查，如布思的《伦敦人的生活与工作》，揭露了社会存在着的大量贫困现象，触动了中产阶级的良心。这一点是英国社会主义思想复兴的最主要原因，因为当时最先产生和宣传社会主义思想的并非劳工阶级，而是中产阶级，或至少是劳工阶级的上层。

1879年，亨利·乔治的《进步与贫困》（*Progress and Poverty*）一书出版，到1882年在英国已销售10万册左右。这本书的内容对于英国人来说并没有什么新奇的地方，无非是李嘉图、密尔的地租理论和单一税制等英国人早已熟知的理论。然而其通俗的语言表达，使其在英国得以畅销，并最终成为促使英国社会主义运动复兴的导火索。正

① 〔德〕恩格斯：《英国工人阶级状况》，人民出版社，1956，第31页。

如韦伯所说："这本书的乐观与自信的语气，李嘉图地租理论的通俗化，有力地表明了现如今英国社会主义组织的决定性标志。乔治观点的信徒慢慢组织成一些小的团体，并大多逐渐转变成完全的社会主义者。"[①] 1881 年，受马克思影响很深的海因德曼出版了照抄《资本论》的《人人的英国》（*England for All*），并创立了民主联盟（Democratic Federation，1884 年改名为社会民主联盟 Social Democratic Federation）。1883 年民主联盟提出一个强调公有制的纲领，第二年创立了英国第一份社会主义周刊《正义》。1884 年 1 月，费边社（Fabian Society）成立。1884 年 12 月，以莫里斯为首的社会民主联盟成员由于对海因德曼不满，退出并另组社会主义联盟（Social League）。自此，当时英国的三大社会主义组织正式成立，并开始发挥影响力。

① Sidney Webb, *Socialism in England*, London: S. Sonnenschein, 1890, p. 21.

第三章
悉尼·韦伯社会主义思想的历史内涵

韦伯在当时思想界由 19 世纪的自由激进主义转向 20 世纪的社会民主主义的过程中起了关键作用。韦伯是费边社早期最主要的理论家，对费边社会主义思想的形成与发展起了重要的推动作用，而韦伯本人也被认作是当时英国社会主义思想发展的主要知识来源。本章试图通过韦伯社会主义思想的形成、理论基础以及社会主义思想的具体内容（分为目标与改革方法两个层面）这三个方面来论述韦伯社会主义思想的整个形成与发展过程。

第一节　韦伯社会主义思想的形成

1889 年，费边社出版了萧伯纳主编的《费边论丛》（*Fabian Essays in Socialism*）一书，详细阐述了其社会主义思想。其中，韦伯写了《社会主义的历史基础》（*The Basis of Socialism*：*Historic*）一篇，从英国工业革命以来的历史发展角度出发，以社会有机体为理论基础，阐明其社会主义思想。在该文中，韦伯明确反对资本主义私有制和自由放任原则，强调民主主义基础上的集体主义生产方式；提出了生产资料公有化（包括市有化和部分国有化），以及租金社会化的目标；强调社会组织尤其是地方行政部门在社会主义发展过程中的重要性；注重社会有机体，即社会整体的效率提升。此外，韦伯在文中贯彻了这样一种观念，那就是社会主义是一种“时代精神”，是历史发展的必然趋势。因此，只要保持对英国民主主义政治的信任，通过对社会大众进行社会事实的宣传教育，社会主义在英国就不需要通过暴力革命的方式，而只需也必能通过民主、渐进、和平的社会改革得到实现。

人们对韦伯社会主义思想的研究，大多从《费边论丛》开始，这是因为：一方面，韦伯在其中集中表述了他的社会主义思想，且在之后的20多年中并未做出大的变动，只是在此基础上提出更具体的方案而已；另一方面，《费边论丛》的出版表明费边社会主义的正式形成，而其在英国社会主义发展史上也占有很重要的地位。然而，这种研究模式忽略了韦伯在成为社会主义者之前所具有的自由激进主义者的身份，而将韦伯从自由激进主义向社会主义转变的原因或简单归功于密尔（John Mill）功利主义的影响，或认为韦伯是一个萧伯纳所说的“天生的社会主义者”，即认为韦伯从19世纪70年代的英国历史事实出发，认识到自由放任主义和资本主义私有制在解决社会问题方面失败的现实，从而转向了倾向于集体主义的社会主义道路。

韦伯社会主义观念的形成，固然与当时许多社会主义者一样受到英国当时社会政治、经济环境的影响，基于韦伯一向轻理论、重事实，这一点一直被认为是韦伯社会主义理论形成的最重要原因。然而我们也不能忽略韦伯受到其他社会思潮，包括功利主义、实证主义、进化论等影响，尤其不能忽略韦伯所受到的马克思主义的影响；我们也不能忽略早期韦伯本身存在的强烈的自由主义倾向，对英国民主主义政治的极度信任，以及经济学在韦伯转向社会主义过程中所起的关键性作用。这些因素，不但在韦伯由自由激进主义转向社会主义过程中发挥了重要作用，而且在韦伯成为一个真正的社会主义者之后，仍然对其产生着影响力，并贯彻在韦伯具体的社会主义思想和实践之中。此外，韦伯社会主义思想的形成，应该以韦伯具体提出他的社会主义两大目标，即租金社会化和生产资料公有化为准，而不能以他对外宣称是一个社会主义者为准。1885 年《费边短评》第 3 号即公开承认费边社是一个社会主义组织，而韦伯当时虽已加入费边社，但这一点不能表明此时韦伯已形成社会主义思想。事实上，韦伯一直在自由激进主义和社会主义两条道路之间徘徊，在 1879 至 1888 年起草《费边论丛》的这段时期，韦伯的思想仍在不断变化，并存在反复。因此，本书不拟以时间为序，而拟以观念的变化为准阐述韦伯社会主义理论的形成。

韦伯社会主义思想的形成，最开始是在探究社（Zetetical Society）开始的。韦伯加入的这个学生讨论俱乐部，与 19 世纪 20 年代由工人阶级的不信宗教者建立的同名组织不一样，它对外宣称其主要目标在于“寻求影响人类社会一切事务的真相”。[①] 该俱乐部讨论的问题没有主题，也不管是不是理论性的，它不强调任何特殊的观点和学派，并向所有试图寻求真理的人打开大门。尽管该组织一直试图表明一种不偏不倚的态度，然而实际上它的成员主要还是激进的进步派分子。因此，1879 年韦伯是以自由激进主义者的身份加入探究社的，当时韦伯对资本主义私有制和自由放任原则深信不疑，这一观念至少持续到 19 世纪 80 年代中期。当时社内一个激进派演讲者提倡扩展工厂法以保护

① Royden J. Harrison, *The Life and Times of Sidney and Beatrice Webb*, London: Macmillan Press Ltd, 2000, p. 14.

妇女劳工的权益，韦伯就质疑这种保护是否与自由派的价值观相协调。[①] 1884 年底，韦伯还对 1875 年保守党政府颁布的工人阶级住宅法（Artisans' and Labourers' Dwelling Bill）持明确反对态度，韦伯说："这个法案的主要原则在于它给地方当局选址和建立住宅的权力。如果他们试图将权力移交给更高一级政府部门，或者教区议会（这会更差），那么假公济私、不称职、不善管理和显而易见的挥霍等状况的出现将是不可避免的。"[②] 由此可见，当时韦伯对政府干预地方事务是抱有很大的疑虑的。此外，当时的韦伯对马尔萨斯的人口论也深信不疑，他认为人口的增加会导致更多的贫困，这是铁律，是不可能被推翻的。因此，没有对人口谨慎的限制，其他所有的措施（包括地租、租金社会化或者土地、资本的公有化）都将是没有效果的，这正如将水倒进筛子一样。由此，韦伯总结道："当时我认为，还没有比现在的非宗教的、自由竞争的私有制体系更好的社会体制出现……富人应该生活舒适，并通过投资使得穷人生活得更好，这种效果是双重的。"[③]

一　马克思主义的影响

19 世纪 70 年代开始，英国维多利亚时代的全面繁荣开始衰退，其工业霸主地位日益受到欧美其他国家的威胁，国内经济伴随着不断反复的大萧条，处于相对衰退和极度不稳定的状态，从而导致了贫困、失业、贫富差距、公共卫生、教育落后等各种社会问题。当时，英国的知识分子也逐渐认识到传统的自由主义已不能解决英国社会存在的

① Willard Wolfe, *From Radicalism to Socialism*, New Haven and London: Yale University Press, 1975, p. 185.

② Royden J. Harrison, *The Life and Times of Sidney and Beatrice Webb*, London: Macmillan Press Ltd, 2000, p. 27.

③ Royden J. Harrison, *The Life and Times of Sidney and Beatrice Webb*, London: Macmillan Press Ltd, 2000, p. 28.

问题，从而开始寻求如何在资本主义体系内解决社会问题之道，韦伯自然也属于这一部分人中的一个。

此外，韦伯对资本主义体制和自由主义的怀疑还受马克思主义的直接影响。以往在讨论韦伯和马克思之间的关系时，人们主要集中于双方思想的区别上，从而否认韦伯的社会主义理论受到马克思主义的影响；而肯定的意见也只是认为韦伯可能读过马克思主义的相关论著，但最终并没有接受马克思主义的理念。笔者认为，虽然最终韦伯不认同马克思主义的经济理论，也没有接受马克思主义通过革命实现社会主义的方式，但是马克思主义在韦伯从自由激进主义者转向社会主义者的早期过程中，确实起到了比较大的作用。

韦伯对马克思主义的研究最初受萧伯纳的影响，萧伯纳是费边社内部少有的几个很早开始就对马克思主义感兴趣的人。早在探究社期间，萧伯纳就推荐韦伯阅读马克思《资本论》第一卷，刚开始，由于双方观念的差异极大，韦伯并没有从这本著作中吸取养分。此时的韦伯出于对马克思主义的不了解，以及其自由主义者身份，表示过对马克思主义的反对。这从韦伯对探究社内部一次马克思研讨会的记述可以看出："威尔逊夫人（Charlott Wilson）读了一份英文的关于马克思《资本论》第一卷的详细分析。埃奇沃斯（F. Y. Edgeworth）听完后表明了他对马克思及其所有著作的轻视态度。由于参加研讨会的大多数人都认为，他们的目的在于从伟大的思想家中吸取智慧，因此埃奇沃斯的发言在现场引来的是一片沉默。他转向我并向我求助，于是我赶紧加入，剩下的时间一直是我们俩合作表示对马克思的反对态度。"①

① Royden J. Harrison, *The Life and Times of Sidney and Beatrice Webb*, London: Macmillan Press Ltd, 2000, p. 29.

由于萧伯纳的不断推荐和介绍，韦伯最终并没有完全放弃对马克思主义的研究。韦伯曾亲口承认，“除非像你（萧伯纳）一样彻底的肆无忌惮的社会主义的辩论家出现，我可能会在一个月内放弃资本论，而转而继续去研究李嘉图主义”。[①] 于是，韦伯开始了一段时间不短的研究马克思主义的历程，在这个过程中韦伯也逐渐改变了对这位科学社会主义创立者的态度。在1883至1886年这4年间，韦伯在探究社领导了一个长时间的关于马克思主义价值观和社会主义观念的讨论。在1884年的一次名为《中产阶级的经济功能》[②] 的演讲中，韦伯认可了马克思的著作在指出资本主义体系对劳工阶级的剥削以及攻击资本主义体系方面具有重要的价值。1886年，韦伯写了一篇名为《地租、利息和工资：对卡尔·马克思的评论和经济理论》（Rent, Interest & Wages: Being a Criticism of Karl Marx and a Statement of Economic Theory[③]）的文章，对马克思做了极为正面的评价。韦伯认为马克思是一个极有学识和充满智慧之人，并提出马克思在指出正统经济学的失败以及阶级之间收入分配不公方面做出了极大贡献。即使到19世纪90年代，在韦伯已正面明确表示对马克思主义的反对后，韦伯的历史记述仍然和马克思主义有很大的相似性。1893年，韦伯发表《英国向社会民主发展》（English Progress towards Social Democracy，《费边短评》15号），在文中韦伯指出：“回顾人类发展进程，我们看到在所有形式的社会中都包含着一个主要的经济特征。那就是，只要社会生产发展到超过足够维持生存的地步，人们之间就会三三两两聚集起来，展开争夺剩余产品的激烈斗争。这种斗争根据时代和环境等外部形式的不

---

① Royden J. Harrison, *The Life and Times of Sidney and Beatrice Webb*, London: Macmillan Press Ltd, 2000, p. 29.

② Sidney Webb, *Passfield Paper*, 6/21.

③ Sidney Webb, *Passfield Paper*, 7/1/14.

同而有不同的形式，但是都是源于一个相同的经济因素。掌握社会权力的个人或阶级，在任何时候，都有意识或无意识地利用其权力，使得社会绝大部分在实际上只能取得按当时当地标准来说，仅维持其生存所必需的产品。而额外的产品，由不同的位置、土壤、资本或者能力高于边际成本而产生，却被掌握权力的人所获得。这个确保剩余产品或'经济租金'的争斗就是混淆欧洲发展历史的关键因素，也是所有革命无意识的动机。"[①] 由此可见，此时的韦伯虽然用租金理论取代了马克思的剩余价值学说，但是韦伯对历史进程的概述，在强调社会对剩余产品的争夺是社会进化的经济基础，以及社会主义是资本主义社会发展的必然阶段这些观点上与马克思主义仍有着极大的共通性。

韦伯在接受了马克思主义历史唯物主义的那一半原理，即关于经济（生产力）决定着社会的政治条件后，就开始与马克思分道扬镳了。也就是说韦伯认可了马克思在发现正统经济学家忽视的问题上是有贡献的，但在如何解决这一问题上，韦伯的观念与马克思主义有很大的不同。韦伯在一篇名为《经济的方法》（Economic Method）的文章中指出，"卡尔·马克思对人类本质的认识是抽象的，它并没有实际存在过。马克思及其追随者的信仰建立在一个纯唯物主义的基础之上，对于他们来说人就是人，而不是资产阶级的雇主、奴隶，或者农民"。[②] 与马克思主义不同的是，韦伯虽然认可了经济是政治的决定因素，但是他并不认为经济因素是唯一的因素，这一点从《费边论丛》整本书的框架中即可明显看出。韦伯从英国本身的特殊国情出发，提出"在过去一百年中，把欧洲社会导向社会主义的那个主流，乃是不

① Sidney Webb, *English Progress towards Social Democracy*, London: The Fabian Society, 1893, pp. 4-5.

② Royden J. Harrison, *The Life and Times of Sidney and Beatrice Webb*, London: Macmillan Press Ltd, 2000, p. 30.

可抗拒的民主主义的发展”①；“我们不能容许以过去条件为根据的社会主义理论继续存在，甚至不再提出异议和修正。我们不能站在革命和阶级斗争的立场来研究一个准备负起社会改革责任的民主国家、一个具有经济影响和力量的工人阶级、一个社会道德日渐发展的民族。社会主义的基本概念需要一个更符合新条件的新基础和新方法。社会主义应该适应民主”②。由此可见，韦伯出于对英国的具体国情和民主政治的信任，从对国家作为一种社会服务职能部门的信任角度出发，反对马克思提出的国家是经济上的统治阶级用来强制被统治阶级的工具的观点，从而彻底反对马克思主义的革命观念。

总之，韦伯在其社会主义思想形成过程中，虽然没有接受马克思主义的暴力革命方式，但是受到马克思主义对资本主义体制的批判的影响。正如韦伯在《资本主义文明的衰亡》中所写：“现在是认识马克思的极大重要性的时候了。对于他，还有许多无知识的胡言乱语在流传着，可是他的极大的重要性，不是在于他在经济学上和政治学上掀起了一个革命，而是在于他拆穿了资本主义在道德方面的虚伪。在今天，马克思理论上的错误是像摩西的错误一样彰明昭著的；但是，一个没有读过《资本论》里关于历史的各章的人，会再坠入到一种幻想的陷阱，认为资本家在道德方面是值得尊敬的。马克思尽管在抽象的经济理论上有他一切的夸大的错误——甚至对社会主义也是不利的错误——却辉煌成功地把资本主义的旗帜突然地反过面来，使他丑恶的一面面向观众，并在现代文明的戏剧里，把资产阶级打扮成反派的角色。”③

---

① 〔英〕萧伯纳主编《费边论丛》，袁绩藩等译，活生·读书·新知三联书店，1958，第85页。

② 〔德〕马克斯·比尔：《英国社会主义史》下卷，第246页。

③ 〔英〕韦伯夫妇：《资本主义文明的衰亡》，第133~134页。

二　租金理论及租金社会化观念的形成

在正式转向社会主义之前，韦伯还经历了一个实证主义阶段。与19世纪80年代英国许多知识分子一样，在解决资本主义社会私有制和自由放任原则的问题时，韦伯转向了孔德的实证主义，即通过对资本家的道德教化来实现社会改革目标。韦伯从孔德那里吸收了科学观和三阶段法则（Law of the Three Stages，即神学、形而上学和实证科学），尽管最后是斯宾塞将社会科学带到了最后的实证科学阶段。韦伯曾经提出，孔德的三阶段法则最现代的应用即在于，实证主义处于集体主义的形而上学阶段，而集体主义则处于实证主义的实证科学阶段。可以说，早期的韦伯更倾向于孔德的实证主义，而不是密尔的理论。1885年，在加入费边社后的第一次演讲中〔“出路”（The Way Out）〕，韦伯指出：“对专利者（Monopolist）最容易的办法是道德教化，而不是没收他们的财产。对资本家的道德教化是实现公众快乐更有希望和更实际的方法。”[①] 孔德的实证主义，对韦伯的思想产生了重要影响，然而这种重要性主要体现在韦伯日后的社会改革进程中，即他从未放弃过对资本家以及社会大众的道德教化这一层面；并未在韦伯转向社会主义的过程中发挥重要的作用。在19世纪80年代中期，韦伯深受孔德实证主义的影响，但不久之后韦伯就越过了孔德。虽然韦伯仍然认为道德教化在社会融合中起着重要的作用，但他开始认识到这种方式要发挥作用耗时太长，且不能作为解决社会问题的唯一方式。在面对1885至1886年伦敦的失业情况时，韦伯就明确提出：“我现在不是一个实证主义者，我不确定资本家是否能道德教化，我称呼我为

---

① Willard Wolfe, *From Radicalism to Socialism*, New Haven and London: Yale University Press, 1975, p. 183.

社会主义者，因为我想要转变资本主义社会其资本只用于自身的现象……可能资本家只在积累方面做得很好；我不太确定资本家是否可道德教化，这个过程太慢，经济租金仍然没有改变。”①

韦伯正式转向社会主义，是从对经济学的研究开始的。韦伯曾经因人道主义因素的考量而开始产生社会主义的倾向，同时受进化论伦理观的影响形成了强调个人义务的集体主义观念。然而，韦伯真正转向社会主义是从经济学分析开始的。他从经济学角度出发，通过对李嘉图、密尔的地租理论和杰文斯的边际分析等理论分析出发，开始重新考虑社会剥削问题。这其中，马歇尔（Alfred Marshall，1842—1924）的政治经济学对韦伯产生了最主要的影响。韦伯在给马歇尔写的信中提到，“我认为我们在经济学上的观点是一致的”。② 此外，韦伯还和比阿特丽斯说过：“我认为马歇尔应该成为我们经济学方面的导师，在这方面我总是支持他的。”③ 与马歇尔一样，韦伯从边际生产的供给与需求角度定义价值。他认为产品的价格是由它的边际费用决定的，而那些不属于边际生产的额外收益就是剩余价值，剩余价值是由边际成本决定的，并给予了占有优势地位的土地、劳工和资本的人；韦伯由此提出，既然这些额外收益是整个社会发展的产物，而不是所有者劳动的产物，那么就应该将之用于社会公益。最终韦伯从李嘉图和密尔的地租理论出发，将其扩展到包括土地、资本乃至能力层面，提出了租金理论。④

---

① Willard Wolfe, *From Radicalism to Socialism*, New Haven and London: Yale University Press, 1975, p. 212.

② Norman MacKenzie, ed., *The Letters of Sidney and Beatrice Webb* (*1873-1892*), Cambridge: Cambridge University Press, 1978, p. 124.

③ Norman MacKenzie, ed., *The Letters of Sidney and Beatrice Webb* (*1873-1892*), Cambridge: Cambridge University Press, 1978, p. 229.

④ 关于韦伯租金理论的具体内容，请见本章第 2 节。

韦伯租金社会化理论的提出，表明他向社会主义道路迈出了第一步。1886 年 1 月 14 日，韦伯对费边社发表名为《实证主义社会的经济》（The Economics of a Positivist Community）的演讲，第一次表明他自己是一个社会主义者："我称呼我自己是一个社会主义者，因为我期望改变资本主义社会将资本用于自身目的。尽管生产资料，尤其是资本的社会化和资本家的道德教化，仍然是社会主义者的一个公开问题。"[①] 1887 年，韦伯发表《社会主义者须知》（*Facts for Socialists*，《费边短评》第 5 号），列举当时已知的政治经济学家和统计学家的著作，以及官方出版物中所得到的资料中的关于社会事实的具体数据（这一点与马克思在《资本论》中运用当时官方报告的方法如出一辙），提供给费边社和其他提倡社会主义者所使用。在该文中，韦伯也表露出其租金社会化的观念，即国家财富的积累是体力和脑力劳动者劳动和牺牲的结果，而不是无所事事的上层阶级所创造的，他们只依靠地租和租金生活；源于工人劳动的国家财富没有返还给整个社会，而是用于支付地租和租金，由此造成了社会上相对富裕和相对贫穷的两个对立的阶级。[②]

此外，韦伯还在另一方面受到马歇尔的影响。马歇尔在发现 19 世纪末期出现的社会不公平问题后，将其注意力集中于政治经济学，试图从经济学的角度来分析和解释社会，从而开出社会改良的药方。也正是由于马歇尔的努力，经济学从人文学科下属的一门课程逐渐发展为一门独立的学科。马歇尔对政治经济学的重视，深深影响了韦伯，这也是日后韦伯创建伦敦经济学院的初衷。

① Willard Wolfe, *From Radicalism to Socialism*, New Haven and London: Yale University Press, 1975, p. 211.

② Sidney Webb, *Facts for Socialists*, London: The Fabian Society, 1891.

三 生产资料公有制观念的形成

韦伯在认识到租金社会化的重要性之后，并没有马上就接受生产资料公有化的观念，甚至在萧伯纳的影响下，参加费边社汉普登俱乐部内的马克思俱乐部或研讨班时，韦伯也并未很快接受国有化观念。即使对当时社会上流行的土地国有化方案，韦伯也没有表示认可。1883 年，萧伯纳想介绍他加入土地改革联盟（Land Reform Union），韦伯当即表示拒绝，并回信说："我想我是一个积极的土地法改革者，我曾经提出一个相关的法案，计划的主要内容是关于土地税的修正，尽管这不能出现在法案里。虽然我致力于对人民进行土地补偿——如果可能的话——但我现在还不是一个土地国有化者。甚至我不认为这是一个好的解决办法。它会使我们废除所有的间接税，这是一个好的事情，但显然不值得为此进行一场革命，而革命不但不会废除地租，也可能成为工资的破坏者。"① 到 1885 年韦伯加入费边社后，他仍然表示："非常抱歉地说，我是不相信国家社会主义的，甚至我都不曾试图去证明它是否可行。甚至，我还不是一个土地国有化者。"②

韦伯是费边社内部接受国有化或者市有化观念比较迟缓的一位成员。韦伯加入费边社后，在费边社内部关于是采用集体主义还是无政府主义③的争论中，逐渐开始倾向集体主义。其实，韦伯在提出租金社会化的目标之后，不可避免地将诉求转向生产资料公有制。这一方面是因为韦伯认识到由土地、资本产生的租金之所以会被其所有者占据，而没有用于公共利益，最主要的原因就在于资本主义私有制。另

---

① Royden J. Harrison, *The Life and Times of Sidney and Beatrice Webb*, London: Macmillan Press Ltd, 2000, p. 28.

② Willard Wolfe, *From Radicalism to Socialism*, New Haven and London: Yale University Press, 1975, p. 204.

③ 威廉·莫里斯和威尔逊夫人是费边社内部无政府主义的主要代表人物。

一方面，韦伯认识到要实现租金社会化的目标，必须通过一个单位来具体实施。基于对英国国家和政府部门的信任，这个单位在韦伯看来最合适的肯定是地方行政单位。而当时英国的地方政府在公共服务方面不断发展的历史事实，再加上韦伯的集体主义观念、社会有机体效率观念日益加重，使韦伯终于认识到公有制的发展有利于租金社会化目标的实现，从而彻底转向社会主义。1886 年，韦伯曾提出："许多事情由政府来处理比私人资本家做来得更好。"① 而 1888 年前后，韦伯发表了一篇名为《罗马：一个社会学的启示》（Rome：A Sermon in Sociology）的文章，强调国家福利相对于个人来说更具有重要性。韦伯说："罗马的公共精神使得它不断声明其抽象实体的最终利益。在罗马，不像雅典，一个个人至高无上权利变得越来越得到认同的地方，在于罗马人全体都确信他们的义务在个人牺牲的基础之上，而促进整个国家福利的发展。"② 同年韦伯在对伦敦城市学院所做的演讲《社会主义的发展》（The Progress of Socialism）中，将社会主义和集体主义原则完全结合起来，而以往不时会冒出的对国家和政府干预社会的疑虑已经消失了。最终，1889 年，韦伯与萧伯纳、华莱士等七人共同书写了《费边论丛》，生产资料公有化的观念已相当成熟。

从总体上说，韦伯在从自由激进主义转向社会主义的过程中主要受到功利主义的影响。比阿特丽斯曾经说过："边沁是韦伯知识上的教父。"③ 而韦伯自己也承认这一点："尽管我们不能达到边沁和密尔的水准，尽管我们的财力或者在哲学激进派的地位都很缺乏，然而我

① C. E. Hill，"Sidney Webb and the Common Good：1887 ~ 1889，" *History of Political Thought*，Vol. 14，No. 4（1993），p. 593.

② Royden J. Harrison，*The Life and Times of Sidney and Beatrice Webb*，London：Macmillan Press Ltd，2000，p. 35.

③ Barbara Drake and Margaret I. Cole，eds.，*Our Partnership by Beatrice Webb*，London：Longmans，Green and Co.，1948，p. 210.

们的工作与他们的工作是一样的。社会主义者就是当代的功利主义者。如果我必须总结在过去14年中社会主义政策对公众思想产生的影响，那么我找不到比边沁的著作更合适的表述。”[①] 然而，实际上韦伯的社会主义思想主要受到密尔的影响，他的实证主义和功利主义思想主要来自密尔，而非孔德和边沁。自从1848年密尔的《政治经济学》出版适当划定与以往个人主义经济学的界限，以后每再版一次其都更加趋向社会主义。密尔去世后，从他亲手写的自传中可以看出他已经成为一个深信不疑的社会主义者了。韦伯的社会改革道路也被认为是继承了密尔未完成的事业，这一点从他更关注社会与经济的改革，而非法律和宪政的改革可以看出。韦伯也多次在文章中承认他的社会主义理论大多缘于密尔的教导。

尽管如此，我们不能夸大功利主义对韦伯的影响，也不能忽略韦伯所受到的包括马克思主义、孔德的实证主义，甚至英国新黑格尔主义的影响。韦伯的思想带有明显的折中色彩和实用色彩，这表现在韦伯经常只吸收他自己所需要的其他思想中的原则性的理念，而将不需要的弃之于外。例如韦伯认为上帝只有在对人类福利起促进作用的时候才值得赞扬，这显示了韦伯认同一个以功利主义为原则的人道主义的宗教，但是韦伯就像许多同时代人一样，对功利主义的态度不明确，有时将其作为自己的准则，而有时他对“快乐”的定义又使他几乎完全不像一个功利主义者。对韦伯来说，其功利主义只是一个笼统的概念，他只是用之替换当时的个人主义和自由放任的经济理论。实际上，韦伯只是吸收了功利主义的那句“最大多数人的最大幸福”，并将之改成“最大多数人的最大效率”，仅这一点对韦伯来说就已足够了。韦伯思想的这一特点在吸收其他社会思潮方面也表现出来。例如他吸

① Sidney Webb, *Socialism: True and False*, London: The Fabian Society, 1899, p. 6.

收了黑格尔哲学的“时代精神”的概念，却将它变为一种经验的而非抽象的观念，即把“时代精神”当成当时社会上流行的观念或政策；他吸收了马克思主义对资本主义私有制的批判，以及经济是影响上层建筑的一个重要因素的观点，却反对马克思的革命和暴力观点；他受到孔德实证主义和当时新政治经济学派的影响，注重历史研究与科学调查法，却反对孔德的专制和阶级特权思想；他利用社会有机体学说来强调集体效率相对个人的重要性，利用李嘉图的地租理论将之扩展到租金理论等方面，却没有马上转向生产资料公有化；他受斯宾塞进化论观念影响很深，却没有接受斯宾塞在 1851 年《社会静力学》中所提及的土地国有化观念。

第二节　韦伯社会主义思想的理论基础

社会有机体和租金理论，是韦伯社会主义思想的两个最主要的理论基础。它们不仅对韦伯社会主义思想的形成起了重要的作用，而且对韦伯日后社会主义思想的发展也起了重要的推动作用。可以说，韦伯整个社会主义思想都是从这两个理论基础中引申出来的。

一　社会有机体学说

“社会有机体”学说，是韦伯社会主义思想的理论基础之一。韦伯提出的社会主义理论、目标和政策，大多从社会有机体的概念出发来阐释，这一点从韦伯所写的《社会主义的历史基础》一文中可以很明显地看出。韦伯在该文通篇都贯彻了社会有机体学说的思想，以“最大多数人的最大效率”为原则来判断国家干预经济的合理性，并将之用于阐述其历史进化论、国家效率、集体与个人的关系以及渐进和平变革的重要性和必要性等具体理念和政策，从而批判传统的个人主义经济学，进而提出社会主义才是历史发展的必然趋势。

社会有机体学说是19世纪实证主义社会学的一种重要理论观点。韦伯的社会有机体学说主要来自斯宾塞（Herbert Spencer），韦伯夫人早年就是斯宾塞的学生与好友。[①] 斯宾塞通过比较人类社会和生物有机体，提出两者之间具有相似性，并列举了六大制度为社会的主要器官：家庭制度、礼仪制度、政治制度、教会制度、职业制度和工业制度。这些社会器官构成三大功能系统：支持系统、分配系统和调节系统。对应于这三大系统，斯宾塞将社会中的人分为三大阶级：工人阶级担任支持系统的功能；商人阶级担任分配系统的功能；调节系统的功能由工业资产阶级担负。[②]

韦伯对社会有机体学说的运用，首先在于批判理想的乌托邦所体现的静态性质，提倡社会发展的动态观。他提出："新制度本身是会变成旧制度的，而且往往在它被人们有意识地认作是新制度以前就已经变成旧制度。"[③] 比阿特丽斯·韦伯在《我的学徒生涯》（*My Apprenticeship*）中就曾批判布思的静态社会调查法，认为它忽略了用历史方法分析社会制度的诞生、成长、衰退与死亡的实际过程。韦伯则在《社会主义的历史基础》一文中详细阐述了他对理想乌托邦的反对态度："从古至今，有志于社会改革的人们，自然会提出一种对社会制度加以详细说明的精辟计划，来为他的理想的切实可行做辩护，似乎在他们所计划的新社会制度中，当时存在着的一切罪恶都会被消除。恰恰就像柏拉图有他的共和国（Republic）以及托马斯·摩尔爵士有

① Barbara Drake and Margaret I. Cole, eds., *Our Partnership by Beatrice Webb*, London: Longmans, Green and Co., 1948, p. 210.

② 周晓虹：《西方社会学历史与体系》第一卷，上海人民出版社，2002，第64页。

③ 〔英〕萧伯纳主编《费边论丛》，第83页。

他的乌托邦（Utopia）那样，巴波弗有他的平等宪章（Charter of E-quality），卡贝特有他的伊卡利亚（Icaria），圣西门有他的工业制度（Industrial System），以及傅立叶有他的理想道德法兰斯泰（Phalan-stery）。罗伯特·欧文花费了一笔财产去把他的新道德世界（New Moral World）的理想强加于并不相信它的一代人的身上；而且甚至奥古斯丁·孔德，虽然比他同时代的许多懦弱的人高明得多，他也必须在他的‘实证主义哲学’中加上一个详细的‘国体’（Polity）计划。所有这些主张的主要特色可以说就是他们的静态性质。他们把那理想的社会描写为完全相称的均衡状态并且无需或者不可能在未来发生根本的变革。"① 韦伯认为社会改革一定不能按照这种方式进行，因为社会有机体本身是在不断发展和成长的，社会的理想模式不是静态而是动态的，因此不能认为这种理想的社会是一种不会发生变动的“国家”。

其次，韦伯利用社会有机体的概念，提倡渐进和平的变革，反对革命暴力等突变性的改变社会方式。正如韦伯所说：“哲学家们现在不再去寻求什么别的东西，他们所寻求的乃是从旧制度逐渐进化到新制度，并且认为在这种进化过程当中，任何时候都无需破坏整个社会组织的连续性或者把整个社会组织突然地加以改变。”由此，韦伯提出任何重大的、根本性的变革只能是渐进的变革，因为只有如此，无论进步的速度多快，才不致脱节。②

再次，韦伯通过社会有机体概念，强调集体相对于个人的重要性和集体协作的重要性，反对无限制的自由竞争，并提出了一个强有力的强调个人义务和无私奉献的集体主义观念。韦伯认为：“一个社会

① 〔英〕萧伯纳主编《费边论丛》，第 82 页。

② 〔英〕萧伯纳主编《费边论丛》，第 83~87 页。

不只是许多个人个体的总和，即社会的存在和它的任何一个组成部分的存在是有区别的。人们认为一个完美的城市是胜过任何数目的良善公民的。社会不论是有意识地或无意识地必然是以本身作为一个社会而继续存在为目的，就是说，社会的生命要超过它的任何一个成员的生命；而作为一个组成单位的个人的利益，必然时常和整体的利益发生冲突。虽然社会有机体本身曾经是由单个的人的联合进化而来的，可是作为社会有机体的一个组成部分的个人，现在却是社会有机体的产物，他的生命是从较大的社会有机体的生命中产生；他所具有的特质是由社会的压力所形成；他的各种活动和其他人们的活动千丝万缕地交织在一起，同是属于社会整体的活动。离开了继续存在的与健康的社会有机体，没有人能够在现在还活着或者滋生后代。因此社会有机体的继续存在乃是个人的至高无上的目的。”① 由此，韦伯进一步提出个人在集体社会中所需尽的义务：“和我们自己个人的完美发展比较起来，我们必须更加注意去改善我们作为一个组成部分的这个社会有机体，或者更加正确地说，每一个人的完美、恰当的发展并不一定就是他自己人格的至高无上的修养，而不过是他以最可能的方式在这个伟大的社会机器中履行了他的卑微的义务而已……我们必须放弃那种认为我们是独立的个体的自高自大的幻想，并把我们的那种只注意于自己的修养的嫉妒心转变过来去服从那个更高的目的，那就是服从公共福利。”②此外，韦伯还将这种观点引入其工业民主的思想体系，韦伯在《工业民主》（Industrial Democracy）前言中就提到，“产业民主的贡献在于它将个人的思想从狭隘的利益中剥离出来，强迫个人将他的思想和闲暇，不是满足于他个人的欲望，而是考虑到他同伴的需

① 〔英〕萧伯纳主编《费边论丛》，第 114 页。

② 〔英〕悉尼·韦伯：《社会主义的历史基础》，引自萧伯纳主编《费边论丛》，第 116 页。

求和欲望。民主机构的工作意味着对这种利他主义的一个长期的训练和提高"①。

最后，韦伯从社会有机体相较于个人的重要性出发，提出提高国家效率的重要性思想。韦伯在《社会主义的历史基础》一文中提到："法兰西民族在上一次战争（普法战争）中被打败了，这并不是因为一般的德国人较一般的法国人高出一英寸半，或者是因为一般的德国人多读了五本书，而是因为德国人的社会有机体，为了达到当时的各种目的，在效率方面要比法国人的社会有机体优越。"② 在韦伯看来，国家效率观念应该凌驾于自由主义、保守主义甚至社会主义之上。韦伯认为："19 世纪中期，自由主义是带来进步的一种伟大的手段，它解开了阻碍个人进步的所有束缚——包括政治的、财政的、法律的、宗教的、社会的。但是到了 19 世纪的最后 20 年，它对于普通市民来说日益不令人愉快，它的契约自由原则、供需关系现在对大众来说是灾难性的，他们太穷而达不到经济学家称为最低标准的'有效需求'(effective demand) ……当公共的灾难发生的时候，社会大众考虑的不是自由主义、保守主义或者社会主义，而是内心深处为英国的'失败'而感到羞愧，羞愧政府的无力、议会的无能、政治家的愚蠢、公共管理的低效、商人的散漫使我们国家的商业霸权被美国夺走，由于酗酒、赌博以及贫民窟的生活导致种族退化，因此就需要政党和政治家站在国家效率的政策基础上考虑问题。"③

总之，韦伯利用社会有机体学说，反对资本主义私有制和自由放任原则带来的自由竞争，并强调社会有机体相对于个人的重要性，从

① Sidney and Beatrice Webb, *Industrial Democracy*, London: Longmans, Green and Co., 1902, p. 849.

② 〔英〕萧伯纳主编《费边论丛》，第 114 页。

③ Sidney Webb, *The Basis and Policy of Socialism*, London: The Fabian Society, 1909, pp. 75-83.

而为其社会主义理论目标，即租金社会化和生产资料公有化的提出打下基础。

二 租金理论的形成

悉尼·韦伯的租金理论，不但是韦伯从自由激进主义向社会主义转变的最重要因素，也是其集体主义经济学和社会主义思想最主要的理论基础。正如马克斯·比尔（Max Beer）在《英国社会主义史》中指出的："韦伯的社会主义是以地租理论的扩展与国家中社会良心的成长为基础。"[①] 皮斯也在《费边社史》中提出费边主义者抛弃马克思"剩余价值"一词，而以地租法则为社会主义的基础。可以说，韦伯的租金理论是他在英国社会主义理论发展和费边社租金理论方面所做出的最重要甚至是唯一的原创性贡献。韦伯从李嘉图和密尔的地租理论出发，放弃了马克思的"剩余价值"说，提出了包含土地、资本和能力在内的租金理论，进而提出了租金社会化的目标，将英国社会主义思想往前推进了一大步。

首先，韦伯对于租金的产生，并未沿用马克思的剩余价值的说法，而更偏爱用"剩余产品"来表述观点。韦伯认为，在人类进展的过程中，有一个在各种社会形态中都存在的主要经济特点，那就是"每当生产发展到足供维持生存而绰有余裕的时候，争夺剩余产品的斗争便马上出现了。拥有社会权力的个人或阶级，一向都有意或无意地利用权力来占取剩余产品，而把实际上只够维持当地一般水平的生活资料留给大多数的同类。这种剩余产品带有地租性质"[②]。简单地说，韦伯认为社会产品超过最低生存所需的那部分剩余产品即租金。与萧伯纳

---

① 〔德〕马克斯·比尔：《英国社会主义史》下卷，第248页。
② 〔德〕马克斯·比尔：《英国社会主义史》下卷，第248页。

在《社会主义的经济基础》（The Basis of Socialism: Economics）一文中对租金的产生所做的生动形象的描述不同，韦伯对租金来源的阐述比较晦涩。韦伯提出，受雇于最小的资本、最差的土地和工作环境的普通的非技术工人的工资，就是所有非技术工人的工资；假如人口不受控制地增长，那么普通非技术工人的平均工资就仅可能维持最低生活之必需；在假定人口在这种没有技术和资本的边际耕地的最低产出的基础上，任何更大的产出都是源于更占优势的土地、更有效率的劳工或资本。而这种额外的产出，或者说剩余产品，就是租金。由此，韦伯将租金分为四类：一是经济租金（Economic Rent），来源于更占优势的地理因素带来的额外产出；二是能力租金（Rent of Ability），源于相对无技术的工人，更占优势的技术或工人的能力带来的额外产出；三是经济利息（Economic Interest），源于更多的或更有质量的资本所带来的额外产出；四是机会租金（Rent of Opportunity），源于偶然的优势带来的额外产出。

其次，韦伯的租金理论通过扩展地租理论来说明租金和地租一样，并非所有者劳动的产物，而是社会普遍发展的结果。当时英国的自由激进派大多认为土地收益差别主要是由土地的肥沃程度、矿物含量、位置等因素造成的，而这些因素主要是自然形成的，是社会普遍发展的结果，而非地主劳动所致。由此他们大多是赞同地租社会化或者土地国有化政策的。然而，他们大多否认由资本或能力产生的租金和地租的一致性。他们认为土地的供给是固定的，其地理环境的差异是自然产生的；然而，在资本产生的租金方面，资本的供给不是固定的，而利息（或者说租金）对于维持资本供给是必需的，因此只有在一个合理的利息回报下，资本拥有者才可能去投资。而韦伯则认为，实际上资本的供给和土地的供给一样都是固定的，而租金（这里指利息）在维持足够的资本供给上是没有必要的，因为租金和地租一样，都是源于生产要素的固定供给，即都源于垄断。

与此同时，韦伯进一步指出这种由边际土地与最好的土地之间的利益差别产生的地租定律也适用于资本方面。韦伯认为劳动产品的交换价值，除了受消费者需求的影响之外，还受“土地肥瘠之不同，所行之距离，距离大道、水道或港口之远近，有无利用水力或蒸汽燃料之可能，以及其他一切情形（包括生产者之组织能力及管理之机敏）”[①] 的影响。韦伯指出造成资本产出（主要是工厂）利益差别的这些因素，与造成土地在质量上的差别的因素是一致的。“实业界生产力的参差不齐，正像农场中的各级土地一样。在某种工业中，每个工人使用的设备和机器平均也许值1000镑，而同一条街上的另一种工业的工人所使用的设备总值也许只有几镑。进行一次生产调查就可以指出同类工业的每个工人的产额是有显著差别的。土地在质量上的差别，是与各工厂和商业机关的地址、发明和发现的应用、原料和工具、组织和管理的方式等差别相似。”[②] 韦伯指出，与地租是由边际土地的收益决定的一样，工资和物价也是由边际劳动决定的。因此，在各方面比较有利的工厂所得的那部分额外收益，即租金的绝大部分的产生因素，也与地租差别产生的原因一样，并非资本家劳动的成果，“引起差别租金的各种特殊收益并不是资本家身心劳动的结果，而他们的报酬又与他们的社会服务毫无关系”。[③] 韦伯曾引用卡莱尔的话来说明租金是一种非赚取的收益：“寡妇正在为孩子们的晚餐收集蓖麻：一位在客房里悠闲地向窗外瞭望的涂着香水的地主却有一套炼金术，并

① 〔英〕韦伯夫妇：《英国工会运动史》，第119页。
② 〔德〕马克斯·比尔：《英国社会主义史》下卷，第248~249页。
③ 〔德〕马克斯·比尔：《英国社会主义史》下卷，第248~249页。

将用它来向寡妇索取第三根蓖麻，而称之为租金或法律。”[①]

最后，韦伯指出在资本主义社会，租金的大部分被少数在社会上占优势地位的人所拥有，这并非租金所有者对生产做出了多大的贡献，而是源于资本主义私有制。韦伯说：“至少占生产总额三分之一的‘租金’或剩余价值，落到有产阶级中占据比较优越地位的人们手中。”[②]韦伯认为，租金在任何一个土地、资本和能力在质量上不同的社会都可能产生；然而在资本主义社会租金为少数人所占有，其主要原因就在于资本主义私有制。这不仅仅体现在土地和资本产生的租金方面，而“仅就能力租金而言，越有技术的工人，通过他的准垄断地位，越可能分享一部分能力租金，虽然不是所有的。而且技术经常是由地主或资本家的儿童能够接受更好的教育带来的，这也是资本主义私有制带来的间接影响”。[③]

韦伯认为，基于资本主义私有制，社会上一部分人可以合法地依靠租金来过不劳而获的生活，这就等于在社会里安置了一批有特权的人，而这种特权又使他们无法抗拒诱惑，将自己置于“不劳动者不得食”的自然和道德规律之上。韦伯将这些不劳动的租金所有者，即只会消费而对世界毫无个人贡献的人称为“社会的寄生虫”或经过法律许可的“真正盗窃的和被人憎恶的窃贼”。他认为世界由于这部分人的存在而相应地变得更穷了，“这不只是由于他没有做出相等的个人生产而消耗掉衣食，并且是，由于他根据个人的欲望和放纵而进行的消费；再者，在他的场合下，花去的钱不只是没有贸易上的益处，并且事实上，由于他的购买，借以供给他自己任意使用的缘故，减少了

① 〔英〕韦伯夫妇：《资本主义文明的衰亡》，第 15 页。

② 〔英〕韦伯夫妇：《资本主义文明的衰亡》，第 15 页。

③ A. M. McBriar, *Fabian Socialism & English Politics, 1884-1918*, Cambridge: Cambridge University, 1962, pp. 37-38.

世界上商品和服务的储备，而这部分储备，若不是被他们所浪费，就可以用来改善普通公民的困难境遇，或者促进科学的发展和培植艺术的向上发展”。[①] 此外，韦伯还进一步指出，这部分不从事生产的富人，即使经常性地对穷人进行施舍，对施受双方和整个社会都是有害的，“一切慈善施与——基于个人友谊者除外——都使施与者和领受者的道德同样地受到败坏”。韦伯认为接受施舍的穷人由此产生的奴才性和羡慕心理，以及富人仅仅由于他们有钱的缘故而被尊重和受敬佩的这些观念，“伪造了社会的价值，抹杀了本身确实值得赞赏的平等和智力的本质”。[②]

基于此，韦伯提出了租金社会化的目标，即将土地、资本甚至能力产生的租金，不仅仅用于政府的行政开支，更要用于全体公民。正如韦伯在《社会主义的对与错》中所说：“国家税收不应该仅仅用于国家政府的行政支出，更应该用于保证所有公民的机会平等……对工业的管理和利润，不仅仅只是为了矿工、鞋匠或是店员，而应该是为了全体公民。”[③] 他认为，必须最终取消这种“非赚取的收益”，使得社会上“任何健壮的成年人，如果发觉他没有积极参加有全国重要性的工作，应当——不是用囚禁在‘劳动济贫院’、‘游民看守所’或监狱的方式来残酷地加以惩罚，而是十二分客气地取消使他们得以过游惰生活的那些收入”。[④]

综上所述，社会有机体学说和租金理论是韦伯社会主义思想的理论基础，它们使韦伯提出了一个更为强大的强调个人无私奉献和社会义务的集体主义观念；它们使韦伯采取了社会动态观念，并拒绝通过

---

① 〔英〕韦伯夫妇：《资本主义文明的衰亡》，第 24 页。
② 〔英〕韦伯夫妇：《资本主义文明的衰亡》，第 24 页。
③ Sidney Webb, *Socialism*: *True and False*, London: The Fabian Society, 1899, pp. 7-16.
④ 〔英〕韦伯夫妇：《资本主义文明的衰亡》，第 23 页。

革命暴力的方式实现社会变革；它们使韦伯开始注意到社会组织效率的重要性；它们使韦伯产生租金社会化的目标，并以此为基础提出了包括生产资料公有化和分配平等化在内的目标。

第三节　韦伯社会主义思想的目标

悉尼·韦伯的社会主义目标具体来说就是："在经济层面，社会主义意味着对租金的集体控制，当然体力和脑力劳动者的个人劳动所得并不属于集体控制的范畴；在政治层面，意味着对生产工具的集体控制；在道德层面，则意味着对博爱的重新认识，个人义务的履行以及个人目的从属于社会公益。"① 正如柯尔在《社会主义思想史》中所说，韦伯的社会主义思想就是"把这种社会主义看成是，在民主议会制的监督下进行集体管理和集体规划。这种理论把如下两种趋势结合起来，构成一种统一的学说：一种趋势是社会走向将由一个向选民负责的民主政府加以管理的政治趋势，另一种趋势是生产、分配和交换过程中将实行集中规划的经济趋势，韦伯所阐释的理论对这两种趋势表示欢迎，认为它们将汇成巨流，通向一个最足以称为社会主义的目标"。②

由此可见，韦伯社会主义的目标主要包含两部分的内容：经济上的目标（尽可能实现经济平等）和政治上的目标（除实现政治平等外，还须解决由什么单位来实现其经济目标的问题）。因此，本节试图从三个方面来论述韦伯的社会主义思想。

---

① Sidney Webb, *Socialism in England*, London: S. Sonnenschein, 1890, p. 10.

② 〔英〕G. D. H. 柯尔：《社会主义思想史》第三卷上册，何瑞丰译，商务印书馆，1981，第125页（译文略有改动）。

一 对资本主义制度的批判

韦伯对资本主义制度的批判，主要是试图说明以生产资料私有制和自由放任为基础的资本主义制度或生产模式，作为组织商品与服务的生产和分配的一种方法来说是不科学的，是与人类社会发展趋势不相容的。韦伯对资本主义制度的批判，是他提出社会主义目标的前提，因此有必要在阐述韦伯社会主义目标前对韦伯的这一批判做一阐述。

1. 对资本主义制度下分配不平等的批判

韦伯认为资本主义制度带来的最突出的后果就是产生了社会的普遍贫困现象。他认为工业革命以来，在资本主义社会生产力的极大发展和社会财富的极大积累的状况下，工人阶级并没有享受到工业发展带来的社会极大繁荣的成果，反而仍然承受着物质上的极大贫困。韦伯甚至认为，工业革命后工人阶级的生存状况，即使与之前的社会状况相比，也并未得到改善。正如韦伯所说："我们有理由认为：自耕农和自己当家做主的手工业师傅的时代的英国，虽然存在着各种匮乏和有各种缺点，比起生产工具所有者和组织者的'自由企业'发展到最高峰的、19世纪上半期的英国，为实际的多数人民供给了更多的食物，更有用的衣服，更多的光，更清洁的空气，更愉快的环境，并且，事实上甚至供给了更大程度的个人自由。"①

韦伯认为，资本主义体制下社会普遍贫困的一个更大问题在于收入不平等带来的社会各阶级贫富差距的不断扩大。韦伯指出，这种收入不平等现象不只在某些个人之间，如某些工人和某些资本家之间收入的巨大差距，而且是整个社会一个阶级与另一个阶级之间国民收入

① 〔英〕韦伯夫妇：《资本主义文明的衰亡》，第6~7页。

的不平等。韦伯以1914年前的英国为例指出，当时英国人民每年生产的商品和所提供的服务总值约20亿英镑，加上国外投资每年约2亿英镑。其中的二分之一，是被社会中九分之一的人（当时有缴纳所得税义务的人们，即每年收入在160镑以上的家庭）所取得。在剩下的二分之一中，差不多有三分之一（约3亿英镑）被分配给所谓新的社会底层人物，即所谓靠薪水生活的无产阶级的渺小的书记人员、教师、小公务员以及最小的店主和商人——连同他们的家属。他们不属于体力劳动者，但每户每年劳动所得又不到160镑，他们占人口的九分之二。生产总值中其余的部分，即为占人口三分之二的体力劳动者和他们的家属所派用的，只有8亿英镑左右，其中除去为疾病和其他事务、事故用去者外，每个成年男工，赖以维持全家生活的收入，全年平均每周只有25先令左右。[①] 而到20世纪20年代，韦伯提出的这种分配不平等现象并没有得到缓解。他在1926年再版的《社会主义者须知》中提及1923年英国收入分配状况，将当时英国社会按收入分为三类人群：一、年收入1000镑以上的富人及家庭，这部分人有160万人，总收入为12亿镑；二、年收入在250镑到1000镑的个人和家庭，这部分人共有480万人，总收入5亿镑；三、收入不足250镑的穷人及家庭，这部分人最多，共有4140万人，总收入为17亿镑。[②]

韦伯认为造成收入不平等现象的最主要原因在于资本主义私有制。韦伯说："国家的贫困，虽然可能有其他一些原因，但在任何时候和任何地方，大部分的人民一旦被剥夺了生产工具的所有权，那么即使生产总量相当巨大，广大的人民群众仍然是生活在贫困之中，并且他们中间的大多数将是永远受着饥饿的威胁。"韦伯认为在资本主

① 〔英〕韦伯夫妇：《资本主义文明的衰亡》，第13~14页。

② Sidney Webb, *Facts for Socialists*, London: The Fabian Society, 1926, p. 18.

义私有制制度下，分配并不是按劳分配的，而是被生产资料所有者所掌控。也就是说社会生产所产生的财富，绝大部分并没有用来支付生产过程中付出的劳动，而是用于支付所有权的报酬。因此，社会收入不平等现象，并不会由于个人的努力而缩小，反而会不断扩大，再加上资本主义社会有关遗产继承的法律规定，社会贫富差距不但在同时代的人中产生，更会在一代又一代的人之间不断扩大。正如韦伯所说："土地和资本的私人所有制，加上关于遗产的法定制度，无论是慈善事业怎样把它人道主义化，无论保障全国生活最低标准政策的系统实施怎样限制着其中最恶劣的过分情况，结果必然地会把社会划分为两个永久的、大致上是世袭的阶级——即一个富人国和一个穷人国。"①

继而，韦伯批判了收入不平等现象给国家以及个人带来的不利后果。首先，韦伯认为收入不平等直接导致穷人在物质生活上的贫困，例如失业、饥饿、疾病或者死亡，更导致普遍意义上穷人品质的堕落、精神的败坏和人类道德的毁灭。正如韦伯所说："现代的工业制度，却一代又一代地摧毁着那些在这个制度下的受害者的灵魂。就在我们的这个日子里，欧美大城市贫民窟里的居民，不管他们愿意与否，都不得不葬身在那鄙街陋巷的丑恶、污秽和紊乱之中。他们从婴儿时代起，就呼吸着酗酒的和色情的、偷盗的和欺诈的空气——虽然，可能偶然有个道德超群的人，忧伤而又不沾染毒素地生活着，可是一般的人，在思想和肉体方面都是中了毒的。"②

其次，韦伯提出收入不平等导致整个社会消费效率的降低，从而导致国家财富的无谓消耗。韦伯指出在资本主义社会中，掌握大部分

① 〔英〕韦伯夫妇：《资本主义文明的衰亡》，第4~16页。

② 〔英〕韦伯夫妇：《资本主义文明的衰亡》，第8页。

社会财富的上层阶级在消费上存在着极大的浪费现象，例如在生活必需品——衣服上就很明显地看出这种浪费。

在“懒人区”里，有一些妇女，她们引以为傲的，是在她的服装的制作上消费了100到200个服装工人整年的劳役。韦伯曾窥听到其中一个人在辩论可能的节约问题时说：一个工人全年的生产仅仅足够供给她“一顶帽子和一件睡衣”的需要。一个快要结婚的青年妇女，要备办专为她个人使用的不少于79件睡衣，这还不包括需要几百个人一年以上的时间来制作的其他服装。在一个女人的服装上就要浪费一二百个工人的劳动力，劳动力就得浪费在野蛮的装饰上，浪费在采用不经穿的材料上以及在为每一种场合准备一套单独的行头上；而最令人气愤的是，她们每年总有一次或两次把整橱的衣服丢弃，以便更换时髦的新装。而服装工人在自己的家里，韦伯发现他们日日夜夜都是穿着同样的衣服——不好看、不合身、不够穿和不清洁。他们的孩子都穿着破烂的鞋子上学，并且不论天冷天热都穿着同样厚、同样织物的破旧衣服。这些服装工人，每人每年只限于享用一个人一个星期或两三个星期所生产的衣服，而“懒人区”里的每一个妇人，则需要100或200人每人劳动52个星期来供应她。[①]

此外，韦伯还指出了富人在住所、食物等其他方面的奢侈浪费现象，并指出这种现象导致社会劳动力大量浪费在社会奢侈品而非生活必需品的生产上。这一方面使得社会奢靡风气盛行，另一方面使得工人阶级维持生存的最迫切的需求经常得不到满足。关于消费浪费问题，韦伯认为这与社会生产一样在增加国家财富方面具有同等的作用。韦伯提出，资本主义工厂在生产上总是想法设法提高效率以增加产量和效益，然而在消费上，却无视这种效率。他说：“在全国的财

① 〔英〕韦伯夫妇：《资本主义文明的衰亡》，第18~19页。

富中，浪费5吨煤并不是一个重大的项目，可是利用3吨煤来生产更多的产品，却是一件大事。”[①]基于这种生产和消费之间的对立，韦伯进一步指出了消费浪费现象降低了整个国家的生产效率，并且实际上减少了整个国家的财富。

再次，韦伯提出收入不平等现象造成了个人自由的不平等。韦伯对“自由”的定义乃是：“个人自由意味着个人购置足够维持健康的衣、食和住等方面东西的能力，以及获得足够发展其智力的教育和书籍的便利……还意味着有时至少可以有少许的钱来做休假和旅行、社交和娱乐以及欣赏大自然和艺术之用。”[②] 由此，韦伯认为收入不平等会直接导致个人自由的不平等。此外，韦伯还提出了收入不平等导致个人自由缺失的其他方面，例如穷人在婚姻、法律乃至精神上的不自由现象。

在法律方面，韦伯认为尽管存在“法律面前人人平等”的原则，然而仅仅由于穷人的贫穷，穷人在受到侵害时就经常得不到法律救济的机会。韦伯指出，穷人在遭遇到盗窃、殴打、欺诈等民事案件时，由于付不起诉讼费或律师费而无法诉诸法律，而在遇到刑事案件时穷人遭遇到的不平等现象更为严重。这主要体现在：富人在除了杀人之类的重大案件外，通常是传唤到案，而穷人如果犯了同样的案件，通常先予以逮捕；决定再审时，富人较容易得到保释，而穷人大多被押回监狱；此外富人还可以请最好的律师、专家证人，还可以获得连续再审、法庭的变更等机会；在一些处罚金的定案中，这对富人来说算不了什么，而穷人却由于支付不起，而不得不由处罚金而改判短期的监禁。[③] 由此可见，仅仅是收入方面的不平等，就造成了穷人和富人

① 〔英〕韦伯夫妇：《资本主义文明的衰亡》，第21页。
② 〔英〕韦伯夫妇：《资本主义文明的衰亡》，第36页。
③ 〔英〕韦伯夫妇：《资本主义文明的衰亡》，第37~38页。

在面对法律时种种不平等的现象。韦伯所说的精神上的不平等现象，是指富人对酒吧、电影院、音乐厅等娱乐产业的控制，而其中最主要的控制就是现代报刊的私有制。韦伯认为，社会上的各种报刊以及报刊上刊登的广告，几乎都被富人所控制，而工人阶级很难拥有他们自己的可以与资本家的报纸在销路和影响上相比拟的报刊，从而只能在富人控制下的社会环境中生存。

2. 对资本主义制度下政治和生产权利不平等的批判

韦伯提出的资本主义制度下政治和生产权利的不平等，主要是指社会的政治和生产权利集中于少部分人手中。韦伯认为，虽然英国的民主制度取得了一定程度的发展，然而资本家仍然能够利用金钱控制选举，从而在议会、中央和地方行政当局取得统治地位；此外，在工业组织和生产上，工人也处于资本家的控制之下。也就是说，即使有的工人获得了一份较稳定和收入不错的工作，他还是与他使用的机器一样，“是作为一种生产工具而被人购买的，他每天的生活是被当作达到别人目的的一种方法，他同他的阶级永远地要服从另一个人数很少的阶级的命令”。[①] 韦伯认为，资本主义社会存在的这种全社会绝大多数的人只能在只占社会少数的人的命令下工作的情况，是比社会贫困更恶劣的情况，因为工人除了按照命令行事外，别无其他选择，他只能：“按照命令起床，按照命令工作并按照命令规定的方式工作，按照命令停止工作，由于被地主的命令逐出老家，只得按照租地农业家的命令住上这间茅舍而不能住到那间茅舍，按照命令上学，有时甚至按照命令做礼拜；按照贫穷救济法赈济官员的命令享受医药的救济，并且，在有些事件中，按照命令到劳动济贫院里终其

① 〔英〕韦伯夫妇：《资本主义文明的衰亡》，第38页。

一生。”①

当然，韦伯并不反对任何形式的权力，他认为诸如警察指挥交通、卫生官员强制隔离传染病人等权力是需要全社会共同服从与遵守的。因为这些权力是针对公民生活的某些特殊状况，是为了社会的公共利益提出的，行使权力的人必须对上级机构负责，而且对这些权力的服从是建立在所有人都需平等服从与遵守的基础之上的。因此，韦伯认为生产资料所有者手中权力之所以令人厌恶，并不是因为权力本身，而是因为这种权力“控制着工人阶级终身，是不负责任和不能清算责任，且是没有相互性的；它不是民主选举出来的，也就不能根据执行这种权力的人的才能或品德来判定发号施令的人选；更重要的是，它的企图，不是为增进整个社会的福利，而是为促进发号施令的人的个人欲望或私人利益”。② 也就是说，韦伯认为资本家和地主在占有社会绝大多数财富和权力的同时，却不需要为这种占有带来的公共责任负责。

韦伯对资本主义体制下政治和生产权力不平等的批判，还基于另外一方面的考虑。那就是他认为生产资料所有者在掌控着社会政治、生产权力，而不需要为这种占有带来的公共责任负责的时候，必然导致社会经济生产只是为了个人牟取利益。韦伯提出，以往自由放任的经济发展模式主要出于这样一种观点考虑，那就是：社会的幸福和快乐的增长，有赖于社会产品和国家财富的增加；而财富增加的最好方式在于让每个人都能在一个无约束的自由市场里进行牟利活动，并可以享受由此带来的一切利益。基于这种财富分配上的不平等，社会资本积累成为可能。由此产生的社会贫困，与国家财富的极大增长带来

① 〔英〕韦伯夫妇：《资本主义文明的衰亡》，第 39 页。

② 〔英〕韦伯夫妇：《资本主义文明的衰亡》，第 40 页。

的社会利益相比是微不足道的。韦伯认为这种生产方式，在资本主义制度初期确实是有效的，它以最低的代价，驱使了最大数量的劳动力投入生产；它为社会一些较低阶层的人提供了比以往更多的可以进入上层阶级的机会；它促进了生产力的发展、贸易的扩张以及社会财富的极大积累；它降低了生产成本，伴随着货币和工资的稳定，工人阶级作为消费者也分享到一定的成果。

首先，韦伯认为这种以牟利为核心的自由放任的生产体制本身是存在缺陷的，而且随着时代的发展，这种缺点逐渐超过了其优点。他说道："资本家的独裁，不只是有了财富生产上许多绝望的局限性，并且还确实产生了许多与财富恰恰相反的东西。"韦伯指出了这种生产模式对生产工具的破坏作用。在这里韦伯所说的生产工具，并非指机器，主要是指劳动力。他认为在资本主义私有制体制下，绝大多数工人阶级除了把自己当作生产工具出卖外，基本没有其他生存的方式。基于此种原因，再加上不受限制的资本家不需要对工人的工作环境、生活状态负责，因此，资本家除了要支付仅仅能够维持工人生存的工资，几乎不需其他任何费用便可得到一个个劳动力。正如韦伯所说，资本家雇佣工人，"这好像等于雇主不花一文地获得了一部蒸汽机，又从这部机器本身赚取油和燃料来供给他使用一样。加之由于驱使过度或喂得不饱而滥用了这件白手得来的活的生产工具，使它受了损坏，或者消耗得太快，那么雇主所需要做的，只是把它掷回街头，让它由纳税人去照料，然后再以同样的条件，另拾一件新的人类肉体的工具"。[①] 韦伯认为，这种对待工人如同机器一样，用勉强维持其生存的工资，榨取完一个个健康的劳动力后便弃之不顾的做法，显然在伦理上是可耻的；与此同时，这种靠最高限度上剥削工人以降低成本

① 〔英〕韦伯夫妇：《资本主义文明的衰亡》，第68~72页。

和增加产量来攫取利润的方式，在实际上也越来越不可行了。这主要是因为要依靠单纯的对工人的剥削来产生利润，那么雇主就必须成为上述那种最残酷的资本家，而实际上，随着社会良心的普遍发现以及工会力量的壮大，国家会通过制定工厂法、最低工资法等法案在一定程度上保护工人的权益。因此，不管这种限制有多大，至少工厂主不可能无限制地压榨工人，因而这种单纯依靠剥削工人产生利润的方式终究会失效。

其次，韦伯认为资本主义体制下这种工业生产模式，就其整体而言，不是按需生产，而是一味服从工厂主攫取最大利润的需要。这种不顾需要而强求不断增加产量的生产，在资本主义初期，尤其是在英国工业垄断时期是没有问题的。这主要是因为，当时英国产品的产量一般不会完全满足国内外市场的需求。而随着各国工业化的发展，英国的国内市场饱和了，欧洲的市场饱和了，甚至殖民地的市场也面临着其他资本主义强国的激烈竞争。由此，以往单纯靠扩大产量来增加利润的方式显然已经不适合了。然而，即使面对市场萎缩的状况，一心以盈利为目的的工厂主，也不想通过减少产量的方式，而是试图通过各种推销的方式，例如采取各种欺诈性的广告来维持个人的利润。韦伯认为资本主义自由竞争阶段，这种“社会需要一双新皮靴，就有100个皮靴制造者各造一双向顾客抢售”[①] 的发展模式，不仅造成了推销费用的成倍增长，甚至比商品整个生产过程产生的成本还要高；更主要的是导致了生产的严重过剩，进而对资本主义社会周期性的商业萧条产生重大影响。

再次，韦伯认为这种生产模式，对社会整体利益造成了破坏。这一方面表现于产品质量的下降。他认为，无限制的竞争以及单纯的牟

---

① 〔英〕韦伯夫妇：《资本主义文明的衰亡》，第69页。

利动机，必然导致资本家通过假冒伪劣、短斤缺两等恶性竞争方法来夺取利润。而这种在食品、衣物、建筑乃至药品等产品质量上的极度下降，不仅“意味着逐渐毒化民族，使整个国家的体质降低，阻碍我们的成长，迅速败坏我们的身体元气。同时，从道德方面来说，意味着卖者在买者身上行使的一种每日的和经常的欺诈：一种从极小事情开始的欺诈，可是不久便把我们养成了这样硬心的人，以致会在更重大的事情上行之而无愧”。[①] 另一方面，还表现于对社会公共资源的破坏。韦伯提出工厂排出的煤烟、有毒气体、污水以及对森林、草原、矿藏等天然资源的过度开采等对人类健康以及生态环境造成了极大损害。

最后，韦伯还提出了资本主义这种生产方式是战争爆发的一个重要原因的观点。他指出：“在过去的半个世纪里，资本主义企业家敌对集团间追求金钱利润的斗争，可以被认为是近来国际纠纷中（特别是包括 1914 到 1918 年达到高峰的灾难）最有力的原因，虽然通常只是一种基本的和部分的隐蔽的原因。”[②] 韦伯认为，当英国在世界市场上的独占权逐渐被其他工业国侵犯的时候，为了保证工业资本家的利益，这些英国人不得不从以往对帝国漠不关心的态度转变为真正的帝国主义者——控制原料产地、制定保护关税。同时，英国利用广大的殖民地优势，对国外进行大量的资本输出，以谋取利润。韦伯认为这种利润的实现，必须建立在强大的武力基础之上，以面对其他工业强国的竞争。由此，韦伯提出，当一国的外交政策转变为为资本主义企业家和金融家的利润服务的时候，各国的军备竞赛和冲突就不可避免。

总之，韦伯认为工业化在给英国带来社会生产和财富极大增长的

① 〔英〕韦伯夫妇：《资本主义文明的衰亡》，第 80 页。
② 〔英〕韦伯夫妇：《资本主义文明的衰亡》，第 118 页。

同时，也带来了严重的社会问题，源于资本主义私有制和自由放任的经济体制导致社会财富分配和政治、生产权力分配的不平等。韦伯指出，在传统的社会职能破坏的情况下，就应反对传统的自由主义，并倡导通过国家干预的方式实现个人更大范围的自由。由此，韦伯提出了生产资料公有化、分配平等化以及政治、产业民主化的目标。

二 韦伯社会主义思想的具体目标

韦伯社会主义思想在经济上的目标，简单地说就是要实现全体公民的经济平等，这也是所有社会主义流派共同追求的目标。正如韦伯所说："对工业的管理和利润，不仅仅只是为了矿工、鞋匠或是店员，而应该是为了全体公民。"[①] 具体来说，韦伯认为，经济平等的目标，只有建立在生产资料公有化和分配平等化的基础上才可能实现。前者主要解决生产资料所有制的问题，而后者则涉及韦伯对于劳动价值、工资制度以及国家收入如何使用即租金社会化等方面问题的思考。在韦伯看来，分配平等化是实现经济平等目标的最直接诉求，也是韦伯社会主义目标的最主要方面；而生产资料公有化在韦伯看来只是实现分配社会化和经济平等目标的一种重要方式。

1. 生产资料公有化目标

生产资料公有化，是韦伯社会主义目标的一个重要方面，正如韦伯所说："历史证明，社会改革的原则就是用集体所有和集体管理代替资本主义个人主义私有制。"[②] 韦伯认为资本主义社会贫富差距的产生与扩大，主要原因就在于生产资料私有制。"国家的贫困，虽然可能有其他一些原因，但在任何时候和任何地方，大部分的人民一旦被

---

① Sidney Webb, *Socialism: True and False*, London: The Fabian Society, 1899, p. 16.

② Sidney Webb, *Socialism: True and False*, London: The Fabian Society, 1899, p. 6.

剥夺了生产工具的所有权，那么即使生产总量相当巨大，广大的人民群众仍然是生活在贫困之中，并且他们中间的大多数将是永远受着饥饿的威胁。”[①] 1889年，韦伯提出了生产资料公有制的目标，他在《伦敦真实情况》中提出要将伦敦的自来水、煤气、码头、公共浴室、图书馆、公共汽车、公共墓地等收归地方所有的要求，并提出“伦敦的实际社会主义改革计划不能与整个英国的计划相分离”。[②]

韦伯将生产资料公有化分为国有化和地方所有化（市有化）两方面内容，而国有化在韦伯社会主义目标中并不占有很重要的地位。直到1920年，韦伯仍然认为只有6个左右的工业部门必须实施完全的国有化。韦伯认为：“在国家所有的数百种工业和社会服务方面中，只有6种左右需要实施完全的国有化。而现在只有邮局是这样的，国家需要致力于铁路、运河、采矿业（包括采油）的国有化。而银行业国有化对于现在的情况来说可能还不太成熟，其他一些工业，例如保险，从矿物提炼金属，客轮航道管理等，是否可能在不久的将来实现国有化还需留待时代的检验再做决定。”[③] 由此可见，韦伯对生产资料国有化的目标还是充满了疑虑，除了邮局、铁路、运河、采矿等关键部门以外，韦伯并不放心在其他行业实施完全的国有化，而这一点相对于地方所有化的目标来说，显得更为明确。

韦伯认为相对于国有化的目标，地方所有化更符合生产资料公有化的目标，因为韦伯认为郡县一级的单位相对中央一级的国家政府更民主，也可以更好地为社会公共事业服务。例如，土地国有化的目标在19世纪末英国的知识分子当中已经比较流行，但韦伯还是认为土地

---

① 〔英〕韦伯夫妇：《资本主义文明的衰亡》，第4页。

② Sidney Webb, *Facts for Londoners* , London: The Fabian Society, 1889, p. 3.

③ Sidney and Beatrice Webb, *A Constitution for The Socialist Commonwealth of Great Britain*, London: Longmans, Green and Co. , 1920, p. 168.

掌握在较小的社会单位手中更为妥当。除了土地地方所有化的目标，韦伯在《伦敦真实情况》中还提出了自来水、煤气、码头、公共浴室、图书馆、公共汽车、公共墓地等几种行业的市有化，而到《社会主义的历史基础》一文中，韦伯提出了60多种行业的市有化目标，其中包括：教育、医疗、娱乐、博物馆、图书馆、公路、桥梁、港口、自来水厂、电车、电报、码头等。正如韦伯在《费边论丛》序言中所说："在1889年，与大多数社会主义者（而且，在这方面与大多数个人主义者）一样，我们仍在盲目追求那种使地方当局在'社会有机体'中得到应有的地位和作用的光辉的理想。"[①]

此外，韦伯还提出了市有化的具体实施办法。首先，应为市政当局提供便于取得土地的各种措施，凡经发现不宜于居住的住宅应无偿地予以拆毁，并由市政当局为技术工人供给住宅。其次，在伦敦以及其他所有城市中，应尽量加强市政当局对煤气、自来水、市场、电车、医院、公墓、公园、博物馆、美术馆、图书馆、阅览室、学校、码头、港口以及河流等的管理。最后，还需给予地方农村行政当局取得土地的各种便利，以便它们把这些土地拿来作为份地、公共牧场、公共会议厅以及阅览室等之用。[②]

当然，我们仍需注意韦伯的生产资料公有制并非是要实施所有工业和服务业的全盘公有化。"我们必须强调的是，社会主义并不意味着整个工业和所有的服务业的全盘社会化，而是要针对每一个具体的工业或服务业，在社会和工业发展的进程中，为其找到最有利的管理模式，最终实现公有化和公共管理。虽然，公有化已经发展了一段时间，但是我们仍然无法想象，即使在其他任何一个国家，会实现彻底

---

① 〔英〕萧伯纳主编《费边论丛》，第22页。
② 〔英〕萧伯纳主编《费边论丛》，第112~113页。

的公有化，而不存在任何非公有化的企业。”[①] 正如玛格丽特·柯尔在《费边社史》中所说：“费边社对于个人独立经营工业，甚至同国家竞争的自由所给予的重视就像它对‘出版自由’、‘言论自由’和大众自由宪章中任何一条所给予的高度重视一样。”[②] 而韦伯也是认可这一点的，他认为“社会上必须有一些完全属于个人领域的非公有化（或者说非社会化）的工业或行业存在，例如园艺、农艺和美术手工艺、诗人、美术家、宗教仪式等”。[③]

由此可见，韦伯早期虽然接受了社会主义观念中生产资料公有化的目标，并认为公有化在促进整个国家高效发展和实现经济平等中具有重要的地位；然而他一直对公有化，尤其是国有化存在疑虑，他害怕国有化会产生垄断，从而导致个人自由的完全丧失。可以说，韦伯在提出生产资料公有化目标的同时，一直试图在公有化和个人自由之间取得一个可以接受的平衡。为此，韦伯一方面通过大范围的地方所有化来平衡国有化可能导致的垄断；另一方面，即使在地方所有化方面，韦伯也反对全盘的公有化，并为一些完全属于个人领域的工业或行业留下发展的空间。也正因如此，韦伯反对通过没收私人企业的方式，而是主张通过公营企业与私人企业的正面竞争，最终打败私人企业，使其无法生存而破产，最终缓慢地进入公有化时代。韦伯相信，在国家强有力的财政和政策支撑下，地方当局最终会与资本家的企业并驾齐驱发展出另外一些工厂和商店，它们在“镇会”（Town Council）和“州会”（County Council）的管辖之下，在资本家所经营的行业中用资

---

① Sidney and Beatrice Webb, *A Constitution for The Socialist Commonwealth of Great Britain*, London: Longmans, Green and Co., 1920, p. 147.

② 〔英〕玛格丽特·柯尔：《费边社史》，杜安夏、杜小敬等译，商务印书馆，1984，第96页。

③ Sidney and Beatrice Webb, *A Constitution for The Socialist Commonwealth of Great Britain*, London: Longmans, Green and Co., 1920, p. 147.

本家的武器打垮了资本家。[1]

2. 分配平等化目标

分配平等化目标，是韦伯社会主义思想最主要的方面。这体现在下述方面。

首先，它是韦伯实现经济平等诉求的直接体现。正如上文所述，生产资料公有化只是作为韦伯实现经济平等的一种方式而存在，而分配平等化则不同，国民收入的平等分配，或者说公平分配，与最终实现经济上的平等是直接相关的。韦伯提出的分配平等化目标，是在实现“租金社会化”基础之上提出的，而租金社会化在韦伯由自由主义转向社会主义的过程中起了决定性的作用。韦伯提出的分配平等化目标的一个重要内容，是国民最低生活标准，它一直作为日后韦伯社会主义理论和实践政策的基础，在韦伯的社会主义思想体系中占有绝对重要的地位。因此可以说，韦伯或许会对生产资料公有化的目标产生疑虑，但是分配平等化的目标却一直作为他的社会主义目标而存在。

韦伯所提出的分配平等化目标，并非是要实现绝对平等。他认为“在民族的社会道德还没有发达到足以使人类尽力为社会服务而不考虑自己有多少报酬之前，平均分配是不可能的”[2]，因此韦伯的目标是试图对国民收入做一公平合理的分配。针对初次分配，主要是劳动工资方面，韦伯是认可按劳分配和不劳动者不得食的。这一点，通过韦伯的租金理论即可看出。韦伯认为社会租金的最大问题是在资本主义社会中，租金所有者的收入是私有制带来的后果，而并非是他们对生产做出了贡献。由此，韦伯提出社会上所有人都必须工作，每一个健康的人都应该直接服务于社会，并履行自己的义务，“假如一个人想

① 〔英〕萧伯纳主编《费边论丛》，第 22 页。

② 〔德〕马克斯·比尔：《英国社会主义史》下卷，第 249 页。

要拥有不工作的自由，那么他只有移居到鲁滨孙漂流记中的孤岛，或者先成为一个百万富翁”。[①] 韦伯提出的每个人都必须工作的要求，当然不仅是针对工人阶级，更主要的是针对社会上占优势的那部分人，即租金所有者。韦伯说：“公平就是要社会上每一个健康的成年人，都必须从事生产商品或提供服务的行动，并至少与他消费的部分相当，这样才能使世界不会因为他的存在而变得比较贫困。”[②]

为此，韦伯提出，为了减少不劳而获的现象，就需要取消产生租金的财富的继承权。韦伯认为有产阶级的后代，生来就拥有不劳而获的可能，其中一些“志气不特别高的，自我牺牲的热情不特别丰富或对科学知识的爱好不特别深的人”，即使就业，也“几乎必然地是在由于家庭地位而给他安排的岗位上，满足于鬼混过关的生活，通过腐化的平庸的努力，获致平庸的结果”。[③] 由此，韦伯认为取消这些财富的继承权，不仅对于社会整体，而且对于社会上每一代青年，即使是资本家自己的后代，为不至于被剥夺自由竞争的权力，也应该这么做。

在此基础上，韦伯进一步指出在一个生产资料私有制和自由竞争的社会，个人是不可能完全取得自己的劳动成果的。由此，一方面，韦伯提出要对现有的工资体系进行改革，并废除“现在资本主义工业中普遍盛行的，工人得到的工资并不由他对国家生产的额度所决定，也与其能否维持他和他的家庭的需求没有关系，而纯粹是由竞争所决定的工资体系”。另一方面，韦伯同时指出在一个现代工业化的国家中，要追溯每一个分散的个人劳动的精确结果是什么，已经越来越不

① Sidney Webb, *Socialism: True and False*, London: The Fabian Society, 1899, p. 18.

② Sidney and Beatrice Webb, *The Consumers' Cooperative Movement*, London: Longmans, Green and Co., 1921, p. 479.

③ 〔英〕韦伯夫妇：《资本主义文明的衰亡》，第23页。

可能了。因此，在无法精确实现按劳分配的情况下，韦伯提出取消上述竞争性的工资，并代之以通过国家控制和职业需要的方法来制定一个合理的工资制度。韦伯提出："我们已经看到公务员的工资并不是按照劳动市场状况，而是按照生活所需决定的，这种原则应该扩展到整个工业世界，而不是让所有人都成为一个单独的制造者，当他想工作的时候才工作。"[①] 总之，韦伯关于初次分配的目标，最终是要将社会所有阶级都置于一个必须工作，且更加公平化的工资制度之下。韦伯说："公平原则并不意味着社会主义制度就要废除工资体系。实际上，我们寻求废除现有工资体系的目的，在于使所有不处于这个体系的人——例如雇主、靠租金生活者——都处于这个新的工资体系下。"[②]

其次，在社会再分配方面，韦伯提出了"国民最低生活标准"，作为分配平等化的一个重要目标。"国民最低生活标准"最早是在韦伯夫妇1897年所著的《工业民主》（*Industrial Democracy*）一书中提出的。《工业民主》是韦伯在关于工会研究的著作《英国工会运动史》（*The History of Trade Unionism*）基础之上的进一步研究。在该书中，韦伯提出他早期曾认为工会本身是有害的，是与政治经济学原则相违背的；后来发现工会的大多数活动，尤其是其倡导的"共同规范"（Common Rule），例如保证会费收取标准化、保证标准工作时间、维护劳动卫生与安全、促进新技术等规范，确实能够更好地促进工人就业、管理和组织。由此，韦伯提出既然这个"共同规范"对工人是有益的，那么包括诸如最低工资、工时、保证工人卫生与安全等举措用于整个社会自然会起到相同的效果。在此之后，韦伯便一直以"国民

① Sidney Webb, *Socialism: True and False*, London: The Fabian Society, 1899, pp. 17-18.

② Sidney Webb, *Socialism: True and False*, London: The Fabian Society, 1899, pp. 17-18.

最低生活标准”为口号来表述他提出的所有与社会福利相关的社会政治目标，例如，韦伯夫妇著名的《少数派报告》[①]、1918年韦伯起草的工党新党章都有韦伯对于“国民最低生活标准”的论述。他提出“真正受到国家效率观念影响的政治家都会致力于支持国民最低生活标准的政策，不允许英国的任何地方任何行业的雇主降低这个标准”。[②]“国民最低生活标准”具体内容主要包括下述方面。

(1) 国家制定一个最低工资标准[③]。韦伯认为，制定最低工资标准是维持“国民最低生活标准”的首要前提。他说：“20世纪初，英国不少于800万人，即整个人口的五分之一，一周的家庭收入不到1镑。这不仅仅是一种耻辱，更是威胁到整个文明的存在。”[④] 1912年[⑤]，韦伯在《政治经济学杂志》发表《最低工资合法化的经济学理论》一文，倡导在全行业实行最低工资标准以提升工薪阶层的生活水准，并进一步分析实行最低工资并不会造成以往认为会产生的诸如破坏政治经济规律、抑制经济发展、限制就业等问题。相反，韦伯认为最低工资合法化对经济和社会发展是有益的。韦伯认为，对雇主来说，制定最低工资标准，而非最高工资，并不会限制雇主雇佣工人的自由，因为他能够雇佣到更好的工人；而对工人来说，最低工资标准在提高

① 《少数派报告》建议为所有人提供国民最低生活标准：“为所有性别和阶级的人提供合乎国民最低标准的文明生活；年轻时能获取到营养充足的伙食，受到训练，身体发育健全时能领取生活工资，生病时能得到治疗，丧失工作能力或年老时能过上一种适度然而有保证的生活。”参见陈晓律《英国福利制度的由来与发展》，南京大学出版社，1996，第63页。

② Sidney Webb, *Twentieth Century Politics: A Policy of National Efficiency*, London: The Fabian Society, 1901, p. 84.

③ 韦伯关于最低工资的论述可参见 Sidney Webb, “The Economic Theory of a Legal Minimum Wage,” *Journal of Political Economy*, Vol. 20, No. 10 (Dec., 1912), pp. 973-998。

④ Sidney Webb, *The Basis and Policy of Socialism*, London: The Fabian Society, 1909, pp. 83-84.

⑤ 此时，英国已通过《行业委员会法》(Trade Boards Act, 1909年)，对4个特定行业血汗工厂的最低工资进行干预。

工人生活水准的基础之上，也有助于工人工作效率的提升，从而促进生产产量和产品质量的提升。韦伯提出现在的工业更依靠技术、机器的创新与高效率，这对脑力劳动者的需求更大，因此必须有一个最低工资标准以提高这部分劳动者的效率。

（2）建立8小时工作制，缩短工人工作时间。[①] 韦伯认为最低工资标准必须与工时相结合，不能依靠延长工时来维持最低工资。早在1889年，韦伯即提出8小时工作制的建议，并制定了一份详细的8小时工作制法案供参考。在该法案中，韦伯提出凡是政府部门工作人员、铁路部门工作人员以及矿工等，除某些特殊情况外，每天工作8小时，每周48小时为最长工时。[②] 此外，韦伯还提出必须通过延长教育年龄，降低领取养老金年龄标准；以延长假期时间等方式降低每一个工人整个一生的工作时间。一方面，韦伯8小时法案的提出是因为他认为工人每天工作时间不超过8小时，不仅是工人的权利和响应他们希望每天工作时间减少的要求，更是社会应该提供的福利，以便工人有闲暇娱乐，提高精神素养，履行社会和公民义务。韦伯认为，8小时工时的要求，不是因为现在的工时就会损害工人的健康，虽然在许多情况下确实如此；也不是因为更短的工时意味着更高的工资，尽管这种观念很流行；而是因为有这样一种强烈的感觉，那就是："社会应该为工人提供更多的集会、娱乐及享受生活，提高生活质量的机会。"[③] 在韦伯看来，工人在工作时是不自由的，而休息时间是属于个人而非集体的，不是属于国家干预的范畴，因此增加工人的休息时间

---

① 韦伯对8小时工作制的论述，参见 Sidney Webb, *An Eight Hours Bill*, London: The Fabian Society, 1890; Sidney Webb, *The Eight Hours Day*, London: W. Scott, 1891; Sidney Webb, *A Plea For An Eight Hours Bill*, London: The Fabian Society, 1890; Sidney Webb, *The Case for an Eight Hours Bill*, London: The Fabian Society, 1891。

② Sidney Webb, *An Eight Hours Bill*, London: The Fabian Society, 1890, p. 4.

③ Sidney Webb, *The Eight Hours Day*, London: W. Scott, 1891, p. 1.

就有了增加个人自由的意义。随着工人休息时间的增加，个人自由也就在不断扩大。由此韦伯指出："在社会产品和服务生产方面，社会主义制度与资本主义体系不同的是，确保社会上每一个个人随着控制自然能力的增强而减轻生产过程参与的负担，而个人则可以享受其家庭生活、社会交际、艺术科学，总体上个人自主决定精神娱乐活动方面的发展。"[①] 另一方面，韦伯认为，由于"在任何一个理性的有组织的社会中，随着我们知识的增长，控制自然能力的增强，花费在社会存在所必需的产品生产和社会服务方面所需的时间和精力必定会相应地减少"。[②] 因此，工时的缩短并不会对贸易、出口及生产产生太大的影响，也不会降低工人的工资（气体司炉工获得8小时工作制后工资提高了），也不会造成物价上涨和需求下降。[③] 相反，工时的缩短对于增加就业有益处，尽管在某些情况下每个个体的产量减少了，但随着就业的增加整个国家的产量得以提高，同时由于工人因工时缩短带来的更高效工作、生产损耗的减少，也会带来生产质量及产量的提高。

（3）维持国民的最低卫生要求及居住条件。在这一方面，韦伯提出地方政府应为每个家庭提供至少符合三室一厨（three rooms and a scullery）的住所，同时应该使城市符合卫生标准，包括解决通风、排水、自来水等问题。韦伯认为只有保证国民的居住条件和起码的卫生安全，才有可能增进国家效率。韦伯曾提出："所有的卫生官员都知道，只要能够达到最基本的卫生标准，死亡率至少下降千分之五，患

---

① Sidney and Beatrice Webb, *The Consumers' Cooperative Movement*, London: Longmans, Green and Co., 1921, pp. 480-481.

② Sidney and Beatrice Webb, *The Consumers' Cooperative Movement*, London: Longmans, Green and Co., 1921, pp. 479-480.

③ Sidney Webb, *A Plea For An Eight Hours Bill*, London: The Fabian Society, 1890, p. 2.

病率下降三分之一。”[①]

（4）国家要保证国民受教育的权利。国家教育的发展在韦伯的社会主义思想中占有极为重要的地位，这一方面是因为韦伯认为教育的公平是实现社会全体公民机会平等的重要影响因素，也对整个国家效率的提高具有很大的影响力。另一方面则是因为韦伯在入选第二届伦敦郡议会后，在技术教育委员会担任主席近 10 年的时间。在此期间，韦伯完善了伦敦的奖学金体系，促进了伦敦中等及技术教育的发展。此外，韦伯还对 1902 及 1903 年英国两部教育法的通过起了很大的作用。[②]

（5）国家应保证维持病人、老年人、儿童等没有劳动能力的人的生活水准。韦伯认为这部分人的一切生活所需，包括医疗、养老金、儿童的教育等，都应该由公共福利来承担，因为所有人都会经历童年、老年，也都会生病，因此只有这样做才显得公平。早在 1908 年通过养老金法案前 15 年，韦伯就是争取老年人养老金活动的领导人之一。在 1907 年，养老金法案通过前 1 年，韦伯发表了一篇名为《贫民与养老金》的文章，主要讨论领取养老金的限制问题。文中，韦伯将领取养老金的年龄限制为 65 岁，而非 1908 年法案的 70 岁；[③] 此外，对于是否应该将曾接受过济贫的穷人排除在养老金法案外的问题，韦伯认为这样做显然是不公平的，因为在接受救济的穷人中，尤其是老年妇女，他们并不是不努力工作，而可能因为一些事故，如生病、丧偶等原因陷入贫困。韦伯举了个例子，说假如一个人在养老金法案通过后陷入贫困，他可以领取养老金，如果在此前一段时间陷入贫困而不得不接

① Sidney Webb, *The Basis and Policy of Socialism*, London: The Fabian Society, 1909, pp. 85-86.

② 关于韦伯教育方面的思想详见本书第四章第一节“教育改革”。

③ Sidney Webb, *Paupers and Old Age Pensions*, London: The Fabian Society, 1907.

受济贫法救助使得他无法领取养老金，这显然是不公平的。[①]

（6）国家应着力解决失业问题。关于失业问题，韦伯提出政府应通过全国劳动交换系统（劳工介绍所制度），解决工人失业和就业不稳定问题，提供技能培训，并通过工会保险系统解决失业工人的生活问题。[②]

与韦伯生产资料公有化思想是试图在公有化和个人自由之间取得平衡一样，韦伯的分配平等化目标也试图在自由和平等之间取得一定的平衡。这一点韦伯也认识到了，但是韦伯注重的是自由与平等之间的相对重要性问题，当然在这一点上韦伯是偏重于平等的。韦伯曾明确指出："社会学发展的结果，就是强迫人们去修改自由与平等的相对重要性。"[③] 在韦伯看来，在资本主义私有制基础上，个人是永远不可能取得他自己劳动的全部果实的，因此个人的自由本来就是与社会公共福利（即平等）不可调和的。随之，韦伯对自由的理念重新进行了诠释，将自由与平等结合起来。他说："个人自由就是发展我们的才能和满足我们的欲望的机会之获得。也就是说，个人自由意味着个人购置足够维持健康的衣、食和住等方面东西的能力，以及获得足够发展其智力的教育和书籍的便利……还意味着有时至少可以有少许的钱来做休假和旅行、社交和娱乐以及欣赏大自然和艺术之用……而心理上自由也意味着人与人之间一种平等的关系。因为即使工资劳动者获得了一份固定的工作和良好的收入，他还是像所使用的机器一样，是作为一种生产工具而被人购买的，他的每天生活是被当作达到别人目的的一种方法，他同他的阶级永远地要服从另一个人数很少的

① Sidney Webb, *Paupers and Old Age Pensions*, London: The Fabian Society, 1907, p. 3.

② 韦伯关于失业问题的解决方案见本书第四章第二节"废除济贫法运动"。

③ 〔英〕萧伯纳主编《费边论丛》，第117~118页。

阶级。"[①]

总之，韦伯提出的分配平等化，或者说公平化的目标，是试图改变资本主义私有制体制下，不事生产的富人愈来愈富，而辛苦工作的穷人无论怎么努力都愈来愈穷而很难改变自己命运的状况。韦伯强调每个人都需为社会尽到自己的义务，同时国家也要通过"国民最低生活标准"为个人提供一个平等竞争的公正环境，最终实现在一个机会平等的社会中，任何健康的个人都能够通过自己的努力，并且必须通过自己的努力，来实现物质和精神层面个人自由的极大发展。

3. 政治民主化目标

关于政治民主化，韦伯并没有提出太多具体的目标和改革建议，这并非韦伯不重视政治民主化的实现，而是出于韦伯对英国政治民主化发展的信心。韦伯认为 19 世纪以来英国的民主制度取得了较大的发展，因此政治民主化目标的实现不需要太大的变动，而只需要在英国民主政治的框架内做一些适当的改革即可，例如扩大选举权范围、扩大下院的权力等。

韦伯的政治民主观念的表述，主要体现在 1896 年 10 月 2 日至 12 月 11 日之间，韦伯以"民主的机构"（The Machinery of Democracy）为题，对费边社员进行每两周一次，共 6 次的演讲中。[②] 在第一次演讲中，韦伯介绍了现代世界新的民主现象，并简要地提出了民主是否建立在自然权利说的基础之上这个问题。韦伯并未对此做出评判，因为他认为不管自由权利说是否正确，都无法证明每一个单独的个人能否拥有投票权。而后，韦伯讨论了公共会议的方式，例如瑞士的一些地区或者如伦敦排字工人联合会（London Society of Compositors）等工

① 〔英〕韦伯夫妇：《资本主义文明的衰亡》，第 36~38 页。

② 费边新闻分别于 1896 年 11 月、12 月和 1897 年 1 月进行报道。

会组织所采用的民主形式是否可行的问题。韦伯认为前者实际上受到各地区领导家庭的控制，而后者则经常性地被常设的资深社员所控制。此外，韦伯还指出这种形式较容易受到演说家的表演影响，而且社会对这种群众心理的研究，包括个人受到群众心理影响的研究还不成熟。因此，总体上来说，韦伯是反对这种民主形式的，他认为这种形式只有在批准或拒绝一个已经准备好的政策的时候才有可行性。

韦伯的第二次演讲是有关行政官员的任命问题。首先韦伯对两种官员选拔方式提出了反对意见。第一种是行政官员轮流执政的办法，韦伯认为这种办法是基于每个人都可以处理管理事务这样一个错误的假设，而且这种办法在美国和英国工会一些不重要的位置上已经试验过了，并不成功。另一种办法是通过普遍选举行政官员，以确保人民对政治权力的控制。韦伯认为这也不能令人满意，因为这种选举只会选上最有名的人而非最有能力的人，而最有名的人一般都是即将退休的官员，因此选举并非实现控制的最好办法。韦伯举例说工程师联合会（Amalgamated Society of Engineers）选举书记的办法，就明显不如棉花联合会（Cotton Operatives）通过考试选拔官员的办法。由此，韦伯认为选拔行政官员最好的办法就是从在一个竞争性考试中达到一定标准的那群人中选举官员。

第三次演讲，韦伯表明其对公民投票和创制权（Referendum and the Initiative）的反对。韦伯提出“直接立法”（Direct Legislation）的概念是相对新的概念：托克维尔和密尔都未讨论过，主要是圣西门的追随者提出的。而这种在法国、瑞典和英国工会中使用过的形式不同的直接立法，其结果都表明公民的创制权远不能起到人们控制行政当局的作用，且会导致行政当局比人们拥有更大的权力。韦伯认为，由于这个直接立法的过程掺杂有太多外来因素，这种形式并不能体现人们的真正需要。韦伯还提出，公民投票和创制权在民主政治中体现出来的这种集体主义的公共意志只能用来表达宏观的、总体的原则并影响到这个国家的事务；然而现代立法大多是技术性的、细节性的，其处理的事务仅针对国家中的一部分人；而且多数选民只能遵从法律的结果，而不能预测法律的好坏。

第四次演讲则是针对代议民主（Representative Democracy）问题。韦伯是赞成代议制度的，认为代议制可以选举出那些愿意贡献自己时间的专家代表人民来行使权力。韦伯认为选民一般知道鞋哪里破了，而没有正确的解决办法，而人民代表在通过选民了解问题之后，便可以通过他的专业知识教导选民如何补救。

第五次演讲则是针对第四次演讲，提出了专家的范围（Sphere of the Expert）。韦伯认为问题在于在确保专家服务社会的同时，使他们服从人民的控制。韦伯提出，考试以及能够胜任的选举委员会是唯一选拔专家的方式。此外这些专家的任命应该是终身制的，并给予足够的工资和足够的荣誉以刺激其工作效率。

最后一次演讲是关于联邦制问题。韦伯虽然认为联邦制度涉及双重效忠（dual loyalty）问题，或者较小的团体有过多的代表权问题，但他仍然支持政府的联邦制度和工会之间的联盟政策。[①]

由此可见，韦伯的这些民主观念与密尔在《代议制政府》中提出的观点有很多相似性，当然也存在几点不同：韦伯不同意密尔提出的在地方选举的层次上加上财产限制，而更希望通过秘密选举和政府支薪的方式扩大工人阶级的选举权；韦伯不同意密尔的不纳税无代表权的主张，因为这与韦伯认可的基于非赚取收益的税收政策

① 参见 A. M. McBriar, *Fabian Socialism & English Politics, 1884-1918*, Cambridge: Cambridge University, 1962, pp. 75-77.

是相对立的；韦伯不同意密尔提出的给予知识分子更多投票比重方式，韦伯虽然也希望更多的知识分子能够进入政治，但不赞成这种办法。此外，韦伯更希望一个民主化的政府能够在经济领域发挥更重要的影响力，通过促进工人阶级的权利增长以缩小工人和资本家的利益差距。

此外，韦伯还就英国的议会体制提出了自己的改革建议。以往韦伯相信，政府职能扩大必然产生的中央集权问题，可以通过地方政府权力的扩大来加以制衡。然而，随着时代的发展，尤其是到 20 世纪 20 年代初的时候，韦伯逐渐认识到，国家职能的扩大以及中央和地方政府集权问题，并不能仅仅通过地方分权制衡中央集权的办法来解决。正如韦伯于 1920 年所说："约三十年前，我们一般认为政府的许多新工作并不应置于国会或者内阁，而是应置于地方政府机构之下，这些地方政府职能的扩展将减轻中央政府在公共事务上的过重负担。而实际上，地方政府的职能确实在跳跃性地发展，然而却没有能减轻中央政府的负担"。[①] 于是，韦伯开始进一步思考英国的政治体制改革，并致力于解决中央和地方政府的权限问题。

1917 年韦伯于《上院的改革》（The Reform of the House of Lords）一文中，提出了对上院改革的建议。韦伯提出，上院选举的最好方式，乃是在大选选举产生下院议员后，由下院按各政党在下院中议员的比例选举出来。上院议员与下院议员薪酬相同，其任期一般应比选举他的下院任期更长一点。而上院的权力在于它有权转回下院的议案，任何议案（除了年度财政议案）只要上院认为起草得不好或与其他法案相违背，或认为需要进一步考虑，都可以转回下院并提出详细的评论

① Sidney and Beatrice Webb, *A Constitution for The Socialist Commonwealth of Great Britain*, London: Longmans, Green and Co., 1920, p. 74.

报告，但这种权力只限一次。[①]

1920年，韦伯夫妇的《英国共和国宪法》出版。在该书中，韦伯设计了一整套全新的政治体制。他将英国的议会分为两部分：政治议会（Political Parliament）和社会议会（Social Parliament）。韦伯提出，这两个议会都不应代表任何特殊团体的利益（不论是生产者联合会还是消费者联合会），而应该代表全体人民的利益，因此其议员需要通过大选选举产生。同时为了确保人民的持续控制，选举必须是直接选举，而不通过任何中间组织，其选民必须包括全体成年公民。政治议会的权力范围包括外交、国防、殖民事务、维持治安以及司法。其行政事务仍由内阁管理，除设首相作为总负责人，还需设立一个部长处理外交事务，一个或几个部长处理自治领或殖民地事务，一个或几个部长处理国防事务，一个部长处理司法事务。社会议会则主要负责国家经济和社会活动，具体来说，其权力包括征税权，国家征用权（Right of Eminent Domain），对所有土地、矿产、感潮河道（Tidal Waterways）、海滩以及其他有必要征用的私有财产有完全的所有权。社会议会还需创办并管理公共服务业，例如健康、教育的提供，交通、科学调查，鼓励文学、艺术、音乐等娱乐业发展等，当然这并不意味着社会议会应立刻动用全社会资源来管理所有的工业和服务业，而是应管理那些适合国有或国家经营的行业。此外，财政金融方面，社会议会需要承担管理货币和国债的发放、制定价格、征税以弥补赤字等职责。社会议会的行政机构，与政治议会的内阁集体负责制不同，按照伦敦郡议会的模式架构，应建立单独的委员会管理单独的事务。各委员会选举自己的主席，而每一个委员会并不需要同意其他委员会的政策，也不需要对其他委员会的工作负责。在这些单独的委员会，如财

① Sidney Webb, *The Reform of the House of Lords*, Fabian Society, 1917, p. 15.

政、健康、教育、交通委员会之外，还需设立一个总的经济、社会调查委员会作为研究部门。[①]

总之，为解决政府集权问题，韦伯设计了一整套全新的政治体制。从实际操作上看，这一套政治体制显然是乌托邦的，具有许多无法解决的问题。例如社会议会和政治议会两个独立的部门，从表面上看有截然不同的领域，且在各自的领域内享有最高的权力，那么在两者相交叉的领域产生的问题就不可避免地会产生争论。更为严重的问题体现在财政问题上，例如社会议会掌控着税收评估和征税权、国有企业的财政权，政治议会依据社会议会的调查决定总的开支预算，而社会议会虽然对开支的细节没有决定权，但对总数有疑虑则可以提出反对。虽然韦伯提出通过联合委员会的模式进行合作，或通过两院联合投票决定两院的矛盾问题，但显而易见的是，韦伯设计的这套错综复杂的政治体制很难具有可操作性。

4. 产业民主化目标

产业民主化目标在韦伯的社会主义思想中占有重要的地位，他分别于1894、1897以及1921年与夫人比阿特丽斯合著《英国工会运动史》、《工业民主》和《消费者合作化运动》三本著作，集中表述产业民主思想。与基尔特社会主义提出的工业自治相比，韦伯的产业民主思想反对工人完全或直接参与产业管理的任何形式：不论是通过各产业的工人自行管理，还是由生产者选举代表即工会管理等各种形式。韦伯认为，产业应该由生产者联合会与消费者联合会统一联合管理。

早期，韦伯并不重视工会的作用。正如韦伯1920年在《费边论丛》序言中所说："我们显然没有充分说明工会运动的重要性，本书

① Sidney and Beatrice Webb, *A Constitution for The Socialist Commonwealth of Great Britain*, London: Longmans, Green and Co., 1920, pp. 119-120.

从未把工会运动当作是一种政治力量，也没有把它当作是组成社会结构的主要部分……显而易见，在1889年，对于任何一种‘职业团体’所具有的持久性的价值和不可少的社会机能，我们还只有一点概念。”[①] 同时，韦伯还认为工会只关注与自己有关的事务，而对整个社会制度的变革没有兴趣。韦伯曾在费边社15号短评《英国社会民主化进程》中提到，工联本身并不能带来工人工资和权利的普遍增长。工联仅仅改善了部分工人的生活状况，但这部分工人贵族只占到整个工人阶级的十分之一，因此工联只有通过对其他成员的限制才有可能取得这个成果。在韦伯看来，“如果要平均的强大，意味着全部都没有力量”。[②] 此外，韦伯对工会，尤其是基尔特社会主义者以罢工为主要斗争形式明确表示反对。正如柯尔在《费边社史》中所说：“他们不是把工会看作对于改革家或社会哲学家的研究具有重要性的协会，而是看作能够带来一个较好的世界的现实力量，不是靠劝导和宣传运动做到这一点——虽然这些手段也是有效的——而是通过行使他们在工业上的力量。因此，他们热烈地欢迎每一次罢工，特别是争取社会地位和社会承认的罢工，他们称赞对资本主义及其利益的每一次打击，不管谁会在这种行动中受到损害。”[③]

随着时代的发展，韦伯逐渐认识到工会的重要作用，并提出工会“是社会组织的一个永久的部分”，而且注定了要在明日的国家“起重要的联系群众的作用”。于是韦伯写了《英国工会运动史》和《工业民主》两本书，在对工会组织和作用做历史性的介绍和分析的基础上，肯定了工会在发展产业民主中的重要地位。

---

① 〔英〕萧伯纳主编《费边论丛》，第20页。

② Jack Melitz, “The Trade Unions and Fabian Socialism,” *Industrial and Labor Relations Review*, Vol. 12, No. 4 (Jul., 1959), pp. 554-567.

③ 〔英〕玛格丽特·柯尔：《费边社史》，第155页。

在《工业民主》一书中，韦伯认可了工会在保障工人生活和工作权利中发挥的作用。韦伯指出工会主要有两种策略：一种为限制人数。这是早期工会的主要做法，即通过排除新的从业者进入来保证既得利益者的利益。另一种可称之为“共同规范”（the Common Rule），即通过制定一个共同规范，其中包括工资标准、工作时间标准、工作安全与卫生标准、新机器和制造工序引进、就业稳定和连续性等，来维护工会成员的生活标准和工作条件。韦伯以能否提高效率为标准，指出限制人数的策略只保护了部分既得利益者的利益，而不利于整个行业的发展。他提出，限制人数的策略限制了最有能力的工人和企业家进入行业。例如，某些已具有较强工作能力的人，由于特殊的家庭、阶级或经历的限制，比如不是某个技工的儿子，或者交不起入会金，或者没有学徒身份等而被排除于被雇佣的行列。由此，与完全自由竞争相比，由于缺乏被取代的恐惧感，整个行业的刺激机制完全丧失，有能力的工人和企业家进不来，行业内的人员则普遍没有工作积极性，效率低下，从而降低了整个行业的生产效率。[①] 与此相反，韦伯认为共同规范策略在保障全体工人权利的同时，有利于产业的效率提高和发展。韦伯提出的“共同规范”，即国家通过法律制定一个共同的标准，如最低工资标准、最长工时、最低的卫生安全标准等，作为雇主雇佣工人的最低标准；而各个工会则根据自己行业的具体情况，在最低标准的前提下，通过集体谈判的方式，为自己工会的工人争取尽可能多的权利。韦伯认为，此种策略有利于维护工人的基本生活和劳动权利，同时有利于整个产业效率的提高。例如最低工资标准和最长工时的规定，雇主不能通过压低工资和延长工人工作时间来获得利润，

① Sidney and Beatrice Webb, *Industrial Democracy*, London: Longmans, Green and Co., 1902, p. 712.

那么他们必然只能通过雇佣更有能力的工人或引进新技术和工序等方式来提高生产效率。

尽管如此，韦伯仍然反对由工人，或者说由工会行使完全的产业管理权。当时社会上出现了一种观念，那就是在国家和地方政府作为生产工具的所有者基础上，产业的管理权应由工会或者工联（韦伯称之为“生产者联合会”）以民主的形式来行使。对此，韦伯明确表示反对，并提出“每种产业之管理权，不应分别归属于每个工人，正犹其不应归属于资本主义之雇主，而应归于社会上实际共同经营该业之全体体力劳动者及脑力劳动者”。[①] 韦伯之所以认为产业管理并不是任何生产者联合会都能胜任的，主要是因为由特定部门工人的共同利益为基础的联合会所形成的特殊的利益群体具有强烈的排外性。这种排外性一方面会与其他部门的工人利益产生冲突，另一方面还会与全体消费者及公民利益产生冲突。正如韦伯所说：“生产者联合会，无论其为资本家、技术人员或工人，因其所生产之货物非供自身使用，而乃以供交换，常被迫而限制会员数目，期能为现有会员取得最高之报酬。这类组织在本能上是排外的。”韦伯还进一步指出：“当生产者之民主团体拥有生产工具甚或独占劳务之时，在以往，均有采取关门主义之倾向，使制造程序及个人能力一成不变，排斥外人并摈斥异说。无论古今，无论在印度之族籍间及中国之行会中，无论在中世纪之同业公会以及近世工会及专门职业团体中，皆有此种倾向。”此外，韦伯还指出，如果工厂的管理者可以由工人选举或者辞退，那么两者之间的这种尴尬地位必然导致工厂的失败。正如韦伯在《英国工会运动史》中所说：“吾人于大不列颠或欧洲大陆上无数自治工厂之案卷中，一再发现自治工厂失败之原因，多由经理日中指挥工人，晚间则为同

① 〔英〕韦伯夫妇：《英国工会运动史》，陈健民译，商务印书馆，1962，第488页。

一工人之委员会所责备或所辞退，致使其地位极为困难。”最后，韦伯还指出自治工厂在制定商品价格上会损害消费者的利益。韦伯认为一般来说，商品的价格应该高于其成本，而成本主要依据机器的性能及工序而定。然而一旦有组织的工人有权来决定雇员的数目及资格，有权决定应用何种机器或者工序，那么他们制定的价格，则未必对消费者有利，也未必与其他部分工人的利益相一致。[①]

相较于由生产者联合会管理产业，韦伯更倾向于由消费者联合会来管理。对合作化运动，韦伯在 1889 年时也并不重视。韦伯自认为是由于“受到传统的对合作社未能达到它的理想的诽谤的影响”。他说：“由于忽视了生产合作社和消费合作社之间的根本差别，以致没有认识到工人阶级的合作商店在未来的社会结构中所具有的地位，没有认识到合作化运动在使得社会生产活动的目的不仅是为了利润，而且是为了把满足实际需要的企图变为可能方面能够起到的作用。”[②] 于是，受比阿特丽斯 1890 年《英国合作化运动》一书的影响，韦伯开始重视合作化运动，并于 1921 年出版了《消费者合作化运动》一书。韦伯所谓的消费者联合会，除了消费者合作社组织，主要是指由中央和地方政府以消费者联合会的形式来主导产业的管理权。韦伯提出，历史的经验表明将产业管理权完全归诸生产者联合会的形式基本都导致了失败的结局；相反由消费者联合会管理产业的形式，则大有成效，而且成效日益增大，这一点从中央和地方政府管理产业日益成功的经验即可看出。韦伯认为，由消费者联合会管理产业，虽然存在一定的缺点和弊病，但最大的优点在于切实可行。一方面，这种形式可以解决上文提到的租金问题。韦伯提出，作为一种民主团体存在的消费者

① 〔英〕韦伯夫妇：《英国工会运动史》，第 490~493 页。

② 〔英〕萧伯纳主编《费边论丛》，第 21 页。

联合会，“不许任何个人或团体独享较好的土地及其他生产要素差别形成的利益，而这种利益不管从经济上还是伦理上都应为全社会所有”。另一方面，这种形式还可以解决厘定商品价格的问题，这样“既能使每一生产者得全部标准工资，而各种货物之售价又适足以补偿成本费，最后全部盈余则以减价及折扣之方法还诸消费者，称为红利，或作为消费者之利益，本消费者之意向处理之”。[①] 此外，韦伯还指出消费者联合会产量愈多，普遍的负担愈轻，或者说其会员愈多，企业之利益愈大，所以它并不具有生产者联合会所具有的排他性，且欢迎外人的加入。

总之，韦伯认为产业管理应交于整个社会共同管理，应由“工会及专门职业团体之代表与消费者合作社、市政府及中央政府之代表共同进行”。[②] 韦伯指出，生产者联合会虽然具有强烈的排外性，且与社会公共利益有冲突，然而工会运动在将其原则演变为标准工资、正常工作日的时候，取得的成绩以及在维护工人阶级利益方面的成效已表明自身存在的合理性；而消费者联合会管理产业，虽然切实可行，然而这种自上而下的管理模式，如果不通过工会制定一个“共同规范”，如果不对其专制行为加以制止，那么它也难以避免会产生无限制的资本主义血汗制下的许多弊病。因此，韦伯认为产业的管理组织，并不能以单一的团体作为基础，而应交由生产者联合会以及消费者联合会共同管理，最终实现产业的管理者和工人地位发生根本变化：“董事及经理虽由选任，领有薪俸，然日益变为社会之职员，不但为其自身，且为全社会之利益服务。技术人员及工人则日渐摆脱董事及经理之个人奴隶地位，且亦如后者，渐不为任何私人雇主服务，而为社会本身

① 〔英〕韦伯夫妇：《英国工会运动史》第489页。
② 〔英〕韦伯夫妇：《英国工会运动史》，第493页。

服务。无论生产工具所有权之准确形式如何，就职务而言，所有个人均渐变为完成公共事业之一分子。”①

综上所述，韦伯的社会主义目标，就是试图通过生产资料公有化、分配平等化、政治和产业民主化的方式，最终建立一个所有人在经济、政治和社会领域全面平等的社会。1918 年 6 月，工党会议通过了韦伯起草的《工党与社会新秩序》，其成为工党第一个正式纲领，这也正是韦伯社会主义目标的最终体现：“必须保证，目前需要建立的是一种新的社会秩序，它的基础不是残杀，而是博爱；不是对于单纯生活资料的竞争，而是一种为所有体力和脑力劳动者的利益精心计划的生产合作和分配；不是财富的极端不平均，而是有计划地实现所有人在物质生活中的健全和平等；不是对处于隶属地位的国家、民族、殖民地或性别的强制统治，而是在工业中，同样也在政府中，在平等自由的基础上，达到普遍的心满意足，以及表征着民主政体的最广泛的权力分享……我们提议兴建的这座大厦的四根支柱，奠定在社会的所有方面都进行民主管理的普遍基础之上，可以把它们分别称作：国家最低生活标准的普遍实施；工业的民主管理；国家财政政策的彻底改革；剩余财富用于公共福利事业。”②

三　韦伯社会主义目标的特点

韦伯在对资本主义私有制和传统的自由放任主义做出批判的基础上，提出了生产资料公有化、分配平等化、政治及产业民主化的目标。从总体上来说，韦伯提出的社会主义目标极为激进，这一点从韦伯提出的取消所有形式的租金、不劳动者不得食等可以明显看出。具体来

① 〔英〕韦伯夫妇：《英国工会运动史》，第 494 页。

② 〔英〕玛格丽特·柯尔：《费边社史》，第 178~179 页。

说，韦伯社会主义目标具有以下几方面的特点。

第一，强调更大规模的政府职能。19 世纪中期以后英国社会已逐渐摆脱了斯密那只看不见的手的影响，逐渐认识到政府干预的必要性。当时在英国兴起的新政治经济学派，最主要的观念就是对原有的自由放任政策进行理论上的批判。对于韦伯来说，他肯定是赞成政府干预的，而且他提出了一个有别于激进自由主义的国家干预观念："最好的政府就是能够安全成功地管理最多事务的政府。"[①] 此外，韦伯还在《英国社会主义联邦宪法》中提出："我们一般不会将我们精心构建的政府，包括国王、上院、下院，它的司法制度和完善的文官系统，视作一个全国范围内消费者联合的复杂机构。然而，当中央政府为我们提供诸如邮政、电报、电话、银行、保险、交通、公共工程、医疗、教育等各种服务业，且生产不是为了取得最大利润而是为消费者提供尽可能的服务的时候，国家就会从诸如法国人称呼的'帝王的权威'（autorité régalienne）的专制国家，不管是一个人的或是一个阶级的，变成公共服务业的管理者，一个为公民服务的忙碌的管家。"[②]

韦伯的政府干预理论，一方面基于对社会有机体观念的理解和运用以及对自由、平等的看法，另一方面则建立在他对国家看法以及对英国民主制度信任的基础之上。与费边社会主义一样，韦伯并不认为国家是与社会对立的强制机关，或者是阶级统治的工具，"他们不同于几乎所有的欧洲社会主义者，不把国家视作有产阶级雇用的关押工人的狱卒，而是看成杜利先生所说的最终'服从选举结果'的最高法院"。[③] 费边社会主义者产生这种国家观念是源于他们对英国民主化程

① Sidney Webb, *The Difficulties of Individualism*, London: The Fabian Society, 1896, p. 6.

② Sidney and Beatrice Webb, *A Constitution for the Socialist Commonwealth of Great Britain*, London: Longmans, Green and Co., 1920, pp. 13-14.

③ 〔英〕玛格丽特·柯尔:《费边社史》，第 33 页。

度的信任。萧伯纳在《关于费边社政策的报告》中就明确提到，英国具有较为民主化的国家机器，即“包括从教区议会或教区委员会直到中央议会为止的精心制造的民主国家机器，并且这个机器是在工人阶级获得选举权，能够通过投票挫败其他一切阶级的情况下选出的，因此，大陆各君主国中存在的国家同人民之间的对立并不妨碍英国社会主义者”。[①] 韦伯是认可费边社会主义对国家以及民主制度的看法的，虽然，韦伯对此存有一定的疑虑，即“本世纪的整个经验可能是一种错误，政治权力可能会再度折回到一个君主或一个贵族寡头的手中”[②]，但是，他认为只要通过宣传教育让社会大众对民主主义都充满信仰，那么大多数人便会接受这种观念。

第二，强调专家、精英在社会主义国家中的地位，这一点在政治民主化领域表现得尤为明显。正如比阿特丽斯在《我们的伙伴关系》中所说：“我们不信任一般耽于声色的人，因为对社会的不满他们除了抱怨之外并不能对之做出改变。我们希望在政治领域要引进专家，通过大范围和强制性服务扩展政府的职能范围，就如最优秀的企业家能给企业带来的益处一样；我们希望有组织的劳工阶级在谦逊的专家精英的服务和指导下工作，他们不要求更高社会地位，而是满足于行使权力时带来的更卓越的知识和更长期的行政经验。”[③] 1918 年，韦伯更是在《上院的改革》一文中建议，上院应该由具有成熟的智慧和判断力、有法律和行政事务的训练和经验的人组成，而不需要演说家或善于竞选的人，当然更不需要有财产、年龄、声望的限制；而上院，应在下院拥有绝对权力和地位的基础上，凭借其专业能力辅助下院行

① 〔英〕萧伯纳：《关于费边社政策的报告》，陈慧生译，《当代世界与社会主义》1982 年第 3 期。

② 〔英〕萧伯纳主编《费边论丛》，第 119 页。

③ Barbara Drake and Margaret I. Cole, eds., *Our Partnership by Beatrice Webb*, London: Longmans, Green and Co., 1948. pp. 97-120.

使权力。[①]

第三，对市政社会主义的强调。韦伯认为，在任何一个高度组织起来和人口众多的社会里，广泛的职权不应该如过去所普遍认为的那样划归“国家社会主义”（State Socialism），而应该划归“市政社会主义”（Municipal Socialism）。[②] 所谓“市政社会主义”，按照费边社在1896年在伦敦召开的国际社会主义工人和工会代表大会上提交的一份关于费边社政策的报告所说，就是“国家作为一个整体通过最适当的公共当局（地方的、市的、省的或中央的）来组织和经营国家必需的各种工业，并且占有土地和资本的全部经济租金”。[③] 如上所述，韦伯提出的社会主义目标更偏重于郡县一级而非中央国家一级单位。例如在生产资料公有化方面，韦伯提出的极大规模的地方所有化与极少数产业的国有化形成了鲜明的对比；而在产业民主化方面，韦伯虽然提出产业应由消费者合作社、市政府及中央政府的联合代表共同管理，但显然他更强调加强郡县一级单位的权力，以抗衡中央政府职能扩张可能导致的中央集权。韦伯认为这种以民主方式组织起来的自治地方管理机构，一方面可以避免全盘国有化必然带来的官僚主义、集权主义等专制问题，另一方面还可以把人们从一种普遍的社会生活一律化的噩梦中解放出来。正如韦伯所说：“在‘明日的国家里’，如我们所想象的，那些不喜欢哈姆斯泰德地方的安排的人们，随时都可以搬到海尔盖特的地方去，并在该地的地方政府之下生活。在一个最完全的与无所不包的集体主义之下，有一条使个人自由的意识大为增加的途径，有一个使生活无限多样化的远景，并有一个能使个性无限地多方

---

① Sidney Webb, *The Reform of the House of Lords*, The Fabian Society, 1917, p. 8.

② 〔英〕萧伯纳主编《费边论丛》，第 22 页。

③ 〔英〕萧伯纳：《关于费边社政策的报告》，陈慧生译，《当代世界与社会主义》1982 年第 3 期。

面地发展的机会。”①

第四节　韦伯社会主义的改革策略

悉尼·韦伯的社会主义思想之所以能成为费边社会主义和一战后工党思想的代表，除了他提出的激进的社会主义目标，其所倡导的社会主义改革策略，即通过何种方式来实现社会主义目标的策略，也在其社会主义思想中占有重要的地位。韦伯的社会主义思想，从总体上来说，就是要以民主主义的方式来实现社会主义目标。所谓民主主义的方式，简单来说，就是要在英国民主政治的框架内，通过和平、民主、宪政，而非暴力革命的方式来实现社会变革。

韦伯在《社会主义的历史基础》一文中总结，所有关心自己时代事物的社会学者、社会主义者以及个人主义者都认识到，重大的、根本的变革只能是：①民主主义的变革，因为只有这种变革，对大多数人民来说，才是可以接受的，并且才能使所有的人在思想上有所准备；②渐进的变革，因为只有这种变革，无论进步的速度多快，都不致引起脱节现象；③被人民大众认为是合乎道德的变革，因为只有这种变革，才不致在主观上对他们来说是败坏道德的；④合乎宪法的与和平的变革，至少在英国应当如此。②

韦伯相信，在政治民主化的英国，工人政党在自己已经在议会中存在的情况下，是可以在合乎宪法的方法下逐渐实现社会主义改革的。这种观念不仅出于韦伯的乐观态度，而且他认为随着无产阶级政

---

① 〔英〕萧伯纳主编《费边论丛》，第22~23页。

② 〔英〕萧伯纳主编《费边论丛》，第87页。

治权力的不断发展，他们必然会行使这种权力来保障他们的社会利益和经济利益，而当工人阶级开始把政治与他们的个人问题联系起来的时候，在他们看到自己的选票具有政治力量的时候，他们必然会走向社会主义。正如韦伯所说："我认为，如果你允许一个电车司机投票，他不可能永远满足于选举驻法大使，或者选举地点这样的投票权利。他将认识到使他每天工作16小时只赚3先令的力量并不是来自外国的国王、贵族或是教士。他们会尽可能地通过他的投票权来控制自己的生活。也就是说，他会越来越将他政治上的民主转化为工业上的民主，以改善自己的生活状态。"[①] 韦伯相信，民主主义的必然结果是，人民不仅是控制自己的政治组织，而且能通过政治组织，去控制生产财富的各种主要工具，最终恢复"约翰·密尔所谓的生产工具的所有者能够从产品中取得的巨大份额"。[②]

一　和平渐进的改革方式

所谓和平渐进的改革方式，顾名思义，就是指社会改革必须一点一滴地慢慢实现，而反对任何通过暴力的方式实现社会改革的革命性突变。韦伯是和平渐进改革的坚定支持者，在他看来，当时的英国社会从个人主义向集体主义基础的转变是不可能一下子就突然发生的。他提出："任何时候都无须破坏整个社会组织的连续性或把整个社会组织突然地加以改变，我们在历史上还找不到乌托邦式革命的突变例子。"[③] 由此，他强调，尤其在英国，"社会主义并不是一次性就能完成整个工业和所有服务的社会化，而是要在工业化和社会进化的发展

① A. M. McBriar, *Fabian Socialism & English Politics, 1884-1918*, Cambridge: Cambridge University, 1962, p. 63.

② 〔英〕萧伯纳主编《费边论丛》，第87页。

③ 〔英〕萧伯纳主编《费边论丛》，第87页。

过程中，依次将每一个工业或服务，从资本主义私有制转变为公共所有和控制”。[1]

韦伯的渐进改革方式，贯穿于韦伯整个社会改革活动之中，下面试图从理论和实践两个方面来论述。首先，在理论方面，菲利普·斯诺登（Philip Snowden）在《通向社会主义的道路》一文中提出韦伯认为社会主义目标的实现有四条线索：第一，不断加大对无限制的私有土地和资本使用的干预；第二，国家通过立法，提高工人阶级的生活水准，并在他们陷入疾病、年老、失业、灾祸等不幸时提供帮助；第三，对地租和资本家的利益逐渐加大征税力度，并将之用于社会公益；第四，私有企业和服务业的公有化。[2] 由此可见，韦伯并不赞成通过没收的方式来实现生产资料所有权的快速转变，而是希望通过逐步增加税收的方式渐进地实现公有化和分配平等化的目标。韦伯提出，对非赚取的收益逐渐课以重税[3]，除了将之用于社会公益以实现分配平等化之外，还需将之用于兴办国有企业和支付公有化过程中产生的赔偿金。关于赋税的标准，韦伯本来认为对生产资料所有者征税的数额应该是相当大的，其数额等同于所谓的财产的经济租金，最终使得所有人都必须通过工作来维持生活。[4] 然而，出于实际考虑，韦伯虽然提出需对非赚取的收益通过累进税制的方式课以重税，但是征税的标准必须是渐进发展的。此外，关于公有化过程中不可避免产生的赔偿问题，韦伯提出的租金理论认为对非赚取收益的资本家和地主的生产

① Sidney and Beatrice Webb, *A Constitution for The Socialist Commonwealth of Great Britain*, London: Longmans, Green and Co., 1920, p. 147.

② Philip Snowden, *Socialism and Syndicalism*, London: Collins'Clear Type Press, 1913, pp. 143-150.

③ 例如遗产税、土地税等。

④ A. M. McBriar, *Fabian Socialism & English Politics, 1884-1918*, Cambridge: Cambridge University, 1962, pp. 110-111.

资料公有化是不需要补偿的。在韦伯看来，“补偿即付给‘为了大众利益而实行变革时遭到破坏性影响的人们’一笔赔偿费——包括工人，但这不能被视为一项权利。譬如1806年就没有付给奴隶贩子任何补偿”。[①] 同样，也是出于现实的考量，韦伯还是认可了税收支付公有化过程中产生的赔偿金。总之，韦伯试图通过征税，而非暴力革命的方式，渐进地实现生产资料公有化和分配平等化的目标。

其次，在实践方面，韦伯在伦敦郡议会的活动很好地解释了他的渐进改革策略。韦伯于1892年入选伦敦郡议会以后，并没有大力倡导生产资料公有化。韦伯忽视国有化问题兹不赘言，这本来就不是他重视的内容；然而在韦伯社会主义目标中较为重要的市有化政策，韦伯在郡议会中也未多加解释。韦伯在郡议会中提出一些公用事业，如自来水、电车、码头的公有化政策，都未脱离郡议会内部进步派的主张范畴。而其给出的理由，也基本局限于诸如其他城市在某一公用事业上已经市有化，伦敦不能落后于其他城市之类。正如柯尔在《社会主义思想史》中所说：“除了在教育方面之外，伦敦郡议会中的费边社员所做的事情或打算做的事情，似乎很少不是伦敦激进分子在他们出现之前就已经在J. F. B. 弗斯的领导下提倡过了的。”[②] 韦伯在伦敦郡议会期间关注的并与其社会主义目标相关的问题主要是教育问题。在此期间，虽然韦伯在教育领域取得了极大的成功[③]，然而我们也可以看到韦伯在进入伦敦郡议会后，并没有完全实现他倡导的社会主义目标，而只是选取了分配平等化目标中的一个方面进行努力。显而易见，韦伯的这种渐进改革策略主要出于现实政治的考虑，他认识到在进步

① 〔英〕玛格丽特·柯尔：《费边社史》，第25页。

② 〔英〕G. D. H. 柯尔：《社会主义思想史》第三卷上册，何瑞丰译，商务印书馆，1981，第130页。

③ 关于韦伯在伦敦郡议会期间，在教育领域所做的贡献可见本书第四章第一节。

派掌控的伦敦郡议会内部，不可能实现进步派成员反对的国有化或市有化目标，因此选取了教育这一伦敦急需改革的领域，并最终取得了成功。

1923 年 6 月，韦伯在工党大会上发表了一次演讲，对渐进改革策略做了一个很好的总结："请允许我坚持我们的改革计划的'不可避免的渐进性'，对此，我们的对手们习惯性地置之不理，而且，看来他们的理解力确实不足以了解它。社会主义者同时拥有原则和纲领，这个单纯的事实使他们对几乎所有的批评家感到迷惑不解。如果我们阐述自己的原则，我们就被告知'那是不切实际的'。而当我们讲到我们的纲领，则被指责为'那不是社会主义'。但是，为什么因为我们是理想主义者，就应当被认作白痴呢？对于工党来说，社会主义根植于民主，这一点是很明显的；这就必然迫使我们认识到，通向我们目的的每一步，都有赖于取得全体人民的至少是人数上的多数的同意和支持。因此，即使我们立即着手所有事情的改革，在我们进行具体的每一项特别改革时，都必须选择一定的时间、一定的程度和一定的态度，以使全国各地的一千万或一千五百万选民——无论他们的生活状况或性情如何——能够被说服赞成这种改革。我不能理解：不管英国选民可能犯什么错误或宽恕什么错误，怎么会有人害怕他们走得太远或太快呢？这一点正是任何实际民主最珍贵的保证。但是，如果工党在适当的时候被委托掌握国家政权，它自然不想马上动手做每一件事……因为，我们首先需要我们的原则化为议案的形式，努力使他们在委员会中一个款项一个款项地通过；然后，将它们交付适当的机构在全国各地予以实施——这就是工党用它的社会主义所做的事——'渐进的不可避免性'是不会不被意识到的。"[①]

① 〔英〕玛格丽特·柯尔：《费边社史》，第 181 页。

如上所述，韦伯之所以主张渐进和平的社会改革之路，主要出于现实政治的考虑，而非理论上的思考。有一种观点认为，韦伯反对马克思提出的阶级斗争观念，从而反对暴力革命的社会改革方式。然而，韦伯反对马克思主义革命暴力的改革方式，并非否认阶级斗争的存在，他只是认为根据英国的国情，不可能也不需要通过暴力的方式来实现社会变革。实际上，韦伯是认可阶级斗争的存在的，正如他在《资本主义文明的衰亡》一书中提到的："与国与国之间的战争相比，更经常和更普遍的，对社会影响更大的是阶级斗争。这种斗争是资本主义工业组织，连同牟利的动机，在每个工业先进的国家里所逐渐造成的……在资本主义制度占统治地位的国家，一代又一代的工资劳动者都烙上了永久穷困的厄运的深刻印记，在和那些由于新财富的产生而获得优厚利润，因此增加了几乎无限制的自由的人们比较起来，这种剥夺使他们更加恼怒……直到 19 世纪后期，大部分的体力劳动者才学到组织工业上的革命和政治上的革命来反抗管理工业的制度。到了 20 世纪的时候，阶级斗争的情绪就在所有资本主义已占统治地位的国家中在工资劳动者的几乎每一部分中都迅速传播开来了。"①

尽管如此，在一战前韦伯很少提及阶级斗争的改革方式，而提倡渐进和平的社会改革道路，这主要源于他对英国民主化的信任和对当时英国社会改革进程的满意。到 19 世纪 70 年代，工资提高，就业稳定，英国工人阶级的生活状况得到一定程度的改善，政府方面也开始在公共卫生、教育等领域施舍一定的财富，济贫法标准也在实际实施中被放宽了。于是英国社会产生了所谓"渐进的必然性"的观念。虽然从 19 世纪 80 年代开始，英国的经济出现了一定程度的衰退和不稳定，然而韦伯对于英国政治、经济和社会改革进程仍持基本满意的态

① 〔英〕韦伯夫妇：《资本主义文明的衰亡》，第 128~129 页。

度。他认为："社会秩序朝着物质收入上和个人自由上更大平等的方向、朝着赚取工资的生产者及全体消费者在参加控制生产财富的工具方面稳步增加的方向，逐渐予以改善。关于这种政治的和工业的民主主义的逐渐发展，已在1914年以前的一代获得了大家赞许的表示：不只是表现在工资劳动者选举权的获得上、上议院绝对否决权的取消上，以及自由结社的权利成功地获得立法的承认上，而且还表现在地方政府的有效的民主化上；地方公营事业的逐渐推广上；工厂和矿场立法的系统化和几乎普遍的推广上；千百万工人的法定的最低工资标准和法定的最高工时标准的树立上；和最后——或许最重要的——通过养老金和教育、卫生和娱乐等公共事业，从国民收入中逐渐划出日益增大的一部分资金来补助儿童们、病弱的人们和老年人们的需要上。"①

也正因为如此，一战后韦伯对渐进变革的改革方式提出了质疑。韦伯提出，一战后，"不只是工资遭到了疯狂的削减，工时有了增加，即使在继续获得超额利润的企业里，也是这样；并且连国民收入中划作卫生和教育这样重要业务用途的比例也被减少，目的是减少所得税。1918年到1919年间内阁各院对于铁路和矿场国有化的明确诺言，已经无耻地赖掉了。成绩卓著的工资审议委员会的工作，不但没有根据全国最低工资标准的政策加以扩大，并且连这个最低工资的堡垒，也在暗暗地被削弱之中，或者它们的权力被阴损"。② 面对这种状况，韦伯提出如果政府不能继续以往的社会改革，那么最终还是必须通过阶级斗争的方法来实现社会变革，因为工人阶级会逐渐认识到"除了在生产资料方面争取做主人外，再也没有其他的解决办法，并且这种

① 〔英〕韦伯夫妇：《资本主义文明的衰亡》，第141页。
② 〔英〕韦伯夫妇：《资本主义文明的衰亡》，第142页。

斗争也只有打倒他们现在的主人，才能获得胜利”。[①]

二　渗透策略

“渗透”策略是韦伯实现社会主义改革的一种重要方式，从广义上来说，其意义是“到处钻洞”，即通过宣传、教育等各种方式转变社会各阶层人物的观念，使他们接受社会主义，或者相信社会主义思想中的某些部分。正如韦伯所说：“我们坚定不移地相信我们所谓的渗透政策：把社会主义思想与社会主义计划，不仅要注入完全信奉社会主义的人们的思想里，同时也要注入与我们见解不同的人们的思想里——我们不遗余力地不仅在自由党人或激进主义者中进行这种宣传，也在保守党人中进行这种宣传；不仅在工会运动者和合作主义者中进行宣传，也在雇主们及金融家们中进行宣传。”[②]

然而在策略实行过程中，“渗透”一词更多是作为一个政治术语使用。也就是说，渗透的对象虽然可以包括社会所有阶层的人物，但主要还是社会中有影响力的人物，如政党议员。在一个有着完善的两党制的国家，如英国和美国，实施一项社会改革并不需要建立一个新的政党，而只需对旧政党施加影响。形成这样的观念是很自然的，这也是这两国存在大量压力集团的原因。也正是基于这个初衷，韦伯在废除济贫法运动失败前，一直将渗透政策作为社会改革方式的一种重要手段。

渗透策略一般有三种方式。第一种，在议会中有两个代表，一个自由党，一个保守党，这种在两个政党中都有代表的渗透策略，便是早期的简单渗透；第二种，两党中的一个政党比起另外一个更容易实

① 〔英〕韦伯夫妇：《资本主义文明的衰亡》，第 130 页。
② 〔英〕萧伯纳主编《费边论丛》，第 32 页。

现自己的目标，于是集中力量渗透这个政党，这便是迪斯雷利死后15年工联在英国做的事；第三种，可称之为两面渗透，即渗透者已经在A政党赢得了一个强有力的位置，然而当某一项具体的政策只能经由B政党才可能通过时，便转向B政党。这样做的结果是在丧失A政党信任的同时，也未必能从B政党得到补偿。这种形式便是韦伯在1902年教育法改革过程中所采取的策略，虽然最终在教育法问题上取得了成功，但也彻底丧失了激进派的信任。

韦伯所采用的渗透策略，大致有三个阶段。第一个阶段是从19世纪80年代初开始，到1900年前后。这一阶段以渗透自由党为主。从费边社成立之初，社内关于渗透策略就有两种不同的意见。第一种意见是建立单独的社会主义政党，这一派以布兰德（Hubert Bland）为首，但在费边社执行委员会中很少得到支持；第二种意见则是以萧伯纳为首，他们认为应该渗透所有可以渗透的组织和有影响力的人。这种意见成为费边社的官方态度，它鼓励其成员“加入各个社会组织而不必在乎政党的名称，并鼓励工人投票选举那些答应满足他们最多要求的候选人”[①]。正如萧伯纳于《费边社政策报告》中提到的那样：“费边社尽全力对各种现实力量施加压力和进行说服，费边社不在乎政党的名称，或者它现行的原则是社会主义的或是其他，只要它具有社会主义或是民主主义的倾向……费边社并不要求社会主义的实际改革步骤应由它自己或者其他任何特定的组织或政党来实现。”[②] 韦伯夫人也在日记中这样写道：“我们希望事情有结果，并不关心什么人或是哪个政党最后赢得信任。我们坚信，如果需要战斗，我们和自己的敌人一样地懂得战争艺术。但是在停战期间，也可以通过外交手段来

① 〔英〕玛格丽特·柯尔：《费边社史》，第51页。

② George Bernard Shaw, *Report on Fabian Policy and Resolutions*, London: Fabian Society, 1896, p. 2.

推进我们的事业，甚至可以同过去的敌人公开联合（只要他们愿意向我们方面迈一小步）来推进我们的事业。”[①] 实际上，费边社和韦伯夫妇的这种态度仅仅是一种宣传方式，或者说是宏观意义上的表态；而在具体实行过程中，费边社和韦伯仍极力主张以渗透自由党为主的策略。这主要是因为包括韦伯在内的大多数费边社员，尤其是领导者，大多是激进主义者，他们更希望通过自由党实现社会主义目标；而费边社没有选择保守党，并不是认为保守党比起自由党对社会主义更具有敌视态度，而是因为当时的费边社员与保守党的联系较少，社内很少有像布兰德那样的在转变成社会主义者之前是保守主义者的成员。19 世纪 80 年代和 90 年代，韦伯领导的费边社一直致力于将社会主义观念灌输给自由党的激进派，而激进主义者也比较欢迎费边社，他们的两份报纸，《星报》（*the Star*）和《每日记事报》（*the Daily Chronicle*），欢迎费边社作家在上面登稿。此外，伦敦的自由和激进联合会（Liberal and Radical Associations）也经常允许费边社员为他们演讲。[②] 19 世纪 90 年代，韦伯领导的小组进入伦敦自由与激进联盟的决策委员会后不久，就在国家自由联盟（National Liberal Federation）1889 年召开的会议上提交了一系列诸如提升伦敦郡法院（London County Council）的权力、给劳动阶层提供更好的住房条件、扩大工厂法案的范围、支付议会成员薪金、在政府和市政雇员中也引进 8 小时工作制等明显具有费边社会主义色彩的提案。[③] 由此，自由主义和社会主义在伦敦地方政治的联合就导致了伦敦郡议会内部进步派的形成。也因此，韦伯在第二届伦敦郡议会选举中进入伦敦郡议会，并成为技术教

① 〔英〕玛格丽特·柯尔：《费边社史》，第 85~86 页。

② Margret Cole, ed., *The Webbs and Their Work*, London: Fredrick Muller Ltd, 1949, p. 59.

③ A. M. McBriar, *Fabian Socialism & English Politics, 1884~1918*, Cambridge: Cambridge University, 1962, p. 238.

育委员会主席。1891 年，自由党纽卡斯尔大会通过了一项较为激进的政策声明，即《纽卡斯尔纲领》。该纲领虽经由萧伯纳提交，但萧伯纳自己也承认这份纲领是由韦伯起草的。《纽卡斯尔纲领》虽然最终未能成功实施，但该纲领能够在自由党大会上通过，也可以说是韦伯渗透自由党的一次胜利。在纽卡斯尔纲领一事中遭到自由党背叛的韦伯，虽然与萧伯纳等起草了《工党竞选计划》以表达对政府背信弃义的愤慨；然而韦伯仍未放弃以自由党激进派为主要对象的渗透策略。韦伯在伦敦郡议会仍然小心翼翼，在不与进步派冲突的前提下，推动伦敦技术教育的发展，而到布尔战争爆发后，韦伯为争取自由党对社会主义政策的支持，转而公开支持政府的帝国主义政策，并成为自由帝国主义派的支持者。

韦伯渗透策略的第二个阶段，大致发生在 1901 至 1903 年英国教育法改革时期。这一阶段，韦伯的渗透策略基本等同于上述提及的渗透策略的第三种形式。在 1900 年前后，韦伯已经在自由党激进派内部打下了深厚的基础：他于 1892 年入选伦敦郡议会后，直到 1901 年一直是技术教育委员会的领导人，并对伦敦技术教育和中等教育的发展发挥了重大的影响力；同时，在布尔战争期间，韦伯还与自由党内部自由帝国主义派人物，如罗斯伯里伯爵（Archibald Philip Primrose，Earl of Rosebery）、霍尔丹（Richard Burdon，Lord Haldane of Cloan）、阿斯奎斯（Herbert Henry Asquith，1908~1916 年自由党首相）以及爱德华·格雷（Edward Grey）等人建立了比较亲密的关系。然而，当韦伯发现当时的保守党领袖巴尔福（Arthur James Balfour）以及枢密院教育委员会副主席约翰·戈斯特爵士（Sir John Gorst）试图通过一项教育法改革议案的时候，韦伯便立即转向了对保守党的全面渗透。关于韦伯在教育法改革过程中所做的努力这里暂不详加论述。[①] 最终在韦伯的大力倡导之下，1902年《巴尔福法案》通过，随之1903年单独的伦敦教育法也在议会通过。至此，韦伯取得了他自己认为的实施渗透策略以来最大的成功。然而，实际上，韦伯与自由党激进派因布尔战争产生的冲突，经由教育法案中教会学校由税收支持这一条款，被无限放大了。可以说，至此，韦伯激进主义者的身份已彻底粉碎了，虽然他一直在伦敦郡议会工作到1910年，但是他再也没有在郡议会的委员会中任职。同时，在1905至1914年由激进派掌控下的社会改革过程中，韦伯提出的社会主义改革建议也很少被采纳，这在一定程度上也导致韦伯夫妇领导的废除济贫法运动全面失败。

第三个阶段，从废除济贫法运动开始，韦伯认识到渗透策略全面失败，终于放弃了渗透，并开始转向韦伯夫人称为"虽然很弱小，但毕竟是我们自己的政党"[②] 的工党的活动。一战前后，韦伯夫妇作为费边社的代表参加了1913和1914年的工党会议，而到1915年底韦伯就成为费边社在工党执行委员会中的正式代表。1918年，韦伯为改组后的工党撰写了新的纲领：《工党与社会新秩序》。到1920年韦伯为新版的《费边论丛》重新写序，他终于改口说："渗透政策是坚持不移的，然而我们从来没有认为，如果不形成一个与自由党和保守党相对抗的社会主义政党而且参加到英国政治中去，社会主义就能实现或者就能有长足的进展。"[③] 由此可见，韦伯虽未承认失败，但基本已放弃以往那种游离于政党之外，而主要通过游说社会上层政治家的传统渗透策略。

---

① 参见本书第四章第一节"教育改革"。

② Paul Thompson, *Socialists, Liberals and Labour: The Struggle for London, 1885 ~ 1914*, London: Routledge & Kegan Paul, 1967, p. 217.

③ 〔英〕萧伯纳主编《费边论丛》，第32页。

韦伯的渗透策略，之所以以渗透自由党和保守党为主，而放弃代表工人阶级利益的工党，主要是出于对英国社会政治现实的考虑。当时英国的两党制已经比较完善，而工人阶级的政党必须通过自由党或者保守党的支持才有可能进入议会，这使得1900年成立的工党[①]不可避免地作为自由党的附庸而存在。英国工党是独立劳工政治运动的产物，其目的是选举工人阶级议员进入议会。为了实现这一目的，再加上工党内部的主要力量是以自由劳工为主要信仰的工会成员，工党选择了通过支持自由党政策换取自由党对工党的支持。因此可以说，工党创立之初，虽然成员绝大多数都是工人阶级，然而其主流意识形态仍然是劳工主义，而不是社会主义。可以说新生的工党，更多的是作为一个压力组织而非政党组织而存在；再加上它在政治上影响力较小，韦伯在20世纪初的10年，一直没有严肃对待这个代表工人阶级利益的政党，而将主要精力放在渗透自由党或保守党身上。

关于韦伯的渗透策略，值得注意的还有另外一个问题，那就是韦伯在渗透自由党方面取得较大成功时，为何没有顺势加入自由党从而进入议会？这个问题涉及韦伯采取的渗透策略，到底是出于未能进入政坛的无奈之举，抑或是他本人更偏爱以个人身份扮演幕后角色的社会改革者身份？实际上，韦伯本人是希望，并且也有能力、有可能进入议会的。首先，韦伯本人在结婚前后肯定是希望进入议会的，他提出的一系列非常明确的政策和纲领，也都必须经过立法机构批准才能生效。在他的领导下，费边社也公布了一系列内容详细的议会提案草案，很自然的看法是他一定会谋求某种政治地位，使这些草案变成法案。1891年，韦伯曾写信给霍尔丹明确说道："如果我可以进入议会

① 当时名为"劳工代表委员会"，1906年改名为工党。

的话，我当然想去。”[①] 韦伯试图进入议会的愿望，从韦伯夫人的日记中也可以较为明显地看出来。比阿特丽斯在1891年9月15日的日记中论述了韦伯在帮助她在合作化运动后写工联主义运动著作过程中的一些心理状态：“未来的政治家需要理解所有工业生活的细节，他必须首先是一个实际的经济学家。经济学正很快地成为政治家工作的技术面。同时，通过与事实和人们的接触，他在学习与伦敦的行政人员更相称的思维和更宽阔的判断力。因此他在帮助我的同时，他没有感到（我也没有意识到）这个工作只是我个人关注的。”[②] 由此可见，韦伯是想成为一个“未来的政治家”。而韦伯夫妇的第一所房子位于格罗夫纳路（Grosvenor Road），靠近议会，也在一定程度上出于这方面的考虑。其次，当时韦伯是有能力胜任议员这份工作的。从韦伯早年的经历可以看出，韦伯具有丰富的行政事务方面的经验：1878年，韦伯便通过英国文官考试，进入陆军部成为一名低级办事员；1879年以税务检查员身份进入税务局；1881年进入殖民部，三年之后他就已经担任殖民部首席职员（First Division Clerk）。同时，韦伯在1892至1901年伦敦郡议会技术教育委员会期间取得的巨大成功，很大程度上也源于其出色的处理行政事务的能力。正如玛格丽特·柯尔在《费边社史》中所说：“韦伯在结婚的时候完全有希望进入通向内阁的议会，开始他的议员生涯。在那些日子里，他是一位很有口才的演说家和辩论家。他当时的演讲和辩论才能比他在30年后真正进入国会时的才能要高得多。他学识渊博，记忆非凡，并且具有在行政机构工作的经验，这种能力很快又通过在世界上最大的地方管理机构中任职而得到提

① 〔英〕玛格丽特·柯尔：《费边社史》，第84页。

② Barbara Drake and Margaret I. Cole, eds., *Our Partnership by Beatrice Webb*, London: Longmans, Green and Co., 1948, p. 26.

高。"[①] 最后，当时的韦伯是极有可能一脚就踏进政坛的。婚前的韦伯没有资本，没有显赫的家庭背景，也没有有权势的朋友，这一切对于韦伯竞选议员是很大的障碍。然而，韦伯与比阿特丽斯结合，有了比阿特丽斯每年1000英镑的资产以及她与社会上层政治家的密切关系，韦伯不仅可以参加议会选举，而且可以选择从事任何一种工作。实际上，韦伯也确曾好几次被邀请站到自由党一边。比阿特丽斯在1899年5月16日的日记中写道："霍尔丹带来一份邀请，让韦伯代表德普福德区(Deptford)或伦敦其他选区参加竞选，所有费用由自由党来出。"[②] 由此可以说，如果韦伯接受德普福德区的邀请，就能轻而易举地当选议员，即使不在1895年，以后也有机会当选上的。[③]

与比阿特丽斯的婚姻使韦伯有了进入议会的可能，但也正是因为比阿特丽斯的反对，韦伯直到1924年工党组建其第一届政府时才真正进入政坛。比阿特丽斯曾在她的日记和《我们的伙伴关系》等书中多次明确表示，韦伯未进入议会在很大程度上源于她的反对。她在《我们的伙伴关系》中所说："有时候我会考虑不让韦伯进入议会这个决定是否正确。在过去一个月，有一些选区向他抛出了橄榄枝，但至今他决定拒绝考虑这些建议，绝大程度上是因为我的劝阻。"同时比阿特丽斯还进一步指出："议员职位会毁了我们的生活，切断我们现在良好合作的根源。可能这是我为什么不喜欢他进入议会的原因。它会导致许多东西离开我，会增加许多不便。"[④] 实际上，比阿特丽斯不愿韦伯进入议会主要有以下几方面的原因：第一，她认为韦伯是一个不

① 〔英〕玛格丽特·柯尔：《费边社史》，第84页。

② Norman MacKenzie and Jeanne MacKenzie, eds., *The Diary of Beatrice Webb (1892~1905)*, London: Virago Press Limited, 1983, p. 159.

③ 〔英〕玛格丽特·柯尔：《费边社史》，第84页。

④ Barbara Drake and Margaret I. Cole, eds., *Our Partnership by Beatrice Webb*, London: Longmans, Green and Co., 1948, p. 117.

善于做决定的人，对重要的事务缺乏敏感性，而这种性格并不适合进入议会。比阿特丽斯曾说过：“悉尼虽然具有出色的知识，但他的性格就不是一种公众的性格，因此他总是扮演幕后角色（behind the scenes）。”[①]第二，比阿特丽斯早年的社会调查者的身份，使她的兴趣一直在搜集事实，并进行书斋式的研究工作。婚后，韦伯惊人的记忆力以及非凡的起草文稿的能力给比阿特丽斯的研究工作带来了巨大的帮助。比阿特丽斯害怕一旦韦伯进入政坛，便会破坏当时他们以研究工作为主的安逸生活，以及作为一个研究者对事实必须具备的不偏不倚的公正态度。这一点，从比阿特丽斯对费边社的怀疑态度即可看出：“我一生中主要的目的，是要探求社会组织发展的过程，观察和记录人们在社会中的行为。我觉得，对费边社争取实现的社会改革提出任何明确的观点，都可能损害那些研究工作。因为这样做不仅会使自己搜集事实和提出假设时带倾向性，而且还会使探求真理的道路被持反对意见的人所堵塞。”[②] 比阿特丽斯认为，如果韦伯进入议会，那么他一定会成为一个独立的议员，以自己独特的观念参加竞选，但或多或少也会以某个党派的成员或领导者的身份来发表观点，由此，韦伯成为议员，“没有一个位置能够补偿他离开现在这样作为一个活跃的思想家和行政管理者位置的损失”。[③]

综上所述，基于英国的政治现实以及夫人的反对，韦伯将渗透策略作为自己早期实现社会主义改革目标的一种主要方式。韦伯的渗透策略，在伦敦郡议会技术教育委员会以及 1902 及 1903 年教育法改革期间取得了一定的成功；然而，正是由于韦伯在教育法期间采取两面

---

① Barbara Drake and Margaret I. Cole, eds., *Our Partnership by Beatrice Webb*, London: Longmans, Green and Co., 1948, p. 6.

② 〔英〕玛格丽特·柯尔：《费边社史》，第 82 页。

③ Norman MacKenzie and Jeanne MacKenzie, eds., *The Diary of Beatrice Webb* (*1892-1905*), London: Virago Press Limited, 1983, p. 83.

渗透策略，韦伯在很大程度上丧失了激进派的信任。这使韦伯在激进派掌控英国社会改革的20世纪的第一个10年中，并没有能够在社会改革大潮中发挥应有的作用和影响力。最终，韦伯的渗透策略还是随着废除济贫法运动的失败而告终，他进而转向了工党。

三　宣传与教育方式

宣传和教育是韦伯实现社会主义目标的重要方式之一。韦伯希望他提出的一系列非常明确的政策和纲领都能以立法的形式实现；而他也认为实现这一目标的最好办法，就是通过宣传和教育的方式形成一种社会普遍认同的舆论，最终通过议会立法确定下来。比阿特丽斯曾说过："我们（指费边社）纯粹是一个教育性质的团体，而不试图建立一个政党。我们应该持续不断地将我们的政策和思想灌输给每一个阶级以及每一个人，使得他们置于我们的影响之下。"① 尽管比阿特丽斯的态度并不能代表费边社的总体态度，但至少能表明韦伯夫妇两人的观点。从总体上来说，宣传和教育的方式在一定程度上与韦伯的渗透策略具有很大的相似性。如果说，渗透策略的主要对象是政党以及社会上层精英的话，那么宣传和教育的对象则包括工人、知识分子、中产阶级以及社会上层等所有人和所有阶级。正如韦伯在《社会主义的对与错》中所说："我们社会主义者的目标并不是确保这个或那个改革，也不是让这个或那个政党当政，而是使英国大多数人接受我们的观念。我们不仅要使所有普通人了解现在社会的大多数安排本质上是有害的，而且要让他们明白社会改革的原则必须是以集体主义所有制和集体管理来取代私人所有制。"②

---

① Barbara Drake and Margaret I. Cole, eds., *Our Partnership by Beatrice Webb*, London: Longmans, Green and Co., 1948, p. 122.

② Sidney Webb, *Socialism: True and False*, London: The Fabian Society, 1899, p. 6.

韦伯实施宣传和教育政策的主要方式是在报纸、期刊上发表文章，出版便宜的小册子，举办讲座，创办杂志和学校等。首先，报刊作为一种大众读物，被韦伯经常性地用于宣传其政策和纲领。1902 年巴尔福教育法将伦敦排除在外，为了使单独的伦敦教育法得到通过，韦伯便在《曼彻斯特卫报》《泰晤士报》《每日电讯报》《晨报》等多种报刊上发表大量的文章宣传其观点。其中成效最显著的是韦伯争取到了《每日邮报》哈姆斯沃斯的支持，得以与其主编托马斯共同修改教育改革方面的稿件，持续一周时间。在其中一篇文章中，韦伯展现了 1892 年以来技术教育局的工作，以及一幅完整的伦敦教育地图，包括现存的学校以及技术教育局还未完成的范围，以此来宣传技术教育局作为伦敦教育管理机构的优势。其次，出版大量便宜的小册子以宣传其观点，也是韦伯常用的一种方式。这一方式主要是依托费边社《费边短评》来实现。韦伯在费边社期间，以个人名义共出版了 49 本小册子，此外还包括一些与他人合写的，匿名但由韦伯起草的小册子。例如，韦伯在 1902 年教育法改革之前，便出版了《教育的混乱与出路》，集中表述他的教育改革观念。伦敦教育法通过之后，韦伯便写了《1903 年伦敦教育法：如何实现最好的管理》以及《伦敦教育》，对于 1903 年教育法后新的教育委员会的权利和议会及委员会的管理、财政和其他复杂程序等具体的行政管理提出了切实可行的意见。这一方式的主要优势在于费边社发行的这一系列小册子售价极为便宜，可供最广大人群阅读。例如，韦伯所著的费边社第 5 号短评《社会主义者须知》，运用各种官方或者出版资料说明资本主义的残暴和无效，虽然该文无论在篇幅、内容还是思想深度等方面都无法与马克思的《资本论》相提并论，然而这本价格只有 1 便士的 40 页的小册子显然更容易为广大的群众所接受，从而起到更大的宣传教育作用。至于讲座，更是韦伯用于宣传的一种司空见惯的方式。他在各种不同场合，针对各种不同人群都进行过大量的演讲。在这方面，较为人所熟悉的便是“哈钦森讲座”。韦伯在利用哈钦森的遗产创办了伦敦经济学院后，便利用其中一部分资金开办了哈钦森讲座，其主要形式是指定一些讲师到各地去讲学，其中讲课的内容由费边社指定，工资和日常生活费则由这部分资金支付。关于韦伯举办讲座的次数无法具体统计，然而我们可以从费边社方面看出讲座在韦伯的宣传教育方式中占有重要的地位。费边社第一次年度报告中，直至 1888 年 3 月，共提到了 324 场费边社会主义者的讲座（没有提及的可能更多）；《费边论丛》脚注中提到，1889 年讲座的数量增加到 700 场，1892 年 3 月更增至 3339 场。[①] 除了上述几种方式，韦伯还创办杂志和学校，以此作为宣传教育的一种最直接的方式，其中最著名的便是《新政治家》杂志[②]以及伦敦经济学院。1895 年，韦伯利用哈钦森的遗产和伦敦郡议会技术教育委员会的部分资金，创立了英国第一个单独的研究社会科学的学院：伦敦经济学院。区别于传统理论上或哲学上的经济学，伦敦经济学院更偏重于教授一种更实用和更具社会意义的经济学。1900 年学院并入伦敦大学之后，伦敦经济学院便成为英国第一个能颁发经济学学士和博士学位的学院。韦伯创立学院之初，便试图排除一切意识形态的干扰，包括社会主义的干扰，而只对知识和真理做无私的追求。这主要是因为韦伯认为任何对社会真相真正了解的有理性的人，都必然会成为一个社会主义者。1913 年，韦伯的渗透策略基本已告终结，而与工党的合作还未全面开展。在这个政治的间歇期，韦伯夫妇便致

① A. M. McBriar, *Fabian Socialism & English Politics, 1884 ~ 1918*, Cambridge University, 1962, p. 176.

② 《新政治家》创办于 1913 年，英国左翼著名刊物，周刊，现发行量 25000 份左右。该刊物在英国曾有较大的影响力，1945 年发行量曾高达 70000 份，对当时的劳工政治产生了极重要的影响。

力于创办一个期刊以宣传社会主义。二人筹集了一笔大约5000镑的储备资金，并于1913年5月12日出版了第一期《新政治家》。与伦敦经济学院的创立一样，韦伯夫妇本来也试图摆脱党派偏见和一切意识形态，从而创办一个提供事实和讨论的周刊。但实际上，与伦敦经济学院相比，《新政治家》显然更“费边主义”：萧伯纳、韦伯夫妇和一些费边社员是其主要的固定撰稿人，附录也大多出自费边社员之手，大部分最初的订户也是费边社员。《新政治家》还有一个特色就是随刊出版蓝皮附录（Blue Book Supplement），其中包含对所有重要的官方文件的评论，以及每月政府出版物的分类目录。该刊首任主编克利福德·夏普（Clifford Sharp）曾说：“它（指蓝皮附录）为期刊赢得了一种固定的权威和声望，且从未丧失过。”[①] 可以说，韦伯创立《新政治家》和伦敦经济学院，就是希望通过对社会事实和真相的教育和宣传，使英国大众，主要是知识分子能转向社会主义。

韦伯的宣传教育方式具有两个明显的特点：第一，韦伯并不是通过激情的演说鼓动人们抛弃资本主义而转向社会主义，也不侧重于长篇的理论文章阐述社会主义的优越性，而是偏重于罗列基于社会调查研究的社会事实和社会现象，从而自然地转变人们的观念。可以说，韦伯的这种偏重于摆事实的方式，在其著作、文章和演讲中随处可见。例如他在《社会主义者须知》中，就罗列了大量“有关国民收入、生产、职业、房租、利润和工资的资料及简单的图表，还有对‘贫富阶层’状况所做的比较，以及关于婴儿死亡、工业事故、贫困，以及其他使穷人遭灾祸的情况”。[②]而在阅读《伦敦真实情况》（《费边短评》1889年第8号）时，人们也可见大量的图表、数据等统计资料。也正

① Margaret Cole, ed., *The Webbs and Their Work*, London: Frederick Muller Ltd, 1949, p. 139.

② 〔英〕玛格丽特·柯尔：《费边社史》，第21页。

出于这个原因，韦伯在分析工会运动和提出自己的理论（见《工业民主》一书）之前，必须先写一本《英国工会运动史》。第二，韦伯的宣传教育方式，并不只是空洞地提出一个具有社会主义色彩的理想或目标，而是经常性地提出一系列具体的建议，甚至直接提出议案的草案以供人们参考。例如韦伯起草的费边社第 9 号短评《8 小时法案》就是以法案的形式书写，对 8 小时工作制的具体规划和实施，对特殊工种和人群的特殊对待等各种问题提出了详细而明确的建议。

如果从韦伯提出的社会主义目标角度，将其社会主义思想称为“市政社会主义”的话，那么从韦伯社会主义改革的方法与策略角度来看，韦伯的社会主义也可称为“民主社会主义”。所谓民主社会主义，顾名思义，就是以民主的方式来实现社会主义。雅克·德罗兹在《民主社会主义》中给民主社会主义下了一个简要的定义：“民主社会主义就是建立在议会制和为实现各自的目标而进行合法斗争的各政党基础之上的社会主义。”[①] 而哈罗德·威尔逊在回答什么是英国的社会主义的时候说：“英国的社会主义思想是英国激进主义的伟大传统的现代表现，本质上是民主的和渐进的。在它整个历史中，它一向拒绝在革命方面使用武力或采取工业行动来达到政治目的。受法国和俄国革命所鼓励的暴力崇拜对于英国工人运动没有吸引力，因为它关心的不是破坏而是建设，不是降低水平而是提高水平。无论是在中央或地方政府，它都是用耐心的组织、持久的教育以及用投票箱取得胜利的办法来建立它的权力的。”[②] 显然，韦伯的社会主义是符合民主社会主义的定义的，他认可的以民主的方式实现的社会主义目标，就是要在英国宪法的框架内通过民主、渐进、和平的方式自上而下地完成社会

① 〔法〕雅克·德罗兹主编《民主社会主义》，译文出版社，1985，第 1 页。

② 〔英〕哈罗德·威尔逊：《英国社会主义的有关问题》，商务印书馆，1966，第 5 页。

改革的目标；同时，作为一个远离英国政坛的社会活动家，韦伯更多地采用渗透和宣传教育方式来实现其社会主义改革的目标。也就是说，韦伯认为在英国，无须通过革命暴力的方式，而只须通过渗透和宣传教育的方式，使社会精英和大众对社会现实有一个清晰的了解，英国社会必然会通过一种和平的方式渐进地进入社会主义社会。正如比阿特丽斯所说："这种对人们的观念和国家机构的细微改变，并不是致力于发展一个具有革命性的政党。基尔哈第所说的我们是社会革命的敌人这一点是正确的。在英国这样一个自由民主的国家，改革只可能在你转变了社会上所有阶级的观念后才可能实现。即使革命的方式是可能成功的，也不是人们所希望的。"①

四 韦伯社会主义改革方法形成原因分析

与其提出的激进的社会主义目标相比，韦伯在实际改革领域所采用的方法与策略显得极为保守，且目标与实践两者之间经常性地存在矛盾与对立。例如他强调没收社会发展过程中产生的各种形式的租金，但在具体实行过程中却仅强调通过逐渐加大征税力度的方式来逐步实现租金社会化。又如他认为国家应无偿地实现生产资料公有化，然而最终还是就公有化过程中产生的赔偿问题妥协。

可以说，韦伯社会主义改革方法与策略的形成，一方面是为了减少社会改革过程中产生的阻力，即更多的是作为一种权宜之计而存在；另一方面，则是源于韦伯对英国的民主制度以及国家政府的信任，而这种信任源于韦伯对英国社会发展现实的理解。韦伯认为社会主义是当时英国社会发展的时代潮流和必然趋势。用韦伯的话说，社会主

① Barbara Drake and Margaret I. Cole, eds., *Our Partnership by Beatrice Webb*, London: Longmans, Green and Co., 1948, p. 123.

义对当时的英国来说是一种“时代精神”。正如柯尔在《社会主义思想史》中所提到的那样：“1887 年，《社会主义者须知》，就其最初写成的形式而言，其重要性与其说在于韦伯对贫富悬殊问题搜集了令人信服的统计数字，还不如说在于它主要从非社会主义的权威方面印证资料来为社会主义找依据，同时说明社会主义并不是旨在推翻社会的革命运动，而是已经在资本主义内部发生作用的各种趋势的合乎事理的必然发展。”[①] 韦伯认为，在英国，每一种新观念都必须经历三个阶段：它是不可能的；它是违反圣经的；我们已经了解了。他认为在英国，社会主义观念很快便达到了第三个阶段，现在几乎所有人都是社会主义者了，实际上也没有反社会主义的政党了。正如韦伯在《费边论丛》中所说：“社会主义此时乃是一个席卷整个欧洲的浪潮……某个有才干的经济学家，尽管他公开地反对社会主义者，也不得不遗憾地昭告人们：所有年纪较轻的人以及许多年纪较老的教授，现在都是社会主义者了。”[②]

具体来说，韦伯认为英国政府在 19 世纪后半叶进行的一系列职能扩展，实际上便是社会主义改革本身。首先，政府开始逐渐抛弃自由放任的政策，而不断加大干预社会事务的力度。韦伯认为：“通过卡莱尔、莫里斯、罗斯金、孔德、密尔、达尔文、斯宾塞等人，社会有机体的概念已深入人心，甚至深入我们的政治经济学教授们的心中去了。”基于此，传统自由放任政策的自由竞争，正在逐渐被集体协作以及政府干预的政策所取代。正如韦伯所说：“那些讲求实际的人中，也无可抗拒地被引入了同一的方向。不管政治经济学讲些什么，不管拥有工厂的自由主义者做了怎样的努力，英国却被迫要伸出她的手去

① 〔英〕G. D. H. 柯尔：《社会主义思想史》第三卷上册，何瑞丰译，商务印书馆，1981，第 119 页。

② 〔英〕萧伯纳主编《费边论丛》，第 116 页。

帮助和保护她那些较弱小的成员。任何数量的地方改良条例（Local Improvement Acts）、排污条例（Drainage Acts）、行车条例（Truck Acts）、矿区管理条例（Mines Regulation Acts）、工厂条例（Factory Acts）、公共卫生条例（Public Health Acts）以及防止伪造条例（Adulteration Acts）等不断变成了法律。”[①] 其次，在生产资料公有化方面，英国也取得了一定程度的发展：（1）土地公有化方面，韦伯指出，在19世纪中期，赫伯特·斯宾塞就表明过在土地方面，财产的完全私有是和现代民主主义的国家观念相矛盾的，而到19世纪末期，几乎每一个经济学家都认可且都在宣传同一的学说。（2）工业和服务业的公有化方面，韦伯认为到19世纪80年代末期，“劳动者的最大雇主乃是国王的部长之一（即邮政总长），而且几乎每一种可以想到的贸易，不论在什么地方，现在都由教区、市政当局或中央政府本身来进行而用不着任何中间人和资本家的干预了”。[②] 韦伯认为，虽然当时仍有许多理论家反对政府干预经济，提出这种行为是违反英国人的个人独立自主精神的，也超出了实际可行的政治领域，但是实际上英国政府已开始大规模地介入以往大多由私人经营的工业和服务业：“除了我们的国际关系、陆军、海军、警察和法院而外，在英国各地，政府当局现在掌握了邮政、电报、小件商品的运送、货币铸造、测量、通货的发行和钞票的管理、度量衡的规定、街道公路和桥梁的建造清扫照明和修补、人寿保险、年金的发放、造船、股票买卖、银行、农业以及货币贷放。政府当局为我们成千上万的人预备了从生到死所需要的一切——接生、保育、教育、饭厅和宿舍、防疫注射、看护、医药、公共祈祷、娱乐以及埋葬。除了陆军、海军、警察、法院而外，所有上

① 〔英〕萧伯纳主编《费边论丛》，第101~102页。

② 〔英〕萧伯纳主编《费边论丛》，第102页。

述业务过去曾有过一个时期由私人去经营，因而就成了个人合法地进行资本注资的主要方面。一步步地，政府当局把这些业务部分地或者整个地吸收过来，于是私人进行剥削的范围缩小了。”此外，掌控在地方政府手中的行业也越来越多，例如属于地方当局管理的电车路的哩数，自1978年以来已经增长了5倍，从而占全国电车路哩数的四分之一以上；地方政府管理的煤气厂，每年支出超过300万镑；自来水厂的公共支出已经接近100万镑。而在经济地租的国有化方面，“在十一年中（到1889年），地方税已经增加了36%，或者说将近增加了700万镑，而且仍在继续不断地增长。但就英格兰和威尔士而论，地方税现已达到2600万镑以上，或者说大约等于全英国的地租的17%。这其中每年用于服务业的支出就不下750万镑，这个数目大约等于整个英国地租额的5%”。最后，在产业民主化方面，韦伯指出与工业的国有化和市有化同时进行的，是消除企业管理方面的那种纯粹的私人因素。韦伯认为当时的英国，除了直接代替私人经营企业之外，还对几乎所有尚未被吸收过来的工业业务进行登记、视察和控制。除了对出生、结婚、死亡和选民进行登记外，国家进行登记的还有诸如律师、公证人、专利代理人、银行家、医生、商人等20多种职业；以及对诸如保险公司、互助会、慈善组织、土地、房屋、武器、书籍、商标、初等学校等行业和产业进行登记。①

总之，韦伯认为社会主义在英国已成为一种不可抗拒的扫荡一切的社会潮流，英国社会正在无意识地走上社会主义道路。正如韦伯所说：“政府对私人企业的管理的不断加强、市区行政的发展，以及租税负担直接地向地租与利息的迅速转嫁，这三个方面都标志着政治家们不自觉地放弃了陈旧的个人主义，而且也标志着我们无可抗拒地要

---

① 〔英〕萧伯纳主编《费边论丛》，第103~109页。

滑进集体主义性质的社会主义（collective socialism）。”[①] 当然，韦伯并不认为完全不需要社会改革者有意识的努力，就能够实现社会主义的目标。他说：“时代精神是强有力的，但是没有立法者，时代精神并不能使国会条例通过，没有市议员，它也不能建立图书馆。虽然时代环境会决定我们的各种决策，并至少会粗略地决定我们的目的，不管我们所要达到的目的是什么，可是每一代人仍然可以决定自己的目的。”[②] 因此，韦伯认为，进一步推动正在缓慢进行的社会主义改革，只不过需要把大部分已被人们无意识地采用的那些社会组织原则有意识地和明确地肯定而已。总而言之，韦伯认为的社会主义就是根据一般的社会主义原则提出解决社会各种弊端的补救方法。他要做的并不是等候革命的到来，而是力图让英国人民相信这些补救办法是可以在宪政的框架内实施的，而社会主义者的使命便是“通过对于经济和社会生活的各种现象的特别研究去取得知识，去熟悉立法和行政的机构，然后把他们的知识和经验提供给一切政治机关采用。当国家接受社会改革的意见，雇主承认集体议价和工会组织的干涉时，社会主义就已经开始实现了”。[③]

① 〔英〕萧伯纳主编《费边论丛》，第 118 页。
② 〔英〕萧伯纳主编《费边论丛》，第 105~106 页。
③ 〔德〕马克斯·比尔：《英国社会主义史》下卷，第 247 页。

第四章
悉尼·韦伯社会主义思想的改革实践

韦伯不仅是一位英国社会主义思想家，而且是一位社会改革家。在19世纪80年代末到20世纪20年代初这段时间内，韦伯积极从事社会改革实践，并取得了一定的成就。韦伯从事的社会改革实践活动，是他社会主义思想的具体体现，而且对其社会主义思想的发展有较大的影响。因此，本章选取了韦伯的两次与社会主义思想直接相关，且取得了较为显著成果的改革实践：一是教育改革；二是废除济贫法运动。韦伯在伦敦郡议会期间，在伦敦进行的教育改革实践，促进了伦敦中等及技术教育的快速发展，并对伦敦乃至整个英国教育体系的变革起到了重要的推动作用；至于韦伯夫妇领导的废除济贫法运动，虽然失败了，但在该运动中他们提出的社会福利思想和福利国家建构理论，为日后英国福利国家的建立奠定了基础。

第一节　教育改革

韦伯在英国教育领域扮演的角色和进行的活动，是他在一届工党政府前与英国议会最频繁接触的一次，也是他在政治实践和社会改革中取得的最大成就。韦伯是一个多产作家，费边社的领导人，英国福利国家的设计师，伦敦经济学院的创立者，1924~1929年间工党政府成员。这多重身份很容易让研究者感到迷惑。然而，韦伯在教育领域的贡献则是有目共睹的，这主要体现在：一、韦伯入选伦敦郡议会后，创立了技术教育委员会，促进了伦敦技术教育、中等教育以及奖学金体系的完善与发展；二、创立伦敦经济学院，改组伦敦大学和帝国理工学院，促进了伦敦高等教育的发展；三、积极参与1902和1903年教育法改革，并在其中发挥了重要的作用。

相比于教育实践，韦伯的教育思想则较为简单。他把教育看作其福利社会主义思想的一部分。首先，韦伯将教育需求视作福利思想的目标："国民最低生活标准"的一部分。韦伯在1904年《伦敦教育》（*London Education*）一书中就明确提出："伦敦80万儿童，不管他们的信仰如何，伦敦都应尽可能地提供其智力、体力和道德方面的教育。"[①] 关于韦伯何时将教育纳入国民最低生活标准很难确定，很可能是在他16岁出去谋生，争取奖学金，经常接触而了解到穷人在教育发展方面缺乏援助时就萌发了这种想法。1889年，韦伯在《伦敦真实情况》（*Facts for Londoners*）中就论述了伦敦教育乏力的状况并提出了增加教育供给的建议。1890年，韦伯在《英国社会主义》（*Socialism in Egland*）一书中明确提出要使最贫困的儿童也能得到最好的教育要求。1891年韦伯起草《对教育委员会候选人之提问》（Question for School Board Candidates）与《议会候选人之提问》（Questions for Parliamentary Candidates）等费边社质询[②]，其中都包含贫民儿童教育

① Sidney Webb, *London Education*, London: Longmans, Green and Co., 1904, p.212.

② 费边社质询主要用于竞选过程中的实际用途，这类形式的短评主要是列出一系列问题，用于向议会候选人提问，并提出能够如实回答这些问题的人，才有资格竞选职位。

问题。其次，韦伯认为教育发展是为了实现社会平等，这种平等是机会的平等，是让所有聪明的贫困人家的小孩和聪明且家庭富裕人家的小孩站到同一起跑线上[①]，而不能让任何一个有天赋的人失去改变人生命运的机会。正如韦伯在技术机构协会（Association of Technical Institute）的发言中所说，我很难想象20世纪的社会是一个还有砍伐工人和汲水工人存在的社会，我希望没有这类工人的存在；没有一个阶级是注定的，且永远摆脱不了这个身份。[②] 最后，韦伯认为提供公共教育的行为体现了集体主义色彩，是社会主义的。他提出："在英国，部分免费的政府公共学校的设立、在教育机关、慈善组织等协助下学校膳食的免费或便宜提供行为的发展，都是财富从相对富裕人群转移到相对贫穷人群的一个具体体现。"[③] 正如韦伯1897年在颁发奖学金现场发表的演说中所说："我们致力于建立一个最伟大的体系，这个体系将致力于发掘社会贫穷阶层中隐藏的天赋、能力以及智慧。这些奖学金不仅仅能使得奖学金获得者成为未来的企业家、科学家，不仅仅使得他们的父母感到骄傲和荣耀，我们更希望公共财政的这种支出将来能使得社会得到更多的回报。"[④]

一 韦伯的中等教育改革实践

韦伯的中等教育改革实践，主要是在他在伦敦郡议会任职期间进行的。1892年3月韦伯入选伦敦郡议会，当年便创立技术教育委员会

① A. M. McBriar, *Fabian Socialism & English Politics, 1884 - 1918*, Cambridge: Cambridge University, 1962, p. 208.

② Mary Agnes Hamilton, *Sidney and Beatrice Webb: A Study in Contemporary Biography*, London: Sampson Low, Marston & Co., 1932, p. 120.

③ Sidney Webb, *Socialism in England*, London: S. Sonnenschein, 1890, pp. 105-106.

④ Edward J. T. Brennan, "Sidney Webb and the London Technical Education Board: The Board at Work," *The Vocational Aspect of Education*, Vol. 12, No. 24 (Mar., 1960), pp. 27-43.

(Technical Education Committee，翌年改名 Technical Education Board)，且在之后的 10 年中一直居于领导地位。[①] 凭借自身的勤奋以及与教育相关的专业知识，韦伯对这段时间伦敦教育，主要是技术教育和中等教育的发展，发挥了不可忽略的作用。

1. 19 世纪英国技术教育发展状况

19 世纪中期以前，英国政府并不重视技术教育的发展。此时英国的职业技术教育主要是由教会主办的慈善学校向贫民提供一些基本的职业技能教育，或者由一些中产阶级富商、知名人士或行业协会自发组织成立技工讲习班传授一些基本的职业技能，而政府很少参与到这一活动之中。直到 19 世纪中期，尤其是 1867 年举办的巴黎世界博览会，终于使英国人开始感受到技术教育的落后与其工业霸主地位衰落之间的关系。

1853 年英国在南肯辛顿（South Kensington）成立了科学工艺署(The Department of Science and Art）作为技术教育管理机关，并提供一定的资助用于促进初等和中等教育阶段的技术教育发展。1870 年由德文郡公爵（Duke of Devonshire）任主席，英国象征性地成立了一个皇家委员会，对当时英国及国外技术机构的具体状况进行调查。1884 年，英国成立了以波哈德·萨缪尔逊为首的技术教育调查皇家委员会，通过国内外技术教育比较，例如和当时苏黎世的工科学校做比较，从而强调更高程度的技术教育需求。随着政府创立的一些工科学校，例如皇家化学学院、矿业学院，以及一些私人技术院校的创立，例如 1880 年由富商昆丁·霍格（Quintin Hogg）重组摄政街工艺专科学校(The Regent Street Polytechnic)，带动伦敦一批技术院校的成立，英国

① 1892 至 1901 年的 10 年间，韦伯在 1892 至 1898、1901 至 1902 年间任主席，1899 至 1901 年间任副主席。

的技术教育取得了一定程度的发展。然而，总体上，英国政府并没有重视与关注技术教育的发展。直到 1889 年，英国政府才颁布《技术教育法》（Technical Instruction Act），正式将职业教育纳入学制，并允许新成立的郡议会征收 1 便士税以资助技术教育。这是英国第一次正式规定税收支持技术教育发展，并将教育置于一个由直接选举产生的地方政府机构的管理之下。1890 年，政府为了取悦自由党统一派提倡戒酒，开征酒税（其中烈性酒 6 便士，啤酒 2 便士），在引起反对后，最终决定将收入交由郡议会用于技术教育，即著名的“威士忌酒钱”。

2. 创立技术教育委员会

1892 年 3 月第二届郡议会之前，第一届伦敦郡议会（1889~1892 年）并没有依据《技术教育法》采取与技术教育相关的措施。阿克兰（A. H. D. Acland）和卢埃林·史密斯（Hubert Llewellyn Smith）[①] 在合编的《中等教育研究》（*Studies in Secondary Education*）中提出：伦敦的中等教育是在所有考察地区内最差且最没有条理的地区；在英国 61 个郡议会中，伦敦是唯一一个没有利用威士忌酒钱发展技术教育的地区。[②] 这主要是因为，伦敦郡议会认为他们并不是管理伦敦技术教育的合适组织，且不应先于伦敦城市行业协会行动，于是将这笔钱用于自身的财政支出。

针对伦敦郡议会对于行业协会的态度问题，韦伯在 1891 年出版了一本小册子即《伦敦在城市行业协会的遗产》（*London's Heritage in the City Guilds*），提出行业协会的财产和职责应由伦敦郡议会接收。韦伯说：“伦敦社会改革遇到的最大问题是缺乏资金，然而至少有 2000 万

① 分别为全国促进技术教育发展协会（The National Association for the Promotion of Technical Education）主席和书记。

② A. H. D. Acland and Hubert Llewellyn Smith, eds., *Studies in Secondary Education*, London: Percival, 1892, p. 191.

镑属于伦敦人民的财产，现在却秘密地被1500个自我任命的成员，74个同业公会（Livery company）管理。这些机构每年至少有80万镑收入，主要来自于伦敦和其他地区的土地和房屋财产。而其中虽然2/3用于不同的公共目的，但仍有175000镑用于自身的管理和维持，例如工资等。"[①] 当然，韦伯的这种态度并没有反映在实际行动中。韦伯秉着实用主义的原则，以劝说的方式使行业协会与郡议会合作。他在郡议会内部反而显现出某种行业协会的辩护者的身份。他认为伦敦郡议会一旦参与技术教育事务，城市行业协会必然会拿出更多的资金。[②]

在处理完城市行业协会问题后，韦伯谨慎地提出一个议案，即是否应该执行1889年《技术教育法》的内容，在得到一致同意后，技术教育委员会成立。关于委员会的主席任命问题，比阿特丽斯在《我们的伙伴关系》（*Our Partnership*）中提到，韦伯并没有为做技术教育委员会的主席做准备，实际上是所有被提名者都已经是其他委员会的主席，他才被迫去主管这个部门。[③] 这一点似乎可以通过韦伯的《伦敦纲领》（*The London Programme*）并未提及教育而得到证明。然而汉密尔顿在韦伯的传记中，指出这是因为当时初等教育并不在郡议会的管理范围之内，而1889年技术教育法规定的权力郡议会还没有开始使用。[④] 当然，不可否认的是韦伯很早就开始关注教育问题，这从上述韦伯1889至1901年出版的一系列小册子中就可以看出。

---

① Sidney Webb, *London's Heritage in the City Guilds*, London: The Fabian Society, p. 1.

② 韦伯的这种为达成最终目的，放弃自己某些原则以求妥协的处理方式，在下文多处可见。

③ Barbara Drake and Margaret I. Cole, eds., *Our Partnership by Beatrice Webb*, London: Longmans, Green and Co., 1948. p. 78.

④ Mary Agnes Hamilton, *Sidney and Beatrice Webb: A Study in Contemporary Biography*, London: Sampson Low, Marston & Co., 1932, p. 121.

最终，在韦伯、霍格和梅尔维尔爵士（Sir Melville Beachcroft）三人竞选主席的情况下，韦伯以2比1的优势当选主席。随之，韦伯任命了一批教育专家作为自己的辅助人员，其中威廉·加内特（William Garnett，纽卡斯尔达勒姆科学学院校长）为书记，凯密斯（C. W. Kimmins）博士任总监，弗兰普顿（G. J. Frampton）和莱瑟比（W. R. Lethaby）为技术顾问。[①] 技术教育委员会更名之后，有35名成员，其中20名郡议会成员，15名合作成员。这15名合作成员分别来自伦敦教育委员会（London School Board）、城市行业工会（City and Guilds Institute）、校长协会（The Head Masters' Association）、教师协会（The London Teachers' Association）以及伦敦工会（London Trade Council）等组织。韦伯接受其他组织成员进入委员会是基于现实的考虑，他认为此举虽然会使委员会在一定程度上降低行政效率，但可以消除一部分其他团体对技术教育委员会的敌意，可以使其活动进行更为顺利。而这种混合代表委员会的模式也构成了1902和1903年教育法有关郡议会的教育委员会（Education Committee）的构成模式。

韦伯对技术教育委员会的创立所做出的另一个贡献在于他使得技术教育委员会从一开始就免于受伦敦郡议会的实际控制。这主要体现在技术教育委员会的半自治状态，即技术教育委员会不像伦敦郡议会的其他委员会，凡是超过50镑的开支都需要郡议会的批准，同时技术教育委员会只需要一个季度向其上级机关汇报一次。[②] 技术教育委员会这种半自治状态，是其日后能取得极大成功的一个重要因素，正如比阿特丽斯所说："技术教育委员会的成功很大程度上应归功于韦伯

① Barbara Drake and Margaret I. Cole, eds., *Our Partnership by Beatrice Webb*, London: Longmans, Green and Co., 1948, p. 80.

② Barbara Drake and Margaret I. Cole, eds., *Our Partnership by Beatrice Webb*, London: Longmans, Green and Co., 1948, p. 79.

使之从开始就免于受伦敦郡议会的实际控制。”[①]

韦伯在技术教育委员会的第一项工作，是试图建立一个备忘录，完整调查伦敦技术教育的现状和需求，从而给委员会日后的工作指明方向。在得到郡议会大部分人同意后，韦伯雇佣卢埃林·史密斯调查伦敦技术教育状况，以及对郡议会以后可以采取的发展方式提出建议。到 1892 年 7 月份，史密斯出具了一份近 200 页的详细报告，报告开头指出伦敦作为这个世界上最富裕的城市，其技术教育状况却十分令人失望，当时伦敦仅有极少数下层阶级的儿童进入技术教育机构学习。这种状况不仅无法与德、法这些国家相比，甚至都比不上英国的其他地区，如曼彻斯特、伯明翰或者利物浦。与曼彻斯特相比，按比例来说伦敦本应有 14 万名学生在夜间技术学校学习，实际只有 24000 名。1891 年，在伦敦 25000 名砖匠中，只有 50 人接受过培训；15000 名 20 岁以下的建筑工只有 800 名参加过夜校培训；而 7000 名 20 岁以下的劳动力中只有 120 名在夜校学习过；10000 名受雇于伦敦制革厂的工人，只有 13 名学过化学……[②]而且，上这些中等学校的学生大多是诸如商人、工厂主、公司职员等中产阶级家庭的子女，工人阶级子女上中等学校的比例则更低。在贝思纳尔格林（Bethnal Green）区仅有 47 名工人阶级家庭的子女上过中等学校，其中只有 3 名是劳工子女；波普拉（Poplar）区 27 个工人家庭子女中则仅有 1 名劳工家庭儿童。[③] 最后，报告还建议技术教育委员会应通过资助现存的技术教育机构、创建学校和相关课程直接支持伦敦技术教育发展，并为学生提

① Norman MacKenzie and Jeanne MacKenzie, eds., *The Diary of Beatrice Webb (1892-1905)*, London: Virago Press Limited, 1983, p. 276.

② Edward J. T. Brennan, "Sidney Webb and the London Technical Education Board: Pattern for the Future," *The Vocational Aspect of Education*, Vol. 11, No. 23 (Sep., 1959), pp. 85-96.

③ Royden J. Harrison, *The Life and Times of Sidney and Beatrice Webb*, London: Macmillan Press Ltd, 2000, p. 272.

供奖学金。此外，报告还做了一份清晰的总计8万镑的预算清单，对工科学校以及初等教育学生奖学金获得者和更高年级中等教育的日间学校等进行资助，并对科学教育、家政培训、职业技能培训提供资助，对奖学金供给等方面也提出了具体的支出明细。

3. 促进伦敦中等及技术教育的发展

韦伯在技术教育委员会成立初期，试图通过扩展技术教育学科的范围，来扩展该委员会对教育的管理范围。1894年5月，韦伯和加内特受邀在中等教育皇家委员会（Royal Commission on Secondary Education）做报告，韦伯提出基于“技术教育”这个词的广泛含义，技术教育委员会有必要扩大成为伦敦中等教育的管理机构，并取消1889年《技术教育法》带来的课程限制；同时他提出如果有相应的物质基础和权力，技术教育委员会就能够成为一个最有利于伦敦中等教育发展的机构。最终在阿克兰（1892年格拉斯顿政府教育委员会副主席）的帮助下，技术教育几乎涵盖了所有能想到的科目，而变成了中等教育的同义词。正如比阿特丽斯在《我们的伙伴关系》中所说：“自此，技术教育委员会可以合法地教授除古希腊语和神学科目以外的，包括科学、文学、外语、历史、经济学、地理、商学等所有学科。”[①] 这使得技术教育委员会在实际上已可以合法管理除小学外所有技术学院，甚至可以建立大学。韦伯的这一行动，不仅扩大了技术教育委员会的管理范围和权力，最重要的是为其增加了管理技术教育以外教育的经验，为日后郡议会成为整个伦敦的教育管理机关做了准备。

在19世纪90年代，增加技术教育供给是所有郡议会进步派[②]的政

① Norman MacKenzie and Jeanne MacKenzie, eds., *The Diary of Beatrice Webb (1892-1905)*, London: Virago Press Limited, 1983, p. 80.

② 它是部分伦敦自由主义者、非国教激进主义者、宗教博爱主义者和工联主义者的联合。他们在伦敦郡议会早期处于绝对优势地位。

策，韦伯自然也不例外。技术教育委员会主要通过资助技术教育机构来促进技术教育的发展。技术教育委员会虽然并不是伦敦唯一资助技术教育的机构，它之外还有城市行业协会、商业公会、私人捐献等，但它在其中占了很大一部分比例。在资助何种机构，即在资助现存的教育机构还是创建技术教育委员会自己的学校问题上，委员会曾有过争论，最后韦伯提出了一个以资助现存机构为主的计划。这主要是韦伯考虑到建立新学校会造成时间上的拖延，且会带来新旧学校之间的矛盾，不利于效率的提高。[①] 此外，技术教育委员会还可以通过控制现存机构对资金的需求，在实际上控制这些机构，为自身日后成为伦敦整个教育的管理机关增加砝码。例如，1893 年，伦敦工科学院委员会（London Polytechnic Council）为了得到技术教育委员会的资金资助，被迫同意合作；该委员会 14 名代表中，技术教育委员会占了 11 个名额。

实际上，技术教育委员会只是出于某些迫切的需求才建立了少量新技术院校，如伦敦日间训练学院（the London Day Training College，即日后的伦敦大学教育研究院），这是为了满足当时伦敦对大量教师的迫切需求。而其主要力量则用于资助伦敦现存的技术教育和中等教育机构，以促进伦敦技术和中等教育的快速发展。这主要体现在：一、中等学校的复兴。技术教育委员会成立前，伦敦许多中等学校都经营不善，这主要源于它们得到的资助太少，以至于只有校长才能拿全额工资，而一般教学人员的收入都要比公立学校的少。技术教育委员会成立后，大力支持这些学校的发展。在当时伦敦 90 所公立中等学校中，40 所能独立经营，其余 50 所都依赖于技术教育委员会的支持。

① Mary Agnes Hamilton, *Sidney and Beatrice Webb: A Study in Contemporary Biography*, London: Sampson Low, Marston & Co, 1932, p. 124.

到1904年，就男孩就读的中等学校，已建立了50个实验室、25门科学课程、18个讲习班，虽然与1945年后相比相形见绌，但比起技术教育委员会成立前10年来说，却有了很大的进步；二、促进了伦敦技术教育的发展。到1902年，学习白天和夜晚技术教育课程的学生人数，比起1892年几乎翻了3番。而多学科的工科学院，在这10年间从5所增加到12所。到1903年，在伦敦与实用技术培训相关的中心已有37个，开设超过300门课程，其中30个中心的建立与发展都归功于技术教育委员会。①

4. 建立并完善伦敦奖学金体系

韦伯在技术教育委员会的另一个最重要成果就是设立了一个完善的奖学金体系，以资助伦敦的贫困儿童能够得到教育。正如韦伯所说："我们希望最贫穷的儿童能够在校学习至少到13或14岁，我们希望他们有机会获得足够的奖学金用于进入中等学校，进而进入大学或技术学校，其他的通过夜校机构补足。"② 然而，史密斯的调查报告显示，当时伦敦儿童能够获得奖学金的比例还很低，在伦敦初等学校68万个学生中，总共只有1000个奖学金的名额③，并且取得的资格要求很高。此外，这些奖学金大多并不足以实际支持贫困儿童的所有需要，例如许多奖学金只提供学费，有些甚至只负担一半的学费。于是，1893年韦伯就提出并通过了一个决议，允许技术教育委员会提供奖学金，其中包括500份小学生奖学金，提供给每周收入不超过3镑（或每年不

① Edward J. T. Brennan, "Sidney Webb and the London Technical Education Board: The Board at Work," *The Vocational Aspect of Education*, Vol. 12, No. 24 (Mar., 1960), pp. 27-43.

② Lisanne Radice, *Beatrice and Sidney Webb: Fabian Socialists*, London: Macmillan, 1984, p. 115.

③ Margret Cole, ed., *The Webbs and Their Work*, London: Fredrick Muller Ltd, 1949, p. 88. 另见 A. M. McBriar, *Fabian Socialism & English Politics*, *1884-1918*, Cambridge: Cambridge University, 1962, p. 211.

超过 150 镑）的家庭，资助其在公立学校就读 5 年级或更高年级的小学生。资助方式为此类学生可以免费就读每年学费不超过 10 镑的任何高年级学校或者技术教育委员会认可的中等学校。此外每人还可额外获得第一年 8 镑、第 2 年 12 镑的费用，以补偿给父母作为儿童不赚钱的损失。[①] 此外，委员会还提供一部分奖学金给 15~18 岁的儿童，数额为每年 20~35 镑，持续 3 年，用以支付他们上中等学校和技术学校的费用。[②] 到 1903 年，委员会总共提供了超过 2000 份的奖学金[③]，其中给小学生的奖学金提高到 600 份，给 16~19 岁的青少年的奖学金增加了 100 份，还包括 5 份高年级学生奖学金，30 份工艺奖学金，350 份提供给技术、夜校和继续教育学生的奖学金，800 份提供给妇女和女孩的家政奖学金，此外还有为男孩提供的园艺奖学金，为老师提供的特殊奖学金。[④] 1903 年，韦伯不再担任技术教育委员会主席，但他仍然关注奖学金问题。他在《伦敦教育》中提出："儿童奖学金的年龄限制应由 13 岁降到 12 岁，领取年限从 2 年升到 4 年；此外，奖学金授予不应该按照固定的比例，而是应覆盖所有在考试中达到一定标准的所有学生，并且覆盖所有的小学而不是现在的三分之一。"[⑤] 除了增加奖学金供给之外，韦伯还整合了伦敦的奖学金体系。以往伦敦的奖学金体系较混乱，授予机构孤立存在，并受到不同团体的控制。最终韦伯将其整合于伦敦郡议会内部，将其"从一个分散的混乱状态，逐渐融合成一个分级的，包含伦敦各个

---

① J. F. Oakeshott, *The London County Council: what it is and what it does*, London: The Fabian Society, p. 9.

② J. F. Oakeshott, *The London County Council: what it is and what it does*, London: The Fabian Society, p. 9.

③ Lisanne Radice, *Beatrice and Sidney Webb: Fabian Socialists*, London: Macmillan, 1984, p. 116.

④ Margret Cole, ed., *The Webbs and Their Work*, London: Fredrick Muller Ltd, 1949, p. 88.

⑤ Sidney Webb, *London Education*, London: Longmans, Green and Co., 1904, pp. 27-28.

部分的完整体系”。[①] 此外，为了引起广大市民和学生父母对奖学金的兴趣，从而让更多贫困家庭的儿童接受更多的教育，韦伯总是亲自给每一位奖学金获得者的父母写祝贺信，并向他们提供最利于儿童未来发展的课程建议等。[②]

1892~1901 年间，伦敦郡议会的技术教育委员会对整个伦敦的技术教育、中等教育发展起到的巨大作用得到了广泛认可，而韦伯在其中发挥了最重要的影响力，甚至可以说这段时间内韦伯是伦敦郡议会技术教育委员会的代名词。这主要表现在：第一，韦伯在委员会任职期间异常勤奋。伦敦郡议会的实际运行，主要在 20 至 30 个不拿政府工资的中产阶级专家成员控制下，而韦伯是其中最为勤勉的一个。[③] 在 1892 至 1898 年任主席期间，韦伯没有落下任何一次委员会及附属委员会会议。而且，他坚持签署所有由技术教育委员会支付的支票，并亲眼看着每一个审计员工作，从而防止额外费用产生；[④] 第二，韦伯凭借在教育方面的专业知识、起草议案的天赋以及出色的行政事务协调能力，在委员会时期（尤其是在初期），他提出的议案最终几乎都能通过。正如比阿特丽斯说：“在委员会初期，每次开会前，韦伯都要事先准备好希望在会上通过的决议，通过其丰富的专业知识，掌控整个讨论，得到他所希望的结论，并控制整个议案的起草。”[⑤] 而罗

① Margret Cole, ed., *The Webbs and Their Work*, London: Fredrick Muller Ltd, 1949, p. 89, 另见 Barbara Drake and Margaret I. Cole, eds., *Our Partnership by Beatrice Webb*, London: Longmans, Green and Co., 1948, p. 79.

② Barbara Drake and Margaret I. Cole, eds., *Our Partnership by Beatrice Webb*, London: Longmans, Green and Co., 1948, p. 17.

③ Norman MacKenzie and Jeanne MacKenzie, eds., *The Diary of Beatrice Webb (1892–1905)*, London: Virago Press Limited, 1983, p. 34.

④ Barbara Drake and Margaret I. Cole, eds., *Our Partnership by Beatrice Webb*, London: Longmans, Green and Co., 1948, p. 82.

⑤ Barbara Drake and Margaret I. Cole, eds., *Our Partnership by Beatrice Webb*, London: Longmans, Green and Co., 1948, p. 82.

素也曾经生动描述过韦伯在委员会为了使议案通过所采取的特殊手段，他说："当韦伯希望某一个大多数人不同意的观点通过时，他会起草一份决议，将引起争论的观点呈现两次，然后他会在第一个争论点出现时，进行一个长时间的讨论，最后妥协。最后他做出总结，10次中有9次，没有人注意到在同一份决议中还存在另一个相似的观点。"[①] 此外，韦伯还经常发挥报纸舆论的作用以减少有关议案所可能遇到的阻力。郡议会的成员每月都会收到一份《技术教育公报》（*Techinical Education Gazette*，技术教育委员会的官方报纸）。每当有议案需要郡议会批准时，委员会就会事先刊登详细的说明。韦伯声称这样的议案，绝大多数甚至没有经过辩论就能通过。

韦伯在技术教育委员会的绝对领导地位，一方面是因为他自身的专业知识、勤奋以及处理行政事务的能力，另一方面在于客观上韦伯并没有遭到大规模的其他势力的反对。在19世纪90年代，总体上来说很少有团体反对技术教育的发展，社会上层精英面对德国等国的压力，为了维持英国的工业和贸易地位，更是希望促进技术教育的发展。再加上1889和1890年两部法案提供的资金支持[②]，韦伯在技术和中等教育方面所做的努力和改革一直比较顺利，这与其日后在1902及1903年教育法改革时期的困难形成了鲜明的对比，后一时期的工作最终造成了韦伯与郡议会进步派的分裂。

二 韦伯的高等教育改革实践

韦伯在伦敦郡议会任职期间，对伦敦高等教育的发展做出了极大

① Bertrand Russell, *Portraits from Memory and Other Essays*, New York: Simon and Schuster, 1956, p. 110.

② 1890~1892年，伦敦郡议会共收到34.2万镑威士忌酒钱，没有花一分钱在技术教育上；1893年郡议会将20万镑威士忌酒钱分配给技术教育委员会29000镑，之后拨款比例逐年上升，到1902至1903年，郡议会将20万镑分给技术教育委员会18万镑。

贡献。1895 年，韦伯一手创建了伦敦第一个单独的研究社会科学的学院——伦敦经济学院，1900 年伦敦经济学院并入伦敦大学后，成为英国第一个具有颁发经济学学士和博士学位的学院；19 世纪末，韦伯与霍尔丹合作改组伦敦大学，将其从一个外部教育和学位授予机构变成一个真正从事大学教育的大学；1907 年，韦伯与霍尔丹筹集到足够的资金，合并组成了一个类似柏林工业大学的培养工程师和科学家的学院——帝国理工学院。[①]

1. 创建伦敦经济学院

韦伯创建伦敦经济学院的初衷，是源于 19 世纪最后 10 年，伦敦非常缺乏经济学专业的研究和教学，以及单独的社会科学研究并未受到重视的状况。正如韦伯所说，当时“国王学院（King's College）有一个已被暂停的名义上的经济学教授职位。福克斯·韦尔教授在伦敦大学学院（UCL）任职，但只有 20 个学生，其中还有很大的夸张成分。伯克贝克学院（Birkbeck College）也只是每年有一个最基本的课程。这就是具有相当于整个苏格兰、比利时或者荷兰人口的伦敦所有的经济学教学与研究”。[②] 然而当时这种情况并没有引起任何不满，伦敦大多数专家都认为当时已有的经济学教学研究已能满足社会需求。基于此，韦伯自 1893 年创立技术教育委员会以后，就一直渴望建立一所类似于巴黎政治科学私立学院一类的社会科学研究学院。

对于韦伯来说，伦敦经济学院的创立既是一次意外，也是必然。

① 帝国理工学院于 1907 年由维多利亚女王和阿尔伯特亲王 1845 建立的皇家科学院（Royal College of Science）、大英帝国研究院（The Imperial Institute）、皇家矿业学院（Royal School of Mines）和伦敦城市与行会学院（City and Guilds of London Institute）合并组成。

② Margaret Cole, *Beatrice Webb*, London: Longmans, Green And Co., 1945, p.79.

称之为意外是因为学院最初建立的资金来自于亨利·哈钦森（Henry Hunt Hutchinson，1890年加入费边社）于1894年留给费边社的遗产。这笔约20000英镑的遗产，扣除给他的遗孀部分和遗产税后，还有9000到1万英镑，交给5位托管人，他的女儿卡罗琳、威廉·克拉克、皮斯、德·托马斯和悉尼·韦伯，韦伯是第一年的主席。而在收到这份遗嘱之后，甚至是之前，韦伯就打算从中抽出至少一半资金用于伦敦经济学院的建立。与此同时，学院的创立也是必然的。正如上文所述，韦伯对政治经济学非常感兴趣，自1893年创立伦敦郡议会的技术教育委员会以来，便渴望建立这样一座学院。而且，作为伦敦郡议会的技术教育委员会的主席，韦伯掌控着“威士忌酒钱”的使用权，可以说，即使没有哈钦森遗产，学院也会在20世纪前成立。事实上，技术教育委员会在学院成立后确实提供了财政援助，第一年500镑，第二年1200镑。[①]

伦敦经济学院创立时并不具有社会主义倾向。虽然哈钦森的遗嘱表明，这笔资金应该用于“费边社的宣传和其他事业，它的社会主义运动以及它认为有益的其他目的”[②]。然而，韦伯明确表示并不希望伦敦经济学院成为一所带有社会主义倾向的学院，韦伯曾确立了一个根本的原则：学校老师不能因为持有或表达任何观点而处于不利地位；并且将“不做任何政治或经济教条的奴隶，只对知识和真理作无私的追求”这一原则以拉丁文标示于学院的校徽上。同时，从学院最初的发展来看事实也确实如此。学院第一任院长代表学院向伦敦商会保证“学校将不会参与政治，不接受任何具有社会主义倾向的观点”。[③] 学

① 〔英〕玛格丽特·柯尔：《费边社史》，第73页。
② 〔英〕玛格丽特·柯尔：《费边社史》，第69页。
③ 〔英〕玛格丽特·柯尔：《费边社史》，第71页。

院前四任校长——休因斯（W. A. S. Hewins）[①]、哈尔福德·麦金德爵士（Halford Mackinder，地理学家）、彭伯·里夫斯（Pember Reeves）以及贝弗里奇（Lord Beverage）——都是韦伯寻找、挑选、面试和签署协议的，只有里夫斯才能被认为是一个社会主义者。[②] 在头三年任教的“著名专家们”中有许多持保守党和自由党观点的人，而除韦伯外，唯一可提到的社会主义者只有格雷厄姆·华莱士（Graham Wallas）。[③]

究其原因，一方面是因为韦伯对建立一所不受任何教条影响，只追求知识和真相的研究社会科学的学院的渴望，但更重要的是出于韦伯对英国社会及社会主义发展现实的看法。韦伯认为“任何洞悉真相的明智者都会成为一个社会主义者，或至少能够接受关于目前讨论的任何问题的社会主义政策”。[④] 而这种真相，一方面是指社会贫富差距巨大、资本主义体制正在走向灭亡（这一点与马克思主义是类似的），另一方面是指英国社会正在进行的国有化、市政化、民主化的进程，这在韦伯看来其实就是社会主义的发展。韦伯认为，只有也只需要通过一个不偏不倚的教育让社会认识到这一点，就能够促进社会主义的发展。此外，韦伯还认为将这笔钱用于一般的政治活动，把不属于任何类型的社会主义者送入议会是没有意义的，因为社会改造必须由那些受过专门训练的专家来承担。[⑤] 于是，韦伯在哈钦森遗嘱后加了一段补充说明：“促进……实现费边社目前所有的或任何目的，促进或有助于促进对社会主义经济学以及各门社会科学或政治科学的研究，促

① W. A. S. 休因斯不倾向民主或集体主义，后来成为一个热情的关税主义者。

② Margret Cole, ed., *The Webbs and Their Work*, London: Fredrick Muller Ltd, 1949, p. 49.

③ 〔英〕玛格丽特·柯尔：《费边社史》，第 73 页。

④ 〔英〕玛格丽特·柯尔：《费边社史》，第 21 页。

⑤ Norman MacKenzie and Jeanne MacKenzie, eds., *The Diary of Beatrice Webb (1892–1905)*, London: Virago Press Limited, 1983. P. 56.

进或有助于促进通过讲演、手册、书籍或其他方式所进行的对社会主义、经济或政治的学说的宣传或提倡，促进或有助于促进实现任何教育的、社会的或慈善的目标。”①

于是，伦敦经济学院成为英国第一个单独的研究社会科学的学院，在创立不久之后就成为英国最重要的现代学术机构之一。在学院创立之前，韦伯和休因斯就商议决定学院将教授一种实用的、具有社会意义的经济学，区别于传统理论上或哲学上的经济学。“学校的目的集中于研究和调查英国或别的国家工业生活的具体事实，包括现存或过去存在过的经济、政治机构如何运作。”② 韦伯提出学院不会像牛津或剑桥那样只有唯一一个政治经济学的教授，或者由两个兼职教授做一些讲座，学院必须成为拥有许多经济学、商学、社会学、人类学、法学等学科的专职研究社会科学的教授的学院。③ 虽然建校之初经济学研究并没有很快发展，学校的老师主要还是来自文科或法学，但在1900年并入伦敦大学之后不久，学院快速发展起来，并成为英国第一个具有颁发经济学学士和博士学位的学院。正如比阿特丽斯在1900年所说：“我们使得伦敦经济学院被认可为一个学院，我们有一个场所，一座免费的建筑，有2500镑收入用于经济学和商学教学研究。最重要的是，韦伯成功地使皇家委员会认可了经济学作为一门学科，而经济学院也不再只是从属于文学院下面的一个系。”④ 当然，韦伯并不是唯一一个，也不是第一个强调社会科学研究的人，但是正如贝弗里奇所说：“赫胥黎在70年前就强烈要求建立一个经济学院，而柏拉图在

① 〔英〕玛格丽特·柯尔：《费边社史》，第71页。

② 学院章程第三段，引自 Margret Cole, ed., *The Webbs and Their Work*, London: Fredrick Muller Ltd, 1949.

③ Margret Cole, ed., *The Webbs and Their Work*, London: Fredrick Muller Ltd, 1949, p. 44.

④ Barbara Drake and Margaret I. Cole, eds., *Our Partnership by Beatrice Webb*, London: Longmans, Green and Co., 1948, p. 195.

2000 年前就提出过相应的要求，这个观念来自很多人，但韦伯使它成为现实。”[①]

在伦敦经济学院从创立到发展的过程中，韦伯的作用绝对是处于第一位的。学院刚建立之时，只是在约翰街租了两个小房间，没有专职的教授[②]和学生，前景不明，第一学年结束时也仅有 2000 到 3000 名学生。[③] 在学院建立早期，韦伯夫妇几乎做了所有事情。正如哈耶克所说：“对韦伯来说，只要对学校有帮助的事，无论大小，他都会亲自过问。翻阅学院早期记录，会发现韦伯亲自写的备忘录或书信，关于家具的细节、规划，如何获得图书，从哪能获得资金等”。[④] 学院第二年开学前，休因斯生病后，韦伯不得不代替他在学校的位置，“可怜的韦伯每天一吃完早饭，就直接赶到学校，整个早上和油漆工、管子工、锁匠在一起”。[⑤] 由于学院没有确定的收入，韦伯想方设法节省费用，亲自任教并只请兼职教师，这使得学院前 20 年一直没有全职教师。同时，韦伯还采取种种措施降低开支，例如当得知图书馆可以免收地方税后，韦伯就创立了政治科学图书馆（British Library of Political Science，即现在的英国政治经济图书馆），让学院校长任图书馆馆长。[⑥] 此外，只要对学校有帮助，韦伯甘愿居于幕后，如，有一家铁路公司由于韦伯做了一个关于铁路工资的演讲而威胁要撤销捐款，为了平息铁路公司的怒火，韦伯当即便退出了学校的理事会。[⑦]

---

① Margret Cole，ed.，*The Webbs and Their Work*，London：Fredrick Muller Ltd，1949，p. 46.

② 学院前 20 年一直没有专职的教师。

③ Lisanne Radice，*Beatrice and Sidney Webb：Fabian Socialists*，London：Macmillan，1984，p. 121.

④ Margret Cole，ed.，*The Webbs and Their Work*，London：Fredrick Muller Ltd，1949，p. 49.

⑤ Barbara Drake and Margaret I. Cole，eds.，*Our Partnership by Beatrice Webb*，London：Longmans，Green and Co.，1948，p. 94.

⑥ Margret Cole，ed.，*The Webbs and Their Work*，London：Fredrick Muller Ltd，1949，p. 50.

⑦ Margret Cole，ed.，*The Webbs and Their Work*，London：Fredrick Muller Ltd，1949，p. 51.

2. 改组伦敦大学

1898年颁布的伦敦大学法（University of London Act）使得伦敦大学从一个外部教育和学位授予机构变成一个真正从事教育的大学，而韦伯和霍尔丹在其中发挥了最重要的作用。伦敦大学建于1836年，从1858年开始成为一个考试机构，在英国任何一所大学注册读书的学生可参加伦敦大学的学位证书考试，没有大学学历的自学者也可申请参加伦敦大学的学位证书考试。韦伯和霍尔丹认为伦敦大学仅作为一个外部的学位授予机构是不够的，因为“大学教育的真正目的，不仅在于知识的学习，还应该注重在一个以教学为目的的学校的氛围里思想和精神的发展”。[①] 由此，他们便试图建立一个没有外部考试的伦敦大学，最后出于“同样强大和有决定作用的反对者”[②] 的压力，1900年伦敦大学通过新章程做了妥协：大学提供两种学位，“一是外部的，只需通过笔试即可；二是内部学位，考生参加考试必须取决于已在认可的机构内或在大学认可的老师门下学习，学习和考试在一定程度上相关”。[③]

在伦敦大学学科设置方面，韦伯不希望伦敦大学成为一个只培养上层精英的学校，当然他不是忽视古典教育，而是认为学科的重点应放在科学教育和职业教育方面，并能够尽量提供给更多的学生。当然韦伯所说的科学教育范围很广，甚至包括文学、语言学，只不过韦伯强调要用科学的方法进行教育与研究。在组织结构方面，韦伯提出按系，而不是按学院来组织学校。当然这并不是要废除所有的独立机构，而是要以系为单位进行协调，例如分散教学中心，将研究生集中在一

① Barbara Drake and Margaret I. Cole, eds., *Our Partnership by Beatrice Webb*, London: Longmans, Green and Co., 1948, p. 100.

② Margret Cole, ed., *The Webbs and Their Work*, London: Fredrick Muller Ltd, 1949, pp. 45-46.

③ Margret Cole, ed., *The Webbs and Their Work*, London: Fredrick Muller Ltd, 1949, p. 46.

个或两个学院中等。此外韦伯还提出诸如老师晋升需按能力而非资历、大学的参议会要掌控权力尤其是财政权等实际建议，对伦敦大学的发展起了重要的作用。[①]

此外，韦伯还与霍尔丹合作，在朱利安（Julian Wernher）和阿尔佛雷德（Alfred Bait）两位来自南非，对技术教育感兴趣的百万富翁的资金支持下，于1907年将原先的皇家科学院（Royal College of Science）、大英帝国研究院（The Imperial Institute）、皇家矿业学院（Royal School of Mines）等合并组建了帝国理工学院，并将其并入伦敦大学。

三　韦伯对1902和1903年教育法的影响

英国1902年教育法（即巴尔福教育法）及紧随其后的1903年教育法[②]，内容主要涉及三个方面：（1）创立公立中等教育制度；（2）废除教育委员会，将初等、技术和中等教育权全部收归郡议会管理；（3）教会学校由国家税收援助的同时，一定程度上收归地方政府管理。这两部法案不仅在英国教育史上，而且在地方政府史上构成了一个明显的界标，研究教育的历史学家大多将之与1870年和1944年教育法一起并称为英国教育法中最重要的三个法案。由于1902和1903年教育法涉及教育权归属以及宗教争端，这一场源于英国教育混乱而不得不进行的教育改革，更大程度上成为一场政治领域而非教育领域的变革。基于此，研究这两年教育法的学者将焦点集中在政党政治、地方政府以及宗教争端的层面上，例如教育法改革对当时保守党和自由党统一派联合政府的影响、对1906年大选自由党胜利的影响

① A. M. McBriar, *Fabian Socialism & English Politics, 1884-1918*, Cambridge: Cambridge University, 1962, p. 221.

② 出于伦敦教育委员会（London School Board）的出色工作，以及政府对伦敦郡议会（London County Council）权力扩张的抵制，1902年教育法将伦敦排除在法案范围之外，因此有了1903年单独的伦敦教育法案。

等。至于个人，更多被提到的是当时保守党领袖巴尔福、枢密院教育委员会副主席约翰·戈斯特爵士（Sir John Gorst）和戈斯特副手，以及1902年教育法主要推动者莫兰特（Robert Morant）。

关于韦伯对这两部法案的影响有两种截然不同的观点。第一种观点占大多数，完全不提或者很少论述韦伯在这两次教育改革中的作用。例如艾伦（Bernard Allen）的《罗伯特·莫兰特爵士》以及伊格尔沙姆（Eric Eaglesham）的《1902年教育法之规划》和《从教育委员会到地方管理》，详细论述了莫兰特推动1902年教育法的过程，而很少提到韦伯的名字。韦伯在伦敦郡议会的同事，技术教育局书记加内特在《郡议会如何成为伦敦教育管理当局》一文中也未提韦伯的影响。甚至著名教育研究专家玛格纳斯爵士（Philip Magnus）在其《教育的目标与成就》一书中也没有提韦伯的名字。而韦伯后来在圣马丁评论（*St. Martin's Review*）上发表的一篇名为《回忆》的文章，更使读者认为这部法案完全是时代潮流发展的产物。第二种观点，认为韦伯在这两部教育法案立法过程中，至少扮演了与莫兰特同等重要的角色。甚至有部分学者提出韦伯是法案唯一的创造者，是当时伦敦学校体制的实际创始人，例如汉密尔顿的《比阿特丽斯与悉尼·韦伯》。此外，比较公允的说法出自朱利安·埃默里在《约瑟夫·张伯伦之生活》中的评论。他提出韦伯和莫兰特都成功赢得了戈斯特的信任，其中韦伯通过私人信件和发表的文章影响了戈斯特，而莫兰特成为教育部书记和戈斯特的主要建议提供者，埃默里认为尽管他们二人的工作是不同的，但最终导向一个结果，即共同引导教育政策走向联合管理。

1. 教育法改革发生的社会背景

19世纪，英国教育水平尤其是中等及职业教育水平，已远远落后于德、法等欧洲大陆国家。究其原因，主要是英国政府忽视教育。直到 1870 年初等教育法的颁布才结束了国家轻视教育的状况。19 世纪末英国教育体系最主要的问题在于公共教育体系处于极度混乱的状态，主要表现为权责混乱和宗教争论。首先，初等教育方面，它一部分由教会（主要是英国圣公会）开办的学校负责，另一部分由各地的教育委员会负责。前者的学校得到的资助较少，师资水平低，校舍破旧。而后者根据 1870 年保守党政府颁布的《初等教育法》新成立民选教育委员会，它主要由非国教徒掌握，并且由于地方各自为政，其大小、效率不一。其次，中等教育方面也较为混乱。1889 年前中等学校大部分是由独立机构和私人管理，其资金主要来自捐献和学费收入，但大部分中等教育机关入不敷出。1889 年《技术教育法》颁布后，地方议会可管理技术教育，然而各地教育委员会和一些教育机关则在没有法律许可的情况下以高年级学校名义办中等教育。直到 20 世纪初，英国并存着四类学校：传统的贵族公学；由国教会创办的教会学校；由地方税支持、接受教育委员会指导，实际上是在非国教教派控制下的公立学校；郡议会指导下新建立的职业技术学校。各类学校处于不同势力和团体的控制之下，其中没有一个是由教育部或者别的中央机构控制的。各教派之间的争论、教派同教育分离论者之间的争论都使得任何涉及宗教问题的教育改革成为不可能。正如韦伯所说："我们的教育体系还处于一团混乱之中。一些地方有 2 个或 3 个管理当局通过税收支持不同种类的学校，而另一些则一个都没有；在某些城镇，聪明的儿童可以有办法从幼儿园一直到大学不间断地学习，而另一个郡有才能的儿童却只能去工厂或者务农；一些学区由于太小而不能维持一个令人满意的小学，另一些则足够办大学。中央的机构和地方机构一样混乱，英国大多数只从税收中获得财政补贴的教育机关，处于不少于10个不同的内阁成员控制之下，而他们的部门都不屑于与其他部门商议合作。结果导致，尽管我们花在教育方面的公共开支每年大概有2000万镑，但收效甚微。"[①]

1902年前，英国政府为彻底解决英国教育混乱问题进行了多次改革尝试，皆未成功。其中力度最大的改革方案是1896年戈斯特提交的教育改革方案，其主要内容为：1. 郡议会管理中等教育；2. 不废除教育委员会，但是初等教育的管理权可由地方自主决定是否转向郡议会；3. 设立额外的补助金给教会学校，费用由郡议会支出；4. 允许公立学校开设宗教教学课程。[②] 从内容上看，1896年议案与1902年法案，除了不强制废除教育委员会外，已大体相近。然而，这一改革由于包括自由党、地方议会在内的多方势力反对而最终失败。直到1900年柯克顿裁决[③]引发罗伯特·莫兰特对伦敦教育委员会的攻击，才再次引起英国社会对教育问题的关注。因此可以说，在1902年前，英国的公共教育体系长期处于一种极端混乱的状态。

2. 韦伯的教育改革方案

与1902年教育法相对应，韦伯的教育改革方案主要包括三方面内容：废除教育委员会、将教育权收归地方议会管理以及税收支持教会学校。

第一，废除根据1870年教育法形成的教育委员会。韦伯认为1870年由福斯特创立的教育委员会是为了弥补当时志愿学校体系漏洞而产生的临时替代机构，并且一直被严格控制不得插手中等或者技术

---

① Sidney Webb, *The Education Muddle and the Way Out*, London: The Fabian Society, 1901, p. 3.

② Edward J. T. Brennan, "Sidney Webb and the London Technical Education Board: The Education Act of 1902," *The Vocational Aspect of Education*, Vol. 13, No. 27 (Sep., 1961), pp. 146-171.

③ 1900年一位会计审查官柯克顿，判定伦敦教育委员会几笔科技教学的款项不合法，并处以罚款。

教育，此时的教育委员会已经不能适应英国当时日益增长的教育需求。首先，在英国有超过三分之一（按人口来算）的地区是没有教育委员会的，这些地区的儿童只得上不处于地方公共管理之下的教会学校，因此要在那些本就不想要或者不需要教育委员会的地方设立新的教育委员会是不可能的。其次，现存的2527个教育委员会，规定只能维持小学教育，但它们并不是管理初等教育的唯一团体，有超过一半上日间小学的儿童，超过三分之一上夜间补习学校的年轻人，在教会学校学习。[①] 而且，在有教育委员会的地区，在当地已经存在足够的志愿学校的情况下，是不允许建立自己的学校的，而这些学校大多是出于特殊教育目的或者带有宗教倾向，这就导致在英国有超过10000个教区只有一所教会学校。[②] 再次，大多数教育委员会规模很小，在英国2527个教育委员会中有2085个所管理的人数都少于5000人。[③] 因此，韦伯认为它们不可能管理好哪怕只有20000名学生的中等学校，因为只有大概300个教育委员会管理的人口超过这个数目，这就更不用说更高等的教育或者一些特殊教育。[④] 最后，韦伯还提出，教育委员会大多处于非国教徒的控制之下，这样就无法妥善解决英国教育中的宗教纷争。基于此，韦伯在1894年5月中等教育皇家委员会的报告会上针对委员提出的为何不沿用教育委员会而要用别的机构管理中等教育的问题，回答道："我不完全认为一个管理初等教育的机构，是管理更高等级教育合适的机构，而且伦敦郡议会的技术教育委员会在

① Sidney Webb, *The Education Muddle and the Way Out*, London: The Fabian Society, 1901, p. 3.

② Sidney Webb, *The Education Muddle and the Way Out*, London: The Fabian Society, 1901, p. 4.

③ Sidney Webb, *The Education Muddle and the Way Out*, London: The Fabian Society, 1901, p. 8.

④ Sidney Webb, *The Education Muddle and the Way Out*, London: The Fabian Society, 1901, pp. 8-9.

这方面的作用早就超过了教育委员会。”[①]

第二，教育权收归地方议会。早在1889年，韦伯在《星报》上发表过一篇文章，提出由一个单独的市级权力中心管理包括从幼儿园到大学的所有教育。[②] 韦伯并不认同教育委员会和济贫法委员会这种为了特定目的而专门选举产生的机构，他认为这种机构是当时没有相应管理机构而采取的临时措施，到现在已经不符合社会时代潮流了。由此，韦伯更希望一个单独的基于普遍选举的行政机构管理整个教育体系。而韦伯在伦敦郡议会技术教育委员会的实践更加深了这种看法。当时，该委员会不仅仅是技术教育管理机关，而且基本成为管理整个伦敦中等教育的机构，甚至还参与大学教育事务。同时，韦伯在完善伦敦奖学金体系的过程中，看到在初级和更高等级教育中教师体系、奖学金体系和管理者的分散所造成的混乱和低效，以及奖学金体系整合后的成功实践，加深了对集中教育权重要性的认识，并认识到这个载体最好是地方议会。1899年5月费边社举行了一次“全体成员特别会议”讨论教育改革问题，通过了韦伯起草的一个决议。决议提出：“由一个独立的权力机构负责除了大学（可能还有私立的以及接受捐赠的学校）以外的所有教育，还要求每一个地区也设立相同的机构，这个机构不应该是专门选出来的，而应该是地方议会本身，通过一个或几个委员会负责。”[③]

基于以上两点，韦伯认为废除教育委员会，将教育权集中于地方

① Edward J. T. Brennan, “Sidney Webb and the London Technical Education Board: The Education Act of 1902,” *The Vocational Aspect of Education*, Vol. 13, No. 27 (Sep., 1961), pp. 146-171.

② A. V. Judges, “The Educational Influence of the Webbs,” *British Journal of Educational Studies*, Vol. 10, No. 1 (Nov., 1961), pp. 33-48.

③ 〔英〕玛格丽特·柯尔：《费边社史》，第108页。

议会之举势在必行。虽然在1899年费边社会议上，对于是否废除伦敦和一些更大的自治市的教育委员会问题，韦伯采取了妥协的态度，决定保持现状，而地方议会则对这些地方教育委员会权力范围外的所有教育负责。这一方面是因为这些地方的教育委员会，尤其是伦敦教育委员会的出色表现；另一方面可能出于费边社内部诸如华莱士和斯图亚特等人的压力，他们在伦敦教育委员会任职，同时他们还认为将权力集中于地方政府当局会缩减基层民主。[①] 然而，在1902年教育法通过前，韦伯一直没有放弃将伦敦包括在法案中的努力。在1901年10月的一次演讲中，韦伯说道："如果上院、下院和内阁不能结束教育的混乱状况，并建立一个有坚实基础的教育体系的话，这是一种耻辱。如果包括伦敦在内的教育权不能统一管理的话，伦敦的教育体制将不可能有效率。"[②]

第三，关于教育改革中的宗教问题，韦伯赞成用税收支持教会学校的观点，但作为回报，这些学校必须接受郡议会的监督。在这一点上，韦伯与莫兰特的观点是一致的，但两人的出发点却不尽相同。莫兰特主要出于实际政治的需要，在他提交给内阁的一份备忘录中："唯一能够在教育委员会反对下获得教育法通过的道路是援助教派学校。"[③] 韦伯的激进派的朋友，尤其是华莱士，一直不明白韦伯作为一个理性主义者和不可知论者，为何不支持世俗教育反而支持教派学校。这一方面是出于与莫兰特相同的政治实践的考虑，即支持教派学校是教育法通过的唯一途径；另一方面则出于韦伯本身的宗教观念，

① Lisanne Radice, *Beatrice and Sidney Webb: Fabian Socialists*, London: Macmillan, 1984, p. 152.

② Edward J. T. Brennan, "Sidney Webb and the London Technical Education Board: The Education Act of 1902," *The Vocational Aspect of Education*, Vol. 13, No. 27 (Sep., 1961), pp. 146-171.

③ Edward J. T. Brennan, "Sidney Webb and the London Technical Education Board: The Education Act of 1902," *The Vocational Aspect of Education*, Vol. 13, No. 27 (Sep., 1961), pp. 146-171.

一定程度可以说韦伯并不是一个无神论者。韦伯的宗教态度可以被形容为“不好战的无神论者”（non-militant atheism），即不信仰任何宗教，但是也不希望或渴望整个国家赞同他们的观点。[①] 韦伯本身是不相信上帝的。一方面，他认为，基督教是与物质世界相矛盾的一种信仰，自然科学揭示了物质世界是由不变的自然法则所规定的，上帝并不是全能的，并不能改变自然法则，尽管上帝可能创造了这些规则。另一方面，他认为“有任何宗教总比没有宗教信仰要来得好”，因为人们都需要信仰来促使他们从事一些崇高的事业，因此基督教还是有存在的价值的，这不是因为他认为基督教是正确的，而是害怕世俗世界中道德的沦丧。[②] 基于此，韦伯是赞成“双轨制”的，即在维持世俗教育的同时，不关闭诸如罗马天主教学校之类的教会学校。相反，面对这些教会学校效率不高从而无法满足日益增加的儿童教育的问题，国家应该提供财政上的支持。比阿特丽斯认为纯粹的世俗教育等同于纯粹的唯物主义，一样会导致国家形而上学，唯物主义可能比基督神学更加糟糕，她写道：“面对这种进退两难的局面，多种宗派的学校并存是唯一的办法，这样能保证家长和儿童有最大可能的选择机会。”[③]“我们面对的事实是大多数英国人都是信仰基督教的，而坚持世俗化教育势必会损害这部分信仰基督的人教授他们小孩自己信仰的权力。”[④] 韦伯认为，既然各种各样的宗教信仰是不可能相互妥协或承认的，那么由国家支持的双重体系是唯一也是最好的办法，这样才可

① Margaret Cole, *Beatrice Webb*, London: Longmans, Green And Co., 1945, p. 82.

② Sidney Webb, “Utilitarianism, Positivism, and Social Democracy,” *The Journal of Modern History*, Vol. 74, No. 2 (Jun., 2002), pp. 217-252.

③ Royden J. Harrison, *The Life and Times of Sidney and Beatrice Webb*, Macmillan Press Ltd, 2000, p. 302.

④ Norman MacKenzie and Jeanne MacKenzie, eds., *The Diary of Beatrice Webb (1892-1905)*, London: Virago Press Limited, 1983, p. 250.

以维持教育的多样性，包括教育方法、教育内容乃至教育氛围的多样性。

1899 年，韦伯刚从国外旅行归来不久，就开始起草《教育的混乱与出路》（*The Education Muddle and the Way Out*），集中表述其教育改革思想，并于 1901 年 1 月以《费边短评》106 号出版。在仅 18 页的文稿中，韦伯详细且清晰地表述了英国教育体系的混乱，在引起读者愤怒的同时，提出了自己的改革方案。该书出版后，初版 20000 本很快销售一空，而且该书在出版前已被广泛传阅，戈斯特即要求在出版前拿到足够的清样给当时在政府和议院的文件起草者参考。费边新闻说："它已经引起了巨大的反响，很可能政府的相关措施会在很短时间内出台。"[①] 实际上，确实在四个月后，戈斯特就向下院提交了教育改革议案，且内容与韦伯的《教育的混乱与出路》一书大体一致。由此，有部分学者认为韦伯是 1902 年教育法案的创始人。然而双方观点的一致性，还不足以证明这一点。正如麦克布莱尔（A. M. McBriar）所说，教育法的通过主要基于小型教育委员会的失败、政府集中教育部门权力和解决教育混乱状态的渴望、教会的压力以及保守党对国立教派学校的关注等。而韦伯则是在保守党政府想要提出这些议案时，就已经为他们准备好了所需要的信息。[②]

3. 韦伯对 1902 及 1903 年教育法的影响

对任何教育改革的解释，都必须考虑到社会不同阶级和社会团体的利益冲突，这一点在 1902 年教育法通过时表现得极其明显。自 1901 年 5 月戈斯特提交议案开始，这一议案就遭到社会不同团体的激烈反对，直到 1902 年 12 月 18 日，经过整整一年半时间的辩论，议案

---

① 〔英〕玛格丽特·柯尔：《费边社史》，第 108 页。

② A. M. McBriar, *Fabian Socialism & English Politics, 1884-1918*, Cambridge: Cambridge University, 1962, p. 215.

才最终在议会通过。其中争论的焦点主要在于宗教问题：保守党在国教徒的压力下，坚决支持教派学校；而自由党、郡议会内部进步派、劳工组织以及许多商业组织，都纷纷表示反对。而在废除教育委员会、权力收归地方议会方面，虽然也遭到了不同程度的反对，但在法案将伦敦排除在外后，便不再遭到大规模的反对。这主要是因为各地小型教育委员会的弊端实在太明显而不得不改革。

到 1903 年教育法改革时，情况又发生了转变。在 1902 年教育法规定了支持教派学校后，虽然还有一些团体不断提出反对意见，但这毕竟已成为事实。由此，到 1903 年，教育法改革争论的焦点主要集中于是否废除伦敦的教育委员会、将权力收归伦敦郡议会这个问题上。伦敦教育委员会一向以杰出的成员及工作而闻名，因此韦伯提出的废除教育委员会问题在伦敦教育委员会这方面，理由显得并不充分。此外，在教育权归于伦敦郡议会问题上更是遭到了极大的反对，这种反对不仅出自自由党（甚至自由党内部的统一派也反对）和伦敦教育委员会本身，而且出自保守党。伦敦郡议会虽然为保守党一手创立，但近年来，伦敦郡议会处在左翼进步党控制下，这让保守党对伦敦郡议会产生了极大的不信任，以致提出由大自治市委员会（Committees of Metropolitan Borough，1900 年设立）管理教育，以牵制伦敦郡议会。甚至伦敦郡议会本身最初也不愿意作为教育管理机关，它提出郡议会并不是合适的管理教育的机构。实际上，郡议会内部的劳工议员大多更倾向于教育委员会这种基层选举的模式。

与韦伯在伦敦郡议会技术教育委员会工作产生的直接影响不同，韦伯对这两部教育法的影响是通过一种不很明显的方式实现的。首先，韦伯在伦敦郡议会技术教育局的出色工作，为教育法的通过奠定了基础。韦伯在技术教育委员会成立之初，就希望将其建成一个涵盖伦敦所有形式、所有年级和所有种类正式教育的机构。他的目标从短期来看是使技术教育委员会成为伦敦所有中等教育的实际管理机关，而从长期来看，韦伯的工作不仅仅如此，他希望技术教育委员会成为所有教育的管理机关，并让政府认识到当教育体系不得不改革时，伦敦郡议会的技术教育委员会可以承担这个责任。实际上，技术教育委员会在韦伯的领导下，确实取得了极大的成功。在促进伦敦技术、中等教育快速发展的同时，技术教育委员会本身也在不断积累处理技术教育之外其他形式教育问题的经验，并成为伦敦中等教育的实际管理机构。韦伯在技术教育局的成功实践，使政府开始放弃不应管理教育的观念；同时，技术教育局成为伦敦所有中等教育实际管理机构的现实及成果，也让立法者认识到伦敦郡议会可以作为管理伦敦教育的机构。正如 1894 年 5 月中等教育皇家委员会报告所提到的，伦敦郡议会的技术教育委员会是“大城市教育管理机构的典范，是英国现存的管理技术和中等教育的系统化地方机构中的典范”。[①] 可以说，韦伯在技术教育局的工作虽然没有对 1902 及 1903 年教育法产生直接的影响，但是他为这两部教育法将教育权归于郡议会这一体制改革做了铺垫。如果没有韦伯这 10 年在技术教育局的出色工作，1902 及 1903 年教育法在通过的过程中必将面对更大的阻力。

其次，面对教育法改革中遇到的各种反对力量，韦伯展开了他本人以及费边社称为“缓兵待进”和“渗透”策略最成功的一次行动，即不局限于某一方团体，而是通过对各方势力的劝说，使之慢慢接受和同意教育改革方案。韦伯赢得了戈斯特（英国教育部实际负责人）的信任，并通过私人信件以及发表的文章影响戈斯特，莫兰特则是韦

① Edward J. T. Brennan, “Sidney Webb and the London Technical Education Board: The Education Act of 1902,” *The Vocational Aspect of Education*, Vol. 13, No. 27 (Sep., 1961), pp. 146–171.

伯家沙龙的常客；此外，韦伯还通过报纸、期刊、讲座等宣传方式表明教育改革方案，争取大众的支持。到1902年初，政府的教育法案将伦敦排除在外，韦伯一直没有放弃促使伦敦重新加入教育法案的努力。戈斯特曾写过一封信劝说韦伯，信中说："现在政府的观点明显是反对伦敦郡议会，而支持自治市议会。你不要试图去修改现在的方案，将伦敦包括进去。因为如果你不这么做的话，可能几年后自然会发生，而将伦敦包括进来的修正案只可能是下届政府的事。"① 然而，韦伯并没有放弃努力，他坚持给他所认为的所有重要的名人写信，第一封是给约瑟夫·张伯伦的，试图争取他的支持；他拜访伦敦主教和副主教，试图通过他们对政府施加一定的压力。

最终，韦伯没有成功，1902年教育法把伦敦排除在外。与忙于1902年教育法后的行政重建工作而无力忙于伦敦法案的莫兰特不同，韦伯继续为单独的伦敦教育法案而努力活动。1902年12月，费边社通过了一份重复韦伯教育改革观点的决议，并附上为何费边社更希望教育权由郡议会而非由如水利部一样的自治市议会管理的理由，分发给伦敦的议员和郡议员，这使得伦敦议员中的一部分开始反对大自治市议会管理教育。关于为何需要废除伦敦教育委员会，韦伯从另一个角度阐明理由。韦伯在一次演讲中提出，如果将所有的教育事务集中给一个机构管理，其日常事务将是极其庞大的。在这一点上，伦敦教育委员会是无法胜任的，而伦敦郡议会可以将这些具体事务下放给各地区的教育委员会，由大自治市委员会推选一半的成员负责。这虽然不是最理想的方案，却是最有可能成功的方案。

在争取社会各界人士支持方面，韦伯在英国政治圈内最稳固的盟

---

① Edward J. T. Brennan, "Sidney Webb and the London Technical Education Board: The London Education Act of 1903," *The Vocational Aspect of Education*, Vol. 14, No. 28 (Mar., 1962), pp. 56-76.

友霍尔丹，利用与巴尔福的友谊劝说他支持伦敦郡议会，此外还有一个同盟便是国教徒，最主要的便是伦敦主教。韦伯还通过与校长联合会（Association of Head Masters）的关系，利用他们对初等教育的老师控制更高等级教育动机的疑虑，给伦敦议员施压。例如其秘书斯科特（R. P. Scott）曾写信给韦伯说："您的一切吩咐我都照办了，包括对米尔闻先生施加压力。"[①] 对于全国教师联盟来说，韦伯并没有试图去争取他们的支持。这主要是因为教师联盟中大部分成员都是大自治市议会成员，而韦伯是坚决反对由大自治市议会控制教育的。在这一点上韦伯得到了部分人的认可，因为当时许多人认为教师影响力过大会对教育本身产生威胁。韦伯虽然也不喜欢初等教育的教师对更高等级的教育发表意见，但也没有过分担忧，他只是基于反对大自治市而没有去争取他们的支持。在劝说社会上层，包括政府、议会、主教等接受伦敦郡议会的基础上，韦伯还劝说伦敦郡议会的进步派，让他们认识到政府关心的并不是郡议会和教育委员会之间的替代关系，而是伦敦郡议会和大自治市议会之间的替代关系，从而接受其自身权力在教育领域的扩大。在韦伯的劝说下，这部分人虽然还是反对废除伦敦教育委员会，但是他们接受了一旦政府决定要废除教育委员会，那么其权力必须由郡议会继承这一观点。

此外，韦伯还在报纸上，例如曼彻斯特《卫报》《泰晤士报》《每日电讯报》《晨报》等，发表文章宣传其观点。其中成效最显著的是韦伯争取到了《每日邮报》哈姆斯沃斯的支持，得以与其主编托马斯共同修改教育改革方面的稿件，持续一周时间。在此期间，韦伯大力宣传技术教育局作为伦敦教育管理机构的优势，其中一篇文章展现了1892年以来技术教育局的工作以及一幅完整的伦敦教育地图，包括现

① 〔英〕玛格丽特·柯尔：《费边社史》，第110页。

存的学校以及技术教育局还未完成的范围。此外他还大力宣传大自治市议会管理教育的弊端。韦伯指出大自治市议会在一定条件下的工作是有效的，但是每一个大自治市议会完全独立的观点是荒谬的，一旦执行，那么各个自治市就要征收不同的教育税，例如贝思纳尔格林（Bethnal Green）区要收4.2便士，而威斯敏斯特区只要1便士。[①] 韦伯的舆论攻势取得了显著的效果，他使伦敦几乎所有的教育机构都支持伦敦郡议会成为教育管理当局。

最终政府通过了1903年教育法，并让郡议会处于绝对控制地位。新成立的教育委员会[②]由84名成员组成，其中一半由伦敦郡议会提名，12名来自大自治市议会，30名增选专家，此外委员会前5年还包括5名前伦敦教育委员会成员。[③] 韦伯在得到他心目中的议案后，又于1904年写了《1903年伦敦教育法：如何实现最好的管理》以及《伦敦教育》，对于1903年教育法颁布后产生的新的教育委员会的权利和义务、委员会的管理、财政和其他复杂程序等具体的行政管理提出了现实可行的意见。[④]

由此可见，韦伯在这两次教育法改革中并没有官方身份，而只是以私人的角色对社会各界人士进行劝说，因此他对这两部教育法得以在议会通过所起的作用会经常性地被忽视。但正如上文所说，韦伯在这两部法案讨论期间，确实做了大量的努力，因此我们可以说，如果没有韦伯用一种非直接的方式努力，可能这两部教育法（至少1903年

① Edward J. T. Brennan, "Sidney Webb and the London Technical Education Board: The London Education Act of 1903," *The Vocational Aspect of Education*, Vol. 14, No. 28 (Mar., 1962), pp. 56-76.

② 之前曾有一个议案，即委员会要由97个委员组成以控制教育系统，其中郡议会代表36名，29个大自治市代表31名（其中威斯敏斯特市区和伦敦市区各2名，其余1名），外部合作专家25名，伦敦教育委员会代表7名。其中，学校管理，包括任免老师、学校选址是大自治市议会的特权。这一议案遭到了伦敦郡议会和部分大自治市议会的反对。

③ Hansard, 1903, Vol. 122, cols. 946.

④ See Sidney Webb, *The London Education Act 1903: How to Make the Best of It*, The Fabian Society, 1904; Sidney Webb, *London Education*, London: Longmans, Green and Co., 1904.

伦敦教育法）不可能这么快得到通过。

四　韦伯教育改革实践的特点与影响

韦伯进行的所有教育改革实践，包括在伦敦郡议会技术教育委员会时期以及1902和1903年教育法改革时期的实践，都凸现一个明确的原则，那就是效率原则。这一方面表现在提高具体行政机构和事务的效率，例如资助伦敦技术和中等教育机构时，韦伯更偏向于资助现存的机构而不是创建技术教育委员会自己的学校，显然是出于效率的考虑；另一方面，韦伯提出的国民最低生活标准（包括教育），即让所有儿童不管贫富都应接受教育，其目的也是提升整个国家的效率。韦伯曾提出："为了维持我们国家工业在世界上的领先地位，必须也只能依靠我们年轻人的脑袋。"[①]

韦伯在教育改革实践过程中，还明显地表现出实用色彩。韦伯在教育领域中扮演的角色更多地像是一个政治家或是一个社会改革家，而不像是一位教育思想家。具体来说，韦伯在这一改革实践过程中，更愿意在某些方面做出妥协，以实现自己的最终目标，这一点与日后韦伯在济贫法改革运动中的表现大不相同。例如，韦伯创建技术教育委员会时任命了一批外部组织的成员，1899年费边社内部讨论教育改革方案时暂时放弃伦敦部分，以及韦伯的宗教态度等。

韦伯对英国，尤其是伦敦教育的影响应该分为两部分来评论。第一，在教育层面，韦伯的影响是巨大的，他对伦敦技术教育、中等教育乃至高等教育的快速发展起了重要的作用。第二，在政治层面，主要在1902及1903年教育法改革过程中，韦伯虽然没有莫兰特那样的

① A. V. Judges, "The Educational Influence of the Webbs," *British Journal of Educational Studies*, Vol. 10, No. 1 (Nov., 1961), pp. 33-48.

官方身份，但他在伦敦郡议会技术教育局10年的卓越工作，为包括伦敦郡议会在内的地方议会成为教育管理当局奠定了坚实的基础；而韦伯提出的三点教育改革理念虽然并非首创，但他是坚定的支持者，并通过各种方式向社会传播。因此，韦伯虽然在教育改革的过程中主要扮演的是幕后角色，主要通过私人关系、报纸杂志等手段宣传自己观点，这一点虽然无法量化，但不能因此否认韦伯在其中所起的重要作用，尤其是在1903年单独的伦敦法案通过过程中，韦伯确实做出了相当大的努力并最终取得了成功。因此，虽然1902及1903年教育法的通过更多的是出于政治层面的角力，是政府迫于当时混乱的教育形势，急于改变现状而采取的举措，或如韦伯所说是时代潮流发展的产物，但韦伯，作为个人，也确实在其中发挥了重要的作用与影响。

1902和1903年教育法的颁布，为英国教育发展奠定了基础，同时对英国的政治也产生了重要的影响，保守党的统一派政府因此而分裂，自由党则在反教育法的斗争中团结起来。而韦伯，作为政府教育法案的主要支持者，其最终结果对个人来说是不幸的。法案通过后，韦伯和自由党内非国教徒以及伦敦郡议会内占统治地位的进步派和劳工议员疏远了，他们不能理解为什么韦伯会站在保守党一方支持教会学校。他们把韦伯排除于所有重要位置之外，并踢出进步党委员会。[①] 正如比阿特丽斯所说：“他们认为韦伯站在保守党政府一边，忽视圣公会和不信奉国教者之间的宗教区别而采取一致对待的态度。”[②] 于是，当1904年新的教育委员会成立时，韦伯就不再是主席或副主席，而是施普赫尔德（A. J. Shepheard）和利昂（A. L. Leon）两位反对教

① A. M. McBriar, *Fabian Socialism & English Politics, 1884-1918*, *Cambridge*: *Cambridge University*, *1962*, *p. 217*.

② Norman MacKenzie and Jeanne MacKenzie, eds., *The Diary of Beatrice Webb* (*1892-1905*), London: Virago Press Limited, 1983, p. 273.

派学校者当选。虽然进步党领导人并不想失去韦伯在教育事务上的专业知识，但是1904年选举韦伯只在新的教育委员会（Education Committee）下担任一个副职。韦伯虽然一直在伦敦郡议会待到1910年，但再也没有担任过重要职位。霍尔丹虽然还是支持韦伯，但作为后来战争时期的大臣与韦伯的社会改革领域并没有直接关系。1905~1914年在英国社会改革大潮涌动的过程中，韦伯夫妇虽拥有极其丰富的有关管理问题的专业知识、思想及建议，但却很少被采纳，包括后来韦伯夫妇的少数派报告和废除济贫法运动的失败，也不得不说在很大程度上受到1902及1903年教育法案的影响。

第二节 废除济贫法运动

韦伯夫妇领导的废除济贫法运动在韦伯的社会主义实践中占有重要地位。首先，韦伯在废除济贫法运动过程中提出的社会福利思想和福利国家建构理论是其社会主义思想最重要的内容。这其中，韦伯倡导的“国民最低生活标准”（The National Minimum）是其社会主义思想分配平等化目标的具体诠释，也是他社会改革实践的最重要的一环。可以说，在19世纪80年代末至一战前夕这段时间，韦伯所涉及的社会改革基本都在这场运动中得到体现。其次，关于如何实现“国民最低生活标准”之政策建议，即韦伯夫妇在《少数派报告》中提出的济贫法体系改革方略，是韦伯对国家职能、中央及地方政府互动关系，以及对社会改革实施方法思想的集中体现。从这个角度来说，韦伯的社会主义思想可以称为福利主义思想。

韦伯社会福利思想由一系列预防社会贫困的具体目标和改革建议集合而成，它通过建立“国民最低生活标准”的方式解决当时英国社会普遍的贫困问题，最终能够“坚定地促进体力和脑力劳动者的健康和快乐、诚实和友善、文化和科学知识以及冒险精神的实现”。[①] 关于韦伯具体的社会福利思想，在前文阐述分配平等化目标时已做论述，在此不再赘述，本节主要讨论自比阿特丽斯受邀加入济贫法皇家调查委员会后，韦伯夫妇在英国发起的废除济贫法运动。

一 20世纪前英国的济贫体系

20世纪前，济贫法制度是英国政府救济贫民的最主要手段。早在1601年伊丽莎白女王时代英国就颁布了济贫法，初步建立了济贫体系。首先，以教区（parish）为济贫法的地方行政单位，并设立无工资的非正式济贫法监察员管理；其次，费用来源于济贫税（1601年前主要通过慈善捐款），济贫法规定如财政入不敷出，可向此教区同属的百户区（Hundred）的其他教区抽税；第三，救济的对象主要分为两类：有工作能力的穷人和无工作能力的穷人。前者被送往贫民习艺所（workhouse），而后者，如老年人、病人、残障人等收容在济贫院（almshouse）或通过户外救济的方式施以衣服、食物等。1601年建立的济贫体系以户外救济为主，而且全国并没有形成统一的管理体系和济贫体系，各教区由于自身财力的不同导致济贫程度差异较大，由此导致贫民大多愿意迁入较富裕的教区。由此，1662年政府制定迁徙法，严格禁止人民自由迁徙。1795年英国政府又制定斯宾汉姆莱法（Speenhamland Act），根据食品价格制定基本工资标准，对达不到标准的由国家实行补贴。1722年制定的济贫法（The Poor Relief Act，也被称为Knatchbull's Act），提出济贫院检验原则（Workhouse Test），目的在

① Barbara Drake and Margaret I. Cole, eds., *Our Partnership by Beatrice Webb*, London: Longmans, Green and Co., 1948, p. 477.

于让济贫院形成一种威慑，使得只有最迫切需求的人才愿意进入。1782年制定的济贫法，也称吉尔伯特法（Gilbert's Act），允许教区联合建立济贫院，并设立贫穷救济委员会（Board of Guardians）负责行政管理。

1834年，英国政府通过《济贫法修正案》（“新济贫法”）。新济贫法规定每个教区必须建造济贫院，也可由几个教区联合建造，称为教区联合（Poor Law Union）。每个教区联合设立一个贫穷救济委员会，负责行政管理，诸如征收济贫税，监督济贫院工作等。同时，在中央设立中央济贫法委员会（Central Poor Law Commission，1847年后改名为Poor law Board，1871年后改由地方政府负责），建立中央统一的行政组织管理地方济贫机构。韦伯夫妇在《少数派报告》第一部分《济贫法的废除》中提到，在1834年前并没有一个统一的处理济贫事务（包括健康医疗、教育、为老年人提供养老金服务、处理失业问题等事务）的公共机构，虽然新济贫法并未能建立一个处理全社会所有济贫事务的机构，但是它毕竟建立了一个由中央统筹处理济贫问题的公共机构。[①] 在济贫内容上，新济贫法奉行两大原则：“劣等处置”（less eligible）和“济贫院检验”（workhouse test，1723年就已制定）原则。前者简单来说就是接受救济的贫穷阶层的生活标准，决不能高于独立劳动者；后者的意思是停止一切户外救济，将社会所有的济贫事务统一放在济贫院内部进行。

基于1834年原则，英国建立了一批以惩罚贫穷为己任的济贫院。首先，济贫院中接受救济的人的生活甚至比监狱生活还令人难以忍受。恩格斯在《英国工人阶级状况》中就对当时英国济贫院的生活做了详细描述：“不做完分内的工作就不能吃饭；想进城得事先请假，

① Sidney and Beatrice Webb, *The Break-up of The Poor Law: Being Part One of The Minority Report of The Poor Law Commission*, London: Longmans, Green and Co., 1909, pp. xi-xii.

但准与不准要看他的品行或者管理人对他的意见；抽烟是禁止的；即使在所外也不准接受亲戚朋友馈送的东西。这些穷人穿着习艺所的制服，完全听管理人的摆布。为了使他们的劳动不致同私人工业竞争，分配给他们的工作多半是没有用处的；男人砸石子，并要砸得像‘一个身强力壮的男人紧张地工作一天所能砸的一样多’；女人、小孩和老头拆开旧船索，这是干什么用的，我已经忘记了。为了使‘多余的人’不能繁殖，为了使‘德行败坏的’父母不致影响自己的孩子，家庭被拆散了：丈夫、妻子、孩子分别被安置在各幢房子里。他们很少能够见面，只有当主管人认为他们很规矩的时候，他们才能在规定的时间内见面。为了使这些巴士底狱中的贫穷传染病完全和外界隔绝，住在里面的人只有得到主管人的许可才能在特别的会客室里会客，总之，只有在主管人的监视或许可下才能和外面的人接触。”[①] 这些如人民所称呼的“穷人的巴士底狱”（Poor Law Bastilles），即使对待病人也没有特殊的照顾。一份 1848 年有关哈德斯菲尔德济贫院的报告写道：“医院很脏，地板很脏。我觉得自从有这个医院以来就没有清洗过，到处是污痕，蜘蛛网挂在天花板上，床上的被子有一些仅仅是破布。”[②] 1844 年 1 月在萨福克的拜克顿的习艺所里也有过一次调查，发现一个白痴似的女人在这里当看护，她对待病人的手段是极其荒唐的：为了省得看护们在夜里值班，就用绳子把那些不安静的或夜里常常起来的病人捆在床上；曾有一个病人就是这样捆着死掉的。在伦敦圣潘克拉斯的一个缝制廉价衬衣的习艺所里，一个患癫痫的男人在发病的时候闷死在床上，谁也没有去搭救他。[③] 其次，1834 年原则还体

---

① 〔德〕恩格斯：《英国工人阶级状况》，人民出版社，1956，第 341~342 页。

② Eric Hopkins, *A Social History of the English Working Classes, 1815-1945*, London: Edward Arnold, 1979, p. 136.

③ 〔德〕恩格斯：《英国工人阶级状况》，第 344 页。

现在济贫院居住的混杂情形上。济贫院检验原则要求完全废除户外救济，而将所有形式的济贫都集中到济贫院，这必然导致男女、病人（包括有传染病的）、儿童、老人等许多不合适在一起的人全都聚集在一个地方。这些混杂的状况除造成传染病的传播问题外，对小孩的影响更是极端负面的，因为他们只能与其他具有各种性格的成年人居住在一起。

埃德温·查德威克提出的新济贫法原则，建立在认为贫困主要是个人原因导致的，而整个社会经济是没有问题的认识基础之上。他认为只要通过这种惩罚型的救济迫使穷人回到就业市场，不被可以不劳而获的济贫体系所吸引，就能够解决社会贫困问题。同时，基于此原则而提出的废除户外救济，更是可以节省大量的济贫开支。从 1834 年济贫法通过后，济贫院的生活虽然还是严酷的，但实际上济贫院中的生活也在不断得到改善，例如改善伙食、给老年夫妇提供单独的卧室、提供烟草茶叶等。1867 年，议会通过了《城市贫困法》（The Metropolitan Poor Act），在济贫院建立专门的医疗机构，1868 年著名医学杂志《柳叶刀》（the *Lancet*）发表了一系列济贫院病人状况报道引起社会震惊，迫使济贫院开始改善病人状况，并雇用专业护士。[①] 同时，济贫院中儿童的待遇也得到逐渐改善。针对儿童与其他成年人混杂居住在济贫院中的状况，1862 年济贫法皇家委员会委员拿骚·西尼尔（Nassau Senior）建议说："每一个教区联合都应该建有一个独立的学校，而只有那些受社会污染最严重的小孩才需要进入济贫院；每一个济贫院都应该有一幢专门给小孩的建筑，我们绝不允许让小孩与成年

① Eric Hopkins, *A Social History of the English Working Classes, 1815-1945*, London: Edward Arnold, *1979*, p. *137*.

人居住在同一个屋檐下。”[①] 1908 年一篇对格林尼治教区的乡村之家的描述，反映了在某些教区儿童生活状况的改善：“中间是一个很大的公园，四周围绕着乡村风格的房屋，供 15~33 个孩子居住。每一个小屋都是独立的，由养父母管理，他们还兼管男孩的工业技能培训。小屋内一切都按照最自然的方式设计，让他们有家的感觉而不是生活在某一个机构中”。[②] 然而，济贫院检验原则也并未得到严格实施，韦伯夫妇在《英国济贫法政策》中就提出“院内救济只在 1834 到 1847 年和 1871 到 1885 年这两个时间段试图严格实施过”。[③] 实际上，原计划于两年内终止的户外救济直到 20 世纪也没有废除，在 1834 到 1847 年间，济贫法委员会仍然沿用以往户外救济的方式，即每周施以金钱、食物，偶尔会施以衣物，以致一些残障人士和老年人终其一生都依靠这种方式得到救济。户外救济非但没有废除，反而有逐渐扩大的趋势。伦敦波普勒联合济贫区户外救济领取者 1903 年有 3509 人，1904 年有 4069 人，1905 年有 7886 人，到 1906 年为 7330 人。接受户外救济的贫民占人口总数的比例也从 1903 年的 19.2% 上升到 1904 年的 21.8%，1905 年又增加到 35.5%。[④] 韦伯也指称从 1834 年以来，一共有三分之二的人接受过户外救济。[⑤] 户外救济之所以没有被废除，部分原因在于济贫院并不能满足所有穷人的救济需求，尤其是在商业萧条时期，

① Sidney and Beatrice Webb, *The Break-up of The Poor Law: Being Part One of The Minority Report of The Poor Law Commission*, London: Longmans, Green and Co., 1909, p. 15.

② Eric Hopkins, *A Social History of the English Working Classes, 1815-1945*, London: Edward Arnold, 1979, p. 136.

③ Sidney and Beatrice Webb, *English Poor Law Policy*, London: Longmans, Green and Co., 1910, p. 263.

④ 丁建定：《从济贫到社会保险——英国现代社会保障制度的建立（1870~1914）》，中国社会科学出版社，2000，第 148 页。

⑤ Sidney and Beatrice Webb, *The Break-up of The Poor Law: Being Part One of The Minority Report of The Poor Law Commission*, London: Longmans, Green and Co., 1909, p. 27.

济贫院不能提供足够的地方实行院内救济；此外，更重要的原因在于户外救济比院内救济便宜，以1862年伦敦为例，通过院内救济一个人需要4先令8便士，而户外救济只需要2先令3便士。[①] 于是，英国政府分别于1911年和1913年通过新的救济条例和济贫法机构条例，从法律上规定放宽对户外救济的限制，提高户外救济的水平，并改善济贫院的生活环境。

二 废除济贫法运动

1905年10月，当时执政的保守党政府成立了一个以专家为主的济贫法调查皇家委员会，该委员会成立的目的是调查英国济贫法的执行情况，以及经济萧条时期在济贫法之外所采取的解决各种因失业导致的贫困问题的方法；并考虑提出济贫法的修正方案，以通过行政和立法改革解决贫困问题。[②] 济贫法皇家委员会成员除主席乔治·汉密尔顿（George Hamilton）外共18人，其中包括慈善组织（Charity Organization Society）成员、济贫法地方政府官员、正统政治经济学家以及劳工运动代表等。[③] 这18人主要分为两派：一派是由包括韦伯夫人在内的三位劳工代表以及罗素·维克菲尔德（Russell Wakefield，伦敦中央失业组织主席）组成的少数派；一派是由其他14位成员组成的多数派。济贫法皇家委员会设立的缘由，一方面是1834年新济贫法体系未能解决英国社会的贫困、失业等问题；另一方面是济贫法制定后，英国政府相继制定的一些与济贫法体系相违背的社会立法，使得地方

① Eric Hopkins, *A Social History of the English Working Classes, 1815-1945*, London: Edward Arnold, 1979, p. 135.

② Margret Cole, ed., *The Webbs and Their Work*, London: Fredrick Muller Ltd, 1949, p. 102.

③ 3位劳工运动代表分别为乔治·兰斯伯里（George Lansbury，伦敦中央失业组织成员，伦敦波普拉区贫穷救济委员会委员，工党党员）；弗兰西斯·钱德勒（Francis Chandler，劳工联合会成员，查尔顿区济贫委员）；比阿特丽斯·韦伯。

政府觉得指导他们管理济贫法的原则已陷入困境。例如1905年制定的失业工人法案（Unemployed Workmen's Bill），政府通过对某些行业和机构提供补助从而增加就业的原则，显然与当初制定的新济贫法通过惩贫方式强迫工人回到就业市场的政策相违背。此外，当时英国激进主义和社会主义以及劳工运动的发展，也使保守党政府觉得有必要设立这样一个委员会。正如保守党政府地方政府事务部大臣沃尔特·郎所说："很长时间来，我一直坚信，应该组织一次新的调查，事实上我已经不止一次提出这样的建议，我认为组织这样的委员会是必要的，我已经看到许多激进主义者和社会主义者的阴谋与诡计，我感到十分担忧，他们不应该得到他们不配得到的声誉。"①

济贫法皇家委员会的调查是在比阿特丽斯·韦伯的主导下进行的。韦伯夫妇调查的重点主要包括三个方面：一、济贫法实施过程中，有关济贫法救助与血汗工厂之间的互动关系；二、贫民救济委员会真正实施的具体章程；三、中央政府的政策，其最终目标在于提出解决包括病人、儿童以及老人救济问题在内的济贫改革方案。② 经过3年多时间，韦伯夫妇共同起草了一份详细的包括英格兰、苏格兰、威尔士和爱尔兰在内的济贫法调查报告，只有包括韦伯夫人在内的4名委员签署，故称为《少数派报告》。在《少数派报告》中，韦伯夫妇用大量篇幅叙述了他们关于当时济贫法实施现状的调查报告：其中包括现行的济贫院内救济情况、户外救济情况、孕妇与婴儿救济情况、儿童救济情况、病人救济情况、老年人及身体虚弱者救济情况、医疗教育情况、失业情况等。在对英国当时整个济贫体系的实施状况和问题做详细论述的基础上，韦伯夫妇提出了废除济贫法体系，将原济贫法

---

① 丁建定：《从济贫到社会保险——英国现代社会保障制度的建立（1870~1914）》，第156页。

② Lisanne Radice, *Beatrice and Sidney Webb: Fabian Socialists*, London: Macmillan, 1984, p. 161.

机构的功能转由地方议会下属的各委员会管理的改革建议。

1. 对原济贫法体系的批判

韦伯夫妇在废除济贫法运动中所做的第一件事，就是对原济贫法体系（即1834年新济贫法）进行批判。主要集中在三个方面：对原济贫法原则体现的理念的批判；对原济贫法具体实施过程中弊端的批判；对济贫法实施效果的批判。

（1）对济贫法理念的批判。

韦伯对原济贫法理念的批判，主要集中于贫困的责任归属问题。1834年新济贫法所谓的惩罚性救济原则，是基于贫困主要是个人的责任这一观念而制定的。当时社会普遍认为，贫困产生的主要原因并不是整个社会经济体系出现问题，而主要是穷人自身的错误，即穷人自己的懒惰、道德堕落造成的。因此，政府要做的并不是大力改善穷人的生活状况，而是通过降低济贫院救济贫民的生活标准的方式，迫使他们走出济贫院，并迫使他们回到就业市场。此外，当时英国社会，主要是社会上层，还流行着一些观点更加强了这一做法。“工资铁律”[①]（Iron Law of Wages）观念认为，任何用于济贫的钱都不可避免地出自正在工作的人的口袋，济贫花费的钱越多，实际工作的工人工资也就越低；马尔萨斯的人口论则认为济贫会鼓励人们更多地生育，产生更多的穷人，从而更多地占据冷静和勤奋的工人的资源。他认为慈善事业和济贫本身是毫无意义的，因为它们只会维持“过剩人口”的存在，并鼓励他们繁殖，而其余的人的工资也因他们的竞争而降低了。与此同时，济贫所给穷人安排工作也同样是毫无意义的，因为既然只有一定数量的劳动产品能够找到销路，那么一个失业的工人找到了工作，就必然要使另一个现在有工

① 实物工资处于长期将永远倾向接近于仅可维持工人生活所需的最低工资额，因此这理论也称为工资的最低生存说。

作的工人失业，换句话说，济贫这种事业是在损害私人工业的基础上发展起来的。因此，马尔萨斯认为，问题决不在于去养活“过剩人口”，而在于采用某种办法尽可能地缩减过剩人口的数目。[①] 此外，亨利·梅恩爵士还曾借用达尔文的适者生存理论暗指穷人就是不适合生存的，他提出任何用公共财政救济社会下层的行为都是对国家福利的损害。甚至，当时英国社会还有一些人明确表达穷人的存在是文明社会的基础这样的观点。例如帕特里克·科胡恩（P. Colquhoun）就说过：“每个国家都是由组成这个国家的社会中的贫穷现象支撑的。没有规模庞大的贫穷现象，就不可能有财富，因为财富是劳动的产物，而劳动又只能出现在贫穷状态中。贫穷是这样一种社会状态和情景，即个人没有剩余劳动的积蓄，换句话说，除了由不断劳动来取得东西以外再也没有财产或生活资料。所以，贫穷是社会最需要和不可少的元素。没有它，国家和社会便不能在文明状态下生存了。贫穷是人类的命运，是财富的来源，因为没有贫穷，占有财富的人便不能有劳动、财产、教化、舒适享受和利益，同时没有规模庞大的贫困现象，我们也不可能使剩余劳动变成生产力而获得生活上的便利条件和享乐。”[②] 虽然上述一些观点到 20 世纪初已逐渐被人认识到是错误的，然而贫困是个人的责任这一观点一直并未消失，并在《多数派报告》中体现出来。

韦伯则认为贫困（Destitution）是社会的责任，他在《贫困的预防》（*The Prevention of Destitution*）一书中开宗明义就提出“贫困是社会的一种疾病”。[③] 在该书中，韦伯首先对贫穷（Poverty）和贫困（Destitution）的概念做了区分。他指出，贫穷是一种相对的概念，即只要一个人在他的生活圈子中消费能力比起一般标准来低，那么就可

① 参见恩格斯《英国工人阶级状况》，第 338 页。

② 〔德〕马克斯·比尔：《英国社会主义史》，第 131~132 页。

③ Sidney Webb, *The Prevention of Destitution*, London: Longmans, Green and Co., 1911, p. 1.

以说这个人贫穷；至于贫困，则是指一个人不能维持其生活必需的一种状态，这其中既包括没有工作能力的人，也包括那些无法通过工作来维持生活必需的那部分人。[①] 基于此，韦伯指出如果说贫穷状态的出现，还有可能部分是由个人原因导致的；然而对于那些在血汗工厂中夜以继日拼命工作却仍然不能维持生计的人，对于那些没有工作能力的人以及有工作能力却只能偶尔找到工作或长期处于失业状态的人（这指的是有工作能力，也有工作愿望的那部分人）来说，他们遭遇的贫困，显然不应该说是他们个人的责任。

此外，韦伯还进一步指出当这种社会贫困成为一种社会普遍现象时，还认为贫困是个人的责任这样的观点显然是极为荒谬的。正如韦伯在《资本主义文明的衰亡》中所举的一个生动的例子，他说："假如有甲乙两人，在其他条件相等之下，甲变成了穷人，乙变成了富翁，而产生这种情况的原因，如果明显地和直接地是由于甲的消费超过收入，过分挥霍，而乙则每年从事积蓄的话，那么社会绝大多数人就会认为这种恶果和报酬，具有诗意的公正：即甲的贫困是咎由自取的，这种贫困是对于他的罪恶的应有的社会合理制裁。然而当这种不平等的现象到了极不合理的时候，人们就会开始怀疑甲的败落乃是结果而不是原因，而乙的兴旺乃是原因而不是结果了。"[②]

韦伯早在费边社第5号短评《为社会主义者提供的事实》（*Facts for Socialists*）中，就指出过当时英国各阶层收入的巨大差异："每年收入（指家庭收入）超过1000镑的富人有160万名，而年收入不满250镑的穷人则有4140万名之多。"[③] 韦伯认为，产生如此普遍的社会贫困的不可能仅仅是个人的问题，而肯定是社会整体出了问题。他认

① Sidney Webb, *The Prevention of Destitution*, London: Longmans, Green and Co., 1911, p. 1.

② 〔英〕韦伯夫妇：《资本主义文明的衰亡》，第9页（译文略有改动）。

③ Sidney Webb, *Facts for Socialists*, London: The Fabian Society, 1926, p. 18.

为最主要的原因在于在资本主义私有制下，人民被剥夺了生产工具的所有权，因此即使生产总量相当巨大，广大的人民群众仍然生活在贫困之中，并且他们中间的大多数人将会永远受到饥饿的威胁。韦伯说："如果一条街上的一个婴儿，在出生之前实际上就占有100万英镑，而一个从8岁一直辛苦工作到80岁的妇女却被别人所抛弃，以致死在劳动济贫院里，那么，18世纪的乐观主义就会开始失掉信心了。"①

（2）对新济贫法具体实施过程中弊端的批判。

韦伯夫妇对济贫法具体实施过程中弊端的批判主要集中在救济混乱和行政机构重叠两个方面。首先，韦伯提出了救济混乱问题，而这种混乱主要体现在救济随意性上。正如上文所述，1834年新济贫法制定的严格的惩罚性救济并未得到严格实施，在之后的半个多世纪英国社会一直在致力于改善济贫院的环境和受救济贫民的生活状况，当然这种改善在全国范围内来说并不统一，各地差异性体现得十分明显。正如《少数派报告》所说："虽然新济贫法之后的半个多世纪以来，建立了一些济贫法学校和济贫法医院，将病人和儿童独立出来。然而，英国每一个教区联合，包括威尔士、爱尔兰和苏格兰，大量的贫民，包括有工作能力的穷人，无工作能力的老人、病人及小孩等仍然生活在综合性济贫院中。50000个在济贫法机构的儿童，仍然有15000个生活在综合性济贫院之中。"② 此外，韦伯还认为这些济贫院的条件改善，或出于各地具体经济条件的差异，或出于济贫官员的良心，或出于社会慈善，或出于花钱买清净的心理。但不管为何，这一切改善的行为都没有法律的强制性，因此，实际上来说，任何济贫官员都有权力不折不扣地执行1834年新济贫法原则。

---

① 〔英〕韦伯夫妇：《资本主义文明的衰亡》，第9页。

② Sidney and Beatrice Webb, *The Break-up of The Poor Law: Being Part One of The Minority Report of The Poor Law Commission*, London: Longmans, Green and Co., 1909, pp. 4-5.

其次，韦伯指出在当时的济贫法体系下，不仅各地济贫税征收标准不一，而且救济金（主要指户外救济）发放的标准也存在地区差异。例如他指出："在贝德明斯特（Bedminster）、普雷斯特维奇（Prestwich）、南特威治（Nantwich）、埃平（Epping）等地发放户外救济是每人每周2先令6便士，在切尔滕纳姆（Cheltenham）、北比尔利（North Bierley）、哈丁斯顿（Hardingstone）等地每周3先令，纽波特（Newport）每周4先令，拉夫堡（Loughborough）和布雷德福（Bradford）则是每周5先令。"①

最后，韦伯还指出户外救济的另一个严重问题乃是"无条件救助"。韦伯提出虽然某些教区会根据贫民的品行来制定救济金的标准，例如在谢菲尔德，品行最好同时在该郡居住时间达到20年的人，可以得到每周5先令的救济金，归为A类；品行较差的，归为B、C、D类，每周救济金分别为4先令、3先令和2先令6便士。② 然而，在很多地区，济贫官员并未很好地执行这一标准，使得一个即使具备工作能力或者品行不好的人，也可以领取到户外救济，这种情况经常发生，从而导致济贫费用浪费。韦伯也在《少数派报告》中提出："在英格兰和威尔士，有工作能力且身体健康的人，不工作却领取户外救济的，每年在30000—40000人。"③ 户外救济的浪费问题直到济贫法实际废除前夕的1927年仍然很严重。伦敦市政社和国家地方纳税人协会联盟的一份报告指出，在1927年，"德特福德（Deptford）的十五分之一，格林威治（Greenwich）的十八分之一的人都在接受济贫法救助。这个

---

① Sidney and Beatrice Webb, *The Break-up of The Poor Law*: *Being Part One of The Minority Report of The Poor Law Commission*, London: Longmans, Green and Co., 1909, p. 36.

② Sidney and Beatrice Webb, *The Break-up of The Poor Law*: *Being Part One of The Minority Report of The Poor Law Commission*, London: Longmans, Green and Co., 1909, p. 29.

③ Sidney and Beatrice Webb, *The Public Organisation of the Labour Market*: *Being Part Two of The Minority Report of The Poor Law Commission*, London: Longmans, Green and Co., 1909, p. 95.

教区联合的18000名接受济贫救助的人中大约有85%的人接受户外救助，每年花费25万镑。其中五分之三的人是有工作能力的，为此花费在失业救助上的金额每年在12万镑。户外救济花费巨大的原因在于给有工作能力的人提供户外救济是无条件的。到6月18日止，2372个失业工人中超过一半（1319人）已持续领取救济金超过1年，且不少于293个有工作能力的人领取已超过4年”。①

韦伯认为，济贫法机构与地方政府机构之间的功能重叠问题，是济贫法体系存在的最为严重的问题，而对该问题的解决方案则构成了韦伯济贫体系改革建议的基础。查德威克曾将1834年济贫法实施的失败归结于行政上的原因，即新济贫法并未按照他原先设想的法案执行，主要原因在于地方的济贫官员贪污济贫税，或者因懒惰而不经考察给予有工作能力的人以户外救济等。同时，《多数派报告》也将责任归咎于24000名济贫官员的个人缺陷。而韦伯则认为新济贫法最严重的问题在于1834年后，许多地方性机构的建立，比如地方医疗机构、地方教育机构等，它们的功能部分与济贫法机构重合，再加上相互之间的竞争导致几个机构同时为相同的人提供重复的服务，显然这种重合会带来整体上效率的下降和财政浪费。

韦伯指出，解决贫困儿童问题的机构，除了济贫法当局外，还有地方教育部门（The Board of Education）以及内政部，他们各自都按照自己的法令行事。在儿童教育问题上，政府在济贫法外就管理超过10万名儿童，为他们中最好的那部分提供奖学金，对其中最差的通过感化学校（Reformatory School）管理，此外还为盲人、跛腿儿童提供寄

① London Municipal Society and National Union of Ratepayers' Association, *The Abuse of Poor Law Relief in Bermondsey, Southwark, Greenwich (Deptford), Shoreditch and Woolwich*, London: Jas. Truscott & Son, 1927, pp. 4-5.

宿学校等。[①] 在处理贫困儿童问题上，济贫机构的第一个对手不是地方教育部门，而是内政部，后者通过治安官和警察管理。从 1854 年一系列法令开始，到 1908 年儿童法的出台，一批工业和感化学校建立，其费用来源于父母支付、捐献以及地方税收，但最大部分来源于内政部的补助金。其中感化学校是为少年罪犯建立的，而工业学校，最初只是无罪的穷人儿童进入，后来两者界限变模糊，而只按年龄区分入校。[②] 地方教育部门不仅解决各种儿童的教育需求，如小学、中学、寄宿学校、特殊学校、中等专业学校等，到 1906 年更有权为儿童提供医疗服务和免费食物。依照相关政府法案，包括 1905 年的失业工人法案、1906 年教育法、1907 年教育法、1907 年苏格兰教育法和儿童法等，各地都相继建立了与济贫法竞争的地方机构，解决食物、医疗和教育等贫困儿童之所需。在对待病人方面，韦伯指出在济贫体系之外，地方医疗部门（local Health Authority）也发展起来，并开始提供一个范围很广的服务，例如各种疾病的预防、治疗（包括医院的维持和住家医疗服务）、医药和抗毒素的提供、传染病隔离、健康访问等。正如韦伯在《少数派报告》中所说："现在已有超过 700 家由地方医疗部门管理的地方医院，1906 年医疗部门还应教育部门邀请为所有在公立学校的儿童提供反复的体检服务等。"[③]

此外，韦伯还指出其他许多在济贫法体系外的救助服务与机构。例如 1908 年养老金法案为 70 岁以上老人提供养老金，根据 1905 年失业工人法案建立的委员会等都在济贫法体系外处理养老、失业等问题。

---

① Sidney and Beatrice Webb, *The Break-up of The Poor Law: Being Part One of The Minority Report of The Poor Law Commission*, London: Longmans, Green and Co., 1909, p. xiii.

② Sidney and Beatrice Webb, *The Break-up of The Poor Law: Being Part One of The Minority Report of The Poor Law Commission*, London: Longmans, Green and Co., 1909, p. 179-180.

③ Sidney and Beatrice Webb, *The Break-up of The Poor Law: Being Part One of The Minority Report of The Poor Law Commission*, London: Longmans, Green and Co., 1909, pp. xiii-xiv.

（3）对济贫法实施效果的批判。

1834年济贫法实施，但并未解决英国越来越严重的贫困问题，这个现实基本为大众所认识，这也是1905年济贫法皇家委员会设立的一个主要原因。新济贫法实施后，济贫支出不断增加。马里欧特在《现代英国》中指出："在直到1906年为止的十年间，与1871~1880年那个周期相比，受救济的成年男贫民增加了不下18.4%。济贫的费用自1870~1871年的8007403镑增加到1905~1906年的14685983镑。固然，人口已经有所增加，但是全国每个人的平均支出已经从7先令四分之一便士增加到8先令七又四分之一便士。"[①] 尽管如此，济贫的效果却毫不明显，"仍然有一大批生活不能自给的人分布在我们中间，而且，就最近的迹象来看，这支大军的人数只会有增无减"。[②] 新济贫法实行以后，申请济贫法救助的穷人在数量上确实有所减少，但这并不表示社会上穷人数量的减少，而是因为新济贫法的惩贫性质使得工人只有在毫无希望的情况下才试图申请进入济贫院，同时部分工人还通过工会或互助会等形式得到私人救济。

韦伯对济贫法实施效果的批判还包括另外两点。第一，韦伯认为济贫法只注重解决穷人物质上的贫困问题，而忽视了道德层面。韦伯一向认为现代社会的贫困，不仅仅是生活必需品的缺乏所导致的人健康、体力乃至活力的缺失，更是一种精神堕落的状况。他指出："贫困在现代社会不只是带来疾病、过早的死亡，更带来灵魂的堕落。穷人们拥挤的住所，在血汗工厂的工作，不稳定的工作，长期的失业或就业不足，并长期处于酗酒、乞讨、阿谀奉承和谎言的环境下，这都

① 〔英〕约·阿·兰·马里欧特：《现代英国1885~1945》中册，姚曾廙译，商务印书馆，1973，第473~474页。

② 〔英〕约·阿·兰·马里欧特：《现代英国1885~1945》中册，第474页。

会导致人灵魂的堕落。”[①] 然而，韦伯认为新济贫法在处理已经发生的贫困问题时，并没有考虑到每个人的特殊情况，也没有考虑人的性格好与坏（上述户外救济的无条件救助原则就是一个很好的例子）。这样就产生了韦伯所说的“对好人太坏，而对坏人太好”的现象。韦伯曾举例说明：“具体说来，对于一个普遍意义上好的失业健壮男人，不管他失业的原因是什么，只有两条可以选择的道路：或者在资本主义牟利者所给的任何工资和任何条件之下工作，或者在一种蓄意为难的惩罚纪律之下过他不够温饱的牢狱生活；相反，对一些所谓的坏的失业的健壮男人，他们却拒绝每周 2 镑 15 先令的规律工作而持续接受户外救济。”[②] 也就是说，韦伯认为 1834 年济贫法严格的原则导致无法解决没有工作能力的穷人以及有工作能力且愿意工作的那部分穷人的贫困问题；与此同时，松散的执行力却导致那部分确实是有能力而不愿去工作的人反而能享受到部分济贫救济，包括济贫院救济和户外救济。[③]

第二，韦伯认为，新济贫法没有解决救济贫困的问题，也起不到预防贫困的作用。正如韦伯所说：“现在济贫法花费巨大的内在缺陷，不在花费的数字，也不是它不加区别的救济，而是缺少预防贫困的原则。”[④] 韦伯提出，除了一部分儿童和病人外，济贫法没有试图去预防

① Barbara Drake and Margaret I. Cole, eds., *Our Partnership by Beatrice Webb*, London: Longmans, Green and Co., 1948, p. 442; Sidney Webb, *The Prevention of Destitution*, London: Longmans, Green and Co., 1911, pp. 1-2.

② 〔英〕韦伯夫妇：《资本主义文明的衰亡》，第 103 页。

③ 有工作能力且身体健康的人，在综合性济贫院中的人数，包括英格兰、威尔士和爱尔兰，超过 10 万人，苏格兰的情况也大致一样。参见 Sidney and Beatrice Webb, *The Public Organisation of the Labour Market: Being Part Two of The Minority Report of The Poor Law Commission*, London: Longmans, Green and Co., 1909, p. 95.

④ Sidney and Beatrice Webb, *English Poor Law Policy*, London: Longmans, Green and Co., 1910, p. 299.

贫困的发生（这本就不是济贫法机构的责任），而只是在贫困发生后去救济贫困。济贫法支出有三分之一到一半与医疗健康服务有关，然而其实施效果却很不理想。韦伯认为问题并不是出现在济贫法体系内的4000名医疗官员身上，而是表现在：对有损公共健康的大多数情况他们不能提供医疗协助，济贫医生的酬劳较低，很少提供护士服务，济贫医生和医院并不能在病人生病的初期看病等等。[①] 韦伯曾举过一个例子很好地指出了济贫法无法解决预防贫困问题，他说："对于一个刚染上肺结核但还在工作拿工资的人，他暂时还未陷入贫困，因此得不到济贫法医院的救助（这一点与地方医疗部门就不一样），而当他在一两年后确实陷入贫困而进入济贫院时，其病可治愈的时间已经过了。"[②]

总之，韦伯对济贫法体系的批判主要集中在三个方面：（1）对新济贫法原则和理念的批判，即贫困是社会的责任，国家有义务解决社会贫困问题，接受济贫是穷人的权利，不应该为此受到任何形式的惩罚；（2）新济贫法实际实施过程中，普遍出现对好人太坏，对坏人太好的情况。前者是新济贫法理念的直接后果，后者则是由于新济贫法原则并未完全贯彻执行的结果；（3）新济贫法只能济贫，而无法预防社会贫困问题的产生。

2. 济贫法改革建议

早在1889年，韦伯在《费边论丛》刊载的《社会主义历史基础》一文中就提出济贫法的改革建议：（1）通过建立一种普遍的养老金制度以及公共疗养院，把对老年人及对病人的救济同救贫制度分开；

① Mrs. Sidney Webb, "Discussion on the Relation of Poor Law Reform to Public Health and the Medical Profession," *The British Medical Journal*, Vol. 2, No. 2589 (Aug., 1910), pp. 369-375.

② Sidney and Beatrice Webb, *English Poor Law Policy*, London: Longmans, Green and Co., 1910, p. 300.

(2) 把所有身体健康的贫民组织起来从事劳动并给予技术教育；(3) 给予失业者以临时的救济工作；(4) 由各个地方的地方行政当局来接替贫民局的工作。其最终目的在于慷慨地并毫不带侮辱地对老年人、病人以及暂时失业而陷于贫困的人给予生活费用，同时也不放松对被救济者的“检查”(test)，以防止身体健康的懒汉享受补助。[①] 1891 年，韦伯发表了两篇与济贫法改革相关的文章：《济贫法改革联合会》和《济贫法改革》，阐述对现行济贫法的看法，以及对济贫法进行改革的想法，如为老年人提供养老金，为儿童提供有效率的教育，为病人提供医疗服务等。[②] 1909 年，韦伯夫妇在《少数派报告》中更详细论述了有关济贫法改革的建议，主要可分为三条。

首先，彻底废除济贫法体系。韦伯在《少数派报告》中明确表示对济贫法改革的建议是彻底废除济贫法体系，而不是在济贫法基础上对其进行改革。韦伯在 1890 年就写信给比阿特丽斯：“我想我们并不赞成济贫法的改革，我相信现存的体制不会长久——如果城市不会，那么农村的选票也将推翻它。”[③] 韦伯认为贫困问题是社会有机体本身出了问题，因此查德威克的新济贫法，基于贫困、失业是个人的责任，并试图通过劣等处置原则迫使穷人回到就业市场的做法在其源头上即是错误的。韦伯夫妇在委员会调查之前就反对基于 1834 年原则所主导的济贫体系，反对消除穷人在社会上具有的阶级成见、消除贫困是个人责任的观点，主张拿掉贴在穷人身上的标签，并真正改善穷人的生活状况。此外，韦伯还认为济贫法在具体实施中遇到

① 〔英〕萧伯纳：《费边论丛》，第 112 页。

② 参见 Sidney Webb, “An English Poor Law Reform Association,” *The Quarterly Journal of Economics*, Vol. 5, No. 3 (Apr., 1891), pp. 370–372; Sidney Webb, *The Reform of the Poor Law*, London: The Fabian Society, 1891.

③ Norman MacKenzie, ed., *The Letters of Sidney and Beatrice Webb (1873–1892)*, Cambridge: Cambridge University Press, 1978, p. 135.

的问题，诸如户外救济浪费问题，只能济贫而不能预防贫困等，主要并不是因为济贫官员渎职，而是济贫法本身的原则所导致的，因此只有彻底废除济贫法及济贫法体系，从解决贫困的根源入手，才可能真正解决社会贫困的问题。

其次，废除济贫院，将其功能转入地方议会下属委员会。韦伯夫妇在《少数派报告》的前言中提出，1834 年济贫法创立济贫院，是为了建立一个由国家统一管理的救助机构，统筹管理所有人群的济贫事务，而这一方式到 1907 年皇家委员会建立时，已无法解决贫困的问题。韦伯夫妇提出，在 1834 年济贫法实施以后 75 年的过程中，通过国家税收针对专门人群进行的济贫事务的机构，如地方教育机构、医疗机构、医治精神病机构、解决失业机构和养老金机构等，在费用支出和提供服务的人数上，早已超过了济贫法机构。[①] 例如教育提供方面，济贫法机构负责管理 5～16 岁的 237000 名儿童，大约每年花费 200 万镑，而地方教育机构每年花费至少 2500 万镑，另外警察机构和地方议会在内政部的资金协助下，每年花费 60 万镑建立他们自己的工业学校和感化学校。[②] 此外，韦伯夫妇还认为，这种每一个部门处理一个单独的济贫事务（不像济贫法机构的综合济贫）模式，能够确保专业化和能力水准，提高济贫效率，并最终消除社会普遍贫困问题和伴随产生的穷人耻辱的标记。

韦伯夫妇提出废除济贫法体系下的综合性济贫院，并将其功能转由各地方议会（郡议会与自治市议会）下属的各有单一专职功能的委员会

---

① 参见 Sidney and Beatrice Webb, *English Poor Law Policy*, London: Longmans, Green and Co., 1910, p. 313; Sidney and Beatrice Webb, *The Break-up of The Poor Law: Being Part One of The Minority Report of The Poor Law Commission*, London: Longmans, Green and Co., 1909, pp. xii-xiii.

② Sidney and Beatrice Webb, *The Break-up of The Poor Law: Being Part One of The Minority Report of The Poor Law Commission*, London: Longmans, Green and Co., 1909, p. 136.

负责。具体做法是首先将无工作能力的穷人分为四种类别：（1）学龄期儿童；（2）病人、残障、婴儿、生病的老人；（3）所有形式和年龄段的智障者；（4）可以领取养老金的老人。[①] 这四类人分别由各地方议会下属的教育委员会、健康委员会、精神病委员会和养老金委员会负责其济贫事务。其中教育委员会，通过地方教育机构负责所有学龄期儿童（不管他们是否由国家抚养）的福利需求，主要是教育，也包括1906年教育法规定的提供免费午餐等要求；健康委员会则为一切病人，包括残障、生病的老人、怀孕妇女及婴儿提供健康医疗服务，并根据不同人群的特殊需求提供针对性的医疗服务，诸如对某些行动不便的老人提供住家医疗服务；精神病委员会，对所有的精神疾病患者负责；养老金委员会在1908年养老金法案提供的财政支援下，负责为70岁以上符合领取养老金条件的老年人提供养老金。

再次，关于如何解决有工作能力的穷人贫困问题，在韦伯看来这主要是失业问题，这也是韦伯夫妇自皇家委员会调查开始就一直在思考的问题。比阿特丽斯在1907年6月给韦伯的一封信中这样写道："有工作能力的穷人问题的症结在于他们乃是社会上一小部分边缘人（marginal man），他们不够年轻，不够有技术，平时也没有好好应对自己的就业问题。他们并不是不道德的，他们没有生病，且愿意工作。基于此他们本不属于改革的范围，他们只是没有足够的动力与主动性。然而如果任由他们在街上游荡，他们会变成妨碍社会的人，会生病，乃至绝望；但如果给他们提供食宿，他们又会永远伸手而不做努力"。[②] 比阿特丽斯这段矛盾的心理陈述，将有工作能力的穷人问题分

① Sidney and Beatrice Webb, *The Break-up of The Poor Law*: *Being Part One of The Minority Report of The Poor Law Commission*, London: Longmans, Green and Co., 1909, p. 570.

② Norman MacKenzie, ed., *The Letters of Sidney and Beatrice Webb* (*1892–1912*), Cambridge: Cambridge University Press, 1978, p. 258.

为两种类别：（1）愿意工作，然而因没有工作或其他原因陷入贫困的人；（2）有能力工作而不愿工作的人。对于前者的问题，韦伯夫妇认为1834年济贫法并没有解决，也没有试图去解决这部分人的贫困问题。韦伯在《少数派报告》中指出："我们在1834年济贫法委员会的报告中，看不到任何有工作能力和无工作能力穷人的区别。它没有失业数据统计，没有随贸易波动而产生的失业记录，没有因为新机器产生的失业情况。委员会只是关注诸如农业地区由济贫带来的品行和资源的浪费一类的问题。"① 韦伯认为，该委员会制定的1834年原则通过压制申请救助者，迫使他们回到就业市场的办法，没有考虑到诸如"某些勤奋的工人在得不到院外救济，又不愿进入济贫院的情况下，只能接受雇主的低工资或其他条件而工作"② 这样的情况。正如全国店员工会的R·戴维斯于19世纪90年代早期对"皇家劳工委员会"的证词中所说："店员及其他企业的工人失业现象非常严重，常常有工人于失业一星期或两星期后，为了供给他妻子儿女一家人的面包和黄油，愿意在任何条件下工作。"③ 对于有工作能力却不愿工作的那部分人来说，韦伯指出由于新济贫法原则在实际上没有得到贯彻执行，这类人群中就有部分人反而能享受到济贫法的救济，包括综合性济贫院的救济和户外救济，例如某些专门的流浪汉甚至将济贫院当成了他们流浪各地的宿舍（lodging house）④，韦伯认为这种方式

---

① Sidney and Beatrice Webb, *The Public Organisation of the Labour Market: Being Part Two of The Minority Report of The Poor Law Commission*, London: Longmans, Green and Co., 1909, pp. 3-4.

② 有时候工人甚至想进入济贫院也不行，因为雇主对不愿接受低工资的工人，会拒绝将其名字提供给济贫院，说他们有工作能力却不愿工作，从而迫使工人接受低工资。

③ 〔英〕莫尔顿、台德：《英国工人运动史：1770-1920》，叶周等译，三联书店，1962，第152页。

④ Sidney and Beatrice Webb, *The Public Organisation of the Labour Market: Being Part Two of The Minority Report of The Poor Law Commission*, London: Longmans, Green and Co., 1909, p. 9.

是不公平的。

基于此，韦伯夫妇在《失业劳工的政府组织》（《少数派报告》第2部分）中提出了有关处理失业问题的具体改革建议：在中央设立一个劳工部（Ministry of Labour）[①]，统筹管理各地根据1905年失业工人法案而成立的地方贫困委员会（Local Distress Committee），通过建立国家强制性的劳动交换系统和失业补助金系统，整合各地劳工市场，预防失业，最终将失业率减到最低，并特别处理经济萧条时期失业工人的生活问题。首先，韦伯建议推行强制性的全国劳动交换系统（劳工介绍所制度），管理全国就业市场，其功能主要包括：调查并报告特定种类、特定地域劳工过剩或短缺情况；减少寻找工作的时间和精力；为临时工和季节工安排长期工作。[②] 在该书中，韦伯提出可借用德国以及英国的商船行业模式[③]，将其向全国范围推广，从而保障全国就业市场的稳定与高效，尤其是保障临时工和季节工等就业不稳定群体的就业连续性。与多数派主张自愿性的劳动交换不同，韦伯试图建立一个强制性的劳动交换，即强制性交换之外的雇佣和解雇是不合法的，多余的工人将被强制性地送往国家工厂、劳工营或者国家的技能培训中心强制劳动或培训，甚至对某些逃避工作的懒汉、流浪汉等施以监禁。当然韦伯强制性劳动交换并非针对所有群体，其针对的就

---

① 它下设6个部门，分别为全国劳动交换局（the National Labour Exchange）、行业保险局（the Trade Insurance Division）、维持和训练局（the Maintenance and Training Division）、工业管理局（the Industrial regulation Division）、移民局（the Emigration and Immigration Division）和统计局（the Statistical Division）。

② Sidney and Beatrice Webb, *The Public Organisation of the Labour Market*: *Being Part Two of The Minority Report of The Poor Law Commission*, London: Longmans, Green and Co., 1909, p. 326.

③ 韦伯举了商船办公室（Mercantile Marine Office）的例子，该办公室在英国每个港口都有，共有150个。商船主在这里雇佣他们需要的职工，例如水手、司炉工、厨师等任何船上需要的人员，并在政府官员面前与之签协议。参见 Sidney Webb, "The Problem of Unemployment in the United Kingdom; With a Remedy by Organization and Training," *Annals of the American Academy of Political and Social Science*, Vol. 33, No. 2 (Mar., 1909), pp. 196-215.

雇主方面，是要在一些就业不连续的行业强制实施劳动交换制度，尤其是那些雇用临时工的行业；就工人方面，诸如犯罪者、流浪汉、乞丐等一些不愿履行其社会义务，无家可归，从而需要公共救助的人，则要实行强制性的劳动交换。其次，完善工会保险制度，在政府支持下，扩大失业保险供给。韦伯提出对那些经过劳工介绍所但仍没有找到工作的人，不管有没有参加过工会保险，都应给予救济。① 此外，韦伯还提出了一系列其他具体措施，例如为了保证年轻人的技能培训时间，儿童要超过 15 岁才能离开学校进入就业市场；18 岁以下的儿童每周工作时间不得超过 30 小时；减少铁路、有轨电车、公共汽车行业工人的工作时间，如果达不到每周 48 小时的标准，最多不能超过 60 小时；至少准备一个十年计划，每年支出 400 万镑用以安排一定比例的市政工程，例如造林、海岸保护、土地开垦等，用以应对周期性的经济萧条；在经济萧条时期，控制银行利率，增加政府支出，从而调控循环型失业问题等。②

总之，韦伯的《少数派报告》建议彻底废除英国的济贫法及济贫法机构，将其所有功能转由各地方议会下属各专门委员会负责；他将穷人分为无工作能力的穷人和有工作能力的穷人，对于前者国家有义务保证他们的最低生活标准，对于后者则主要通过全国劳动交换系统及工会保险系统解决其失业或就业不稳定问题。韦伯主张对有工作能力但不愿工作的人施以强制性的劳动交换乃至监禁惩罚，然而对于无工作能力以及有工作能力且愿意工作的两部分人，则认为国家必须施以救济，且不得施以任何惩罚性的措施，例如剥夺其选举权或者冠之

---

① 对于参加工会保险人的给付比例是不超过前一份工资的二分之一。

② Sidney and Beatrice Webb, *The Public Organisation of the Labour Market: Being Part Two of The Minority Report of The Poor Law Commission*, London: Longmans, Green and Co., 1909, pp. 326-327.

以贫民等侮辱性的标签。

3. 废除济贫法运动的正式展开

韦伯夫妇的《少数派报告》并没有得到济贫法皇家委员会大部分委员的认同，然而《少数派报告》的出版在社会上引起了强烈的反响，其三种版本[①]共14500册很快售出，到1910年共卖出了25000册左右。[②] 在《少数派报告》出版后不久，韦伯夫妇发起了一次全国范围内的废除济贫法运动，试图通过社会舆论转变社会上层对《少数派报告》的看法，从而能够在议会通过废除济贫法的议案。

1909年5月，韦伯夫妇创立济贫法废除全国委员会（National Committee for the Promotion of the Break-up of the Poor Law，后改名为防止贫困全国委员会，National Committee for the Prevention of Destitution），此后不久，废除济贫法运动取得了极大进展。到该年12月份，委员会就有了16000名会员（具体人数见下表）。最初，几乎所有的劳工议员都是会员，此外还包括自由党的阿尔弗雷德·蒙德爵士（Sir Alfred Mond）、约翰·西蒙（John Simon），保守党的希尔思（J. W. Hills）和帕克（Gilbert Parker）等其他党派人士，其职业分布更是遍及文学、戏剧、宗教、经济等各专业领域。此外还有数以千计热心的普通民众，他们大量涌入诺福克街（Norfolk Street，委员会所在地），从事一些诸如填写信封、折叠通知，或者在演讲现场充当服务员，收集捐款，分发小册子和周刊（《十字军》，*The Crusade*）的工作。[③]

---

① 针对财政部提出的版权问题，韦伯提出财政部以前便宣称放弃蓝皮书的任何版权，而他本人则有《少数派报告》的手稿，故韦伯本人也是有版权的。因此，《少数派报告》在当时共有3个版本：由政府出版的《少数派报告》和《多数派报告》集合在一起售价5先令6便士的版本共10，000本；费边社出版的没有参考文献的售价3先令的版本3000本；朗曼出版社出版的没有注释和参考文献的售价12先令6便士的版本1500本。

② A. M. McBriar, *Fabian Socialism & English Politics, 1884-1918*, Cambridge: Cambridge University, 1962, p. 271.

③ Margaret Cole, *Beatrice Webb*, London: Longmans, Green And Co., 1945, p. 103.

表 4-1　防止贫困全国委员会人数

日　期	人　数
1909 年 6 月 17 日	300
1909 年 6 月 30 日	600
1909 年 7 月 8 日	900
1910 年 2 月 8 日	20710
1910 年 6 月 15 日	26542
1910 年 10 月 16 日	30112
1912 年 3 月	16000

Source：National Committee for the Prevention of Destitution，Minutes of Membership and Meetings Subcommittee，in LSE Coll Misc 0291.[②]

与此同时，韦伯夫妇开始了一场极其猛烈的宣传活动。他们创办了《十字军》周刊，由后来《新政治家》编辑克利福德·夏普任主编；他们散发了大量宣传性的传单，并在全国各地主持召开热烈的大规模集会。大规模的演讲也成为韦伯夫妇宣传济贫法理念的最主要方式，正如比阿特丽斯在日记中所说："我们正在举办一场极其猛烈的宣传，演讲一周 5 到 6 次。我们在英格兰北部和苏格兰的 10 天，几乎每个地方都有拥挤和热情的听众……上周在谢菲尔德、利兹、布拉德福德还有赫里福德举办讲座；这周则在布里斯托尔、纽波特和加地夫；下周还要在伍斯特、伯明翰和曼彻斯特举办。"[②] 1910 年春天（4 月 4 日～5 月 9 日），韦伯夫妇还在伦敦市中心举办了 6 次演讲以宣传济贫法改革理念，这 6 次讲座的题目分别为：《贫困的原因》《公共健康机制作为减少贫困的一种方式》《教育服务体系用以预防贫困》《失业和血汗工资是可以预防的工业疾病》《劳动市场组织的有效运作可以减

② Michael Ward，*Beatrice Webb：Her Quest for a Fairer Society，A Hundred Years of the Minority Report*，London：The Smith Institute，2011，p. 30.

② Norman MacKenzie and Jeanne MacKenzie，eds.，*The Diary of Beatrice Webb（1905-1924）*，London：Virago Press Limited，1984，pp. 129-130.

少贫困》《我们可以减少贫困到什么地步》。可以说，这6场讲座几乎包含着韦伯所有关于济贫法改革的理念和方针。此外，为了运动顺利展开，韦伯夫妇对活动的每一个细节都力图做到最好，例如“在妇女不便露面的场合，如银行家的聚会，则会设法替韦伯弄到请柬；找到一些专家去解释《少数派报告》中关于医疗和财政方面建议的合理性；此外还找到了一些适合于工会分会和专家团体的演说家；大学里年轻的社会主义者则被敦促去做这样一类的工作，其中以鲁珀特·布鲁克所做的最为典型：他骑着自行车到乡村去散发传单。”[①]

此外，韦伯还对当时在政治上有影响力的官员进行游说渗透的工作，例如邀请巴尔弗、霍尔丹、丘吉尔、劳合·乔治、莫兰特等人进行餐会讨论，以争取他们的支持。值得注意的是，与以往，尤其是与前文所述的教育法改革时相比，韦伯并没有投入太多的精力进行渗透的工作。韦伯认为，他们已经为解决英国当时社会普遍贫困和失业问题，提供了一份最有效率的方案，因此必然会得到大多数人的认同。然而，韦伯的《少数派报告》提出的建议并没有得到保守党，也没有得到自由党人的支持。随着1911年劳合·乔治的《国民保险法》的通过，韦伯夫妇领导的济贫法运动所产生的社会激情一下子就衰落下去，《十字军》杂志也于1913年停止刊印。虽然韦伯夫妇一直未放弃废除济贫法运动，例如1918年比阿特丽斯还在《费边短评》185号发表名为《废除济贫法》[②] 的文章，然而实际上，到1912年一个全国范围内轰轰烈烈的废除济贫法运动已基本结束。

三　废除济贫法运动失败的原因

韦伯夫妇的《少数派报告》出版后，引起了社会热烈的反响，

① 〔英〕玛格丽特·柯尔：《费边社史》，第146页。

② Mrs. Sidney Webb, *The Abolition of the Poor Law*, London: The Fabian Society, 1918.

该报告揭露出的济贫法体系的问题也得到了社会广泛的认可，然而在劳合·乔治的《国民保险法》提出后，废除济贫法运动立刻衰落下去，英国的济贫法与济贫法体系也未被废除，并一直存在到1948年才被彻底废除。[①] 因此，对废除济贫法运动失败的原因进行分析就显得尤为重要。本书认为其失败的原因可从以下两个方面加以论述。

1. 韦伯过于天真地信任人的理性，而未充分考虑社会政治、经济的现实。

韦伯在《少数派报告》出版之初，对它充满信心。他认为自己已经为解决社会贫困和失业问题提供了一个最有效率的解决方案，因此必将得到社会绝大多数人的认同。韦伯这种想法的产生，主要是因为他从来不愿意相信任何一个个人会认为他与社会是对立的，他相信人的理性，并认为只要是符合整个社会利益的政策必定会得到有理性的人的认同。正如萧伯纳对韦伯的评价："他认为他自己是一个普通的明智的英国人，生活在一个充满他这样人的世界中……在这个世界中，所有事情都会屈服于他所认为的常识。"[②]

然而实际上，韦伯在《少数派报告》中提出的方案，几乎没有得到除劳工组织外其他团体的认同。首先，废除济贫法机关，直接触及地方济贫法机构的政治经济权益。早在19世纪下半叶，中央济贫法委员会就试图对综合性济贫院做出一定的改革，例如将儿童、病人、有工作能力的穷人等从济贫院分离出去。此举曾遭到地方贫穷救济委员会的反对，且在大多数地方都以失败告终，这显然是因为他们并不想

① 英国的济贫法体系，作为国民保险制度的补充一直到1948年才彻底废除，当然1929年地方政府法案（The Local Government Act）颁布，将济贫委员会的权力和功能转交给各地方议会，表明济贫法体系在实际上已经废除。

② Paul Barker, ed., *Founders of the Welfare State*, Aldershot: Gower Publishing Company, 1986, p. 59.

放弃对济贫税的使用权。其次，废除济贫法体系触犯了地方政府的权力。1834年依托济贫法虽然建立了中央济贫法委员会以统筹管理地方各济贫委员会，但仅仅起指导协调作用，地方的贫穷救济主要还是各地方政府自主进行。韦伯提出废除济贫法体系，虽然济贫事务仍由地方议会下属的各专门委员会负责，然而毕竟不可能再像以往那样自主征收济贫税，而改由国家财政统一支出，其权力必然衰减。再次，《少数派报告》强调政府职能扩大，而强烈反对私人慈善直接介入，这必将导致济贫法皇家委员会中多达6位的慈善组织成员的反对。此外，韦伯的社会福利思想，尤其是国民最低生活标准的实施，必然要求对整个资本主义政治经济结构进行大范围调整，表现出强烈的社会主义色彩，必然不可能得到自由党或保守党政府的支持。当时的自由党大多接受了新自由主义的观点，认可一定程度的政府干预，然而他们认可的是资本主义体制内进行的一定改革，而不是如韦伯所认为的对政府无限制的信任及扩张。最后，甚至连刚开始支持《少数派报告》的劳工组织团体最终也未能站在韦伯一边。工会联合会的钱德勒及其主席沙克尔顿（D. J. Shackleton）是支持《少数派报告》的，但工会联合会本身是反对的，他们显然是支持国民保险法的；而独立工党以及工党在《少数派报告》刚出版时是赞成其原则的，并反对保险法的捐献原则，但当他们一看到自由党不会放弃的时候，他们的意见立刻就分裂了。①

另外，在社会经济层面，对基于普遍性原则的社会福利所带来的政府支出大幅增长问题，韦伯也没有提出具体的解决方案，也并未考虑当时的英国社会是否有能力或者是否愿意承担这笔支出。

① A. M. McBriar, *Fabian Socialism & English Politics, 1884-1918*, Cambridge: Cambridge University, 1962, p. 330.

2. 政治策略的失败

对于政策目标如何实现，韦伯以往采用的一直是渗透策略，也曾取得一定程度的成功，例如 1903 年伦敦教育法的通过。韦伯在这次废除济贫法运动过程中，也采取了这种策略，通过游说自由党和保守党上层人士，试图争取他们的支持，但这次韦伯没有成功。韦伯在布尔战争期间，与自由党帝国主义派的罗斯伯里、霍尔丹和阿斯奎斯比较熟悉，而劳合·乔治则属于亲布尔派阵营，韦伯对他几乎没有影响力。当时，韦伯要获得政府支持，至少必须赢得劳合·乔治和丘吉尔的支持。然而，这次韦伯却没有如以往那样，靠支持"社会保险"来换取劳合·乔治的支持。1908 年 10 月，韦伯夫妇应劳合·乔治邀请在唐宁街 11 号共进早餐并讨论社会保险法案，韦伯夫妇一直在试图劝说劳合·乔治放弃社会保险计划。比阿特丽斯说："我一直在试图让他认识到国家不能与合作社与保险公司竞争……任何保险计划有一个致命的缺点那就是国家不能从中获得收入……任何缴费的人不管做了什么都觉得他们有权力得到补贴。"[①] 韦伯则提出："无论什么原因造成的贫困，都应视为社会的责任，因而必须由社会基金来支付它所产生的费用，而社会保险计划并不能预防贫困，不能检查道德上的懒惰，不能强调互助的责任感，不能发展市民的社会、经济和道德品质。"[②] 此外，对丘吉尔来说，虽然他支持劳工介绍所制度，然而却不可能接受韦伯提出的强制性的劳动交换制度。最终，韦伯的坚持使得他失去了影响自由党的机会。

总而言之，在《少数派报告》出版后的初期，信心极度高涨的韦伯对废除济贫法运动充满了必胜的信念。在他看来，这样一份高效的

---

① Norman MacKenzie and Jeanne MacKenzie, eds., *The Diary of Beatrice Webb (1905-1924)*, *London: Virago Press Limited, p. 100.*

② Margret Cole, ed., *The Webbs and Their Work*, London: Fredrick Muller Ltd, 1949, p. 115.

福利国家架构模式，必将得到社会大多数人的认同。因此，他要做的仅仅是通过各种宣传方式将他的建议公之于众，让社会大众理解他在《少数派报告》中提出的各项方针。而废除济贫法运动初期的成功，更加深了韦伯的这种感觉。因此可以说，除了宣传方面，韦伯并没有试图去尽力发挥他在政治上的影响力。当然这也与韦伯政治能力的薄弱，以及与他在20世纪初期几乎得罪了许多社会上层人物有关，这一点在前文已有所提及。但更重要的是，废除济贫法运动中的韦伯，既没有看到自己改革方案的不足，也没有发现它可能遭到的政治上的阻力，从而也未做出一定的妥协以换取他人对《少数派报告》的支持。

四 废除济贫法运动的影响

韦伯夫妇领导的废除济贫法运动很快就以失败告终，但我们并不能因此忽略该运动对英国社会产生的影响。正如狄尔德丽（Deirdre Terrins）与菲力浦（Phillip Whitehead）在《费边社百年》中指出的那样："韦伯夫妇可与劳合·乔治和贝弗里奇一起称为现代福利国家的创始人，《少数派报告》以及随之而来的废除济贫法运动，为后来福利国家的发展描绘了一幅蓝图"。[①] 玛格丽特·柯尔也在《费边社史》中这样评价道："后来出现的'社会保障'这个术语所表示的全部东西，包括一些还未付诸实施的东西，都可以在《少数派报告》中找到。"[②] 可以说，韦伯夫妇领导的废除济贫法运动虽然失败了，但是他们在该运动中，特别是在《少数派报告》中提出的社会福利思想和福利国家建构理论却对日后英国福利国家的建立产生了重要的影响。

首先，韦伯夫妇所写的《少数派报告》不仅对后来英国的一系列

① Deirdre Terrins and Phillip Whitehead, eds., 100 *Years of Fabian Socialism*, London: The Fabian Society, 1984, p. 7.

② 〔英〕玛格丽特·柯尔：《费边社史》，第144页。

社会立法产生了重要的影响[①]，而且该报告提出的劳工介绍所制度、行业委员会法等解决失业问题的具体措施和法案，也为当时的自由党政府所选用。不能不说，1909 年英国政府通过的行会委员会法，以及 1910 年政府开办的劳工介绍所，在一定程度上都是受到韦伯夫妇的影响。

其次，韦伯在《少数派报告》中阐明的社会福利的相关原则，对日后《贝弗里奇报告》的提出产生了重要的影响。第一，社会福利的普遍性原则。与多数派以及当时英国政府认可的济贫只提供给最穷的以及最需要的那部分人的观点不同，韦伯认为应该制定一个基于普遍性原则的社会服务原则，即对所有的穷人，主要是工人阶级提供社会福利，最终建立起“国民最低生活标准”。第二，社会福利的预防性原则。韦伯认为济贫事务应该建立在预防性原则的基础上，通过整个社会政治经济环境的改善，根据贫困产生的具体原因，制定预防贫困的具体措施，并从根源上消除社会贫困问题。第三，社会福利的公平性原则。韦伯提出的“国民最低生活标准”，以及在《少数派报告》中提出的各项为不同类型穷人提供的社会福利，都表明了韦伯对社会公平的追求。韦伯从不主张国家完全提供免费的社会服务。韦伯认为地方政府提供的社会服务，必须根据每个人的具体情况，例如是否有支付能力，是否有贫困证明等来进行评估，从而决定收费的多少或者

---

① 其中包括：Labour Exchange Act（1909）、Mental Deficiency Act（1913）、Notification of Births（amendment）Act（1915）、Venereal Disease Act（1917）、Blind Persons Act（1920）、Education Act（1921）、Local Government Act（1929）、Unemployment Act（1934）、Old Age and Widows Pensions Act（1940）、Education Act（1944）、National Insurance（Industrial Injuries）Act（1946）、National Health Service Act（1946）、Children Act（1948）。参见 Margret Cole, ed., *The Webbs and Their Work*, London: Fredrick Muller Ltd, 1949, p. 114.

免费。这一方面能改变社会上某些人不劳而获的态度，另一方面能使穷人在享受到与相对富裕的市民一样的公共服务的同时，能够根据自己的能力付费，既可以感受其中蕴含的社会责任，又可以消除以往济贫给穷人带来的社会耻辱的烙印。[①] 第四，权利与义务相统一的原则。韦伯认为国家需保障无劳动能力的人有一个较好的生活标准，然而对于有工作能力的人来说，在国家保障工作权和最低生活标准的基础上，个人也必须为此尽到自己对社会的义务，即努力工作。基于此，韦伯反对任何形式的个人慈善（基于个人友谊者除外），他认为这种慈善行为会导致施受双方和整个社会道德的败坏：对于接受施舍而未付出劳动的穷人来说，他们会由此产生奴性；对不从事生产的富人来说仅仅因为他有钱而得到尊敬，这些观念显然抹杀了一些真正值得赞赏的品质和道德。

通过与《贝弗里奇报告》的四个主要原则——普遍性原则（针对全体国民）、保障基本生活原则、统一原则和权利与义务对等原则——相比较我们可以看出，虽然它与韦伯的建议有一定的区别，但都或多或少可以在《少数派报告》中找到影子。正如 G. D. H. 柯尔所说："少数派报告确实是一个里程碑事件，它第一次完整地论述了福利国家的概念和政策，1942 年的贝弗里奇报告重现了它的许多理念。"[②]

再次，韦伯在《少数派报告》中提出的诸多理念闪耀着明显的福利社会主义色彩，显然是英国福利国家体制的雏形。福利国家，简单

① Margret Cole, ed., *The Webbs and Their Work*, London: Fredrick Muller Ltd, 1949, p. 111.

② Michael Ward, *Beatrice Webb: Her Quest for a Fairer Society, A Hundred Years of the Minority Report*, London: The Smith Institute, 2011, p. 5.

地说，就是国家有责任负担公民福利，并通过政府对经济、政治等层面的全面干预减轻并预防社会的贫困问题。因此，虽然韦伯在废除济贫法运动中一直否认其社会主义色彩，他本人也没有福利国家这样的表述，然而，他提出的以普通税和国有企业盈余，而非《国民保险法》提出的费用三分来承担社会福利开支的观点，以及“国民最低生活标准”的建立，都毫无例外表明了其福利国家的主张。正如陈晓律对费边社会主义福利思想的评价：“他们在社会改革中所鼓吹的三个主要目标：消灭贫困、为社会谋取最大限度福利从而获得最大多数人的最大效率，及对平等的追求，表达的基本上是福利国家的哲学而非社会主义哲学，在这个意义上，费边社会主义与其说是一种民主社会主义，不如说是一种福利社会主义。”①

最后，建立在扎实的社会调查基础上写成的《少数派报告》，使韦伯夫妇在废除济贫法运动失败后，仍具有持续的影响力。霍尔库姆（A. N. Holcombe）在《1909 年英国最低工资法案》一文中指出：“关于血汗工资问题唯一有价值的调查来自韦伯夫妇。”② 韦伯夫妇在写作《少数派报告》的过程中，前后调查了包括英格兰、爱尔兰、苏格兰及威尔士在内的 200 个教区及教区联合，400 多个济贫院。③ 在如此扎实的调查基础之上写成的《少数派报告》，在福利思想之外具有另外的价值。《少数派报告》出版后，独立工党曾宣称它不过是他们以往政策的解释，只是通过一些新的事实和经验使其跟上时代而已。实际上，在 1909 年，《少数派报告》提出的大多数原则确实都是几乎所有社会主义者和劳工组织的共识。例如济贫法的改进措施、政府为失业

① 陈晓律：《英国福利制度的由来与发展》，南京大学出版社，1996，第 66 页。

② A. N. Holcombe, “The British Minimum Wages Act of 1909,” *The Quarterly Journal of Economics*, Vol. 24, No. 3 (May., 1910), pp. 574-577.

③ Eric Hopkins, *A Social History of the English Working Classes, 1815-1945*, London: Edward Arnold, 1979, p. 146.

者提供有薪酬的工作、对工作权的重新认识等都已被独立工党或工党提出过，其中对工作权的呼吁更是可以追溯到19世纪30年代的社会主义者。然而，正是《少数派报告》表露出的对20世纪英国贫困问题的详细调查，为以后的废除济贫法运动提供了最充实的弹药，也为其预言终止后提供了一个永恒的价值。

总而言之，韦伯夫妇领导的废除济贫法运动虽然失败了，他们在《少数派报告》中提出的诸如国民最低生活标准、基于普遍性原则的社会服务原则、关于社会福利和社会保障的基本原则等也没有在当时的英国得到实现，但是韦伯对以往济贫法表现出的“救济”原则的批判，他所提出的基于国家干预政策的福利国家建构规划，都使他成为英国福利体制由济贫模式转向福利国家模式过程中的一个关键人物。

第五章
悉尼·韦伯社会主义思想评价

韦伯一生著述颇丰，在他积极投身英国社会改革的几十年中，写了难以计数的各类体裁的作品，其中既有大部头的著作，也有各类宣传用的小册子；既有像《直接雇佣的经济分析》[①] 那样的专业性较强的文章，也有像《问郡议会议员》[②] 那样的适合普通市民直接使用的通俗书；既有诸如《8 小时法案》一类的可直接作为议案草案的著述，也有为各式各样的委员会起草的备忘录。因此，对韦伯社会主义思想的研究，很有必要对韦伯思想的特点、影响与不足做一整体上的评述。

第一节　韦伯社会主义思想的特点

作为 19 世纪末 20 世纪初英国著名的社会主义思想家和社会改革家，韦伯的社会主义思想具有鲜明的特点。韦伯的社会主义思想是英国当时特殊的经济、政治、文化环境的产物。他对自由放任政策的批判，对政治民主化进程的信任，对和平与渐进改革方式的信仰都具有

① Sidney webb, *The Economics of Direct Employment*, London: The Fabian Society, 1900.

② Sidney webb, *Questions for London County Council*, London: The Fabian Society, 1898.

明显的英国特色。与此同时，他的思想表现出强烈的实用色彩，这又分别表现为折中与实践、效率为先、历史与实证研究法以及对未来的乐观态度。

一 折中与实践

首先，韦伯社会主义思想的第一个显著特点是具有强烈的折中主义色彩。韦伯从来不轻易追随一家之言，而是吸收各种思想观点，并根据自己的需要加以融合与改善，最终形成了他所特有的社会主义思想。韦伯的社会主义思想来源十分庞杂，既包含边沁的功利主义原则，也包含孔德实证主义哲学的因素；既吸收了马克思历史唯物主义的大部分内容，也吸收了斯宾塞有机体的部分内容……然而值得注意的是，韦伯对这些社会思潮并不是全盘接受，而是选择其中对自己有用的部分加以吸收，并融合进自己的思想体系。韦伯社会主义思想的这个特点，在其形成过程中表现得最为明显。例如，他吸收了黑格尔学派的“时代精神”概念，却将之变为一种经验的而非抽象的观念，即把“时代精神”当成当时社会上流行的观念或政策；他接受了边沁的功利主义原则，却按照自己的理解将“快乐”改成了“效率”；他认可马克思关于经济基础对上层建筑有重要影响的观点，将之用于对资本主义自由放任政策的批判，却否认经济是唯一的影响因素等。韦伯思想折中色彩形成的最主要原因，是他本人对抽象理论的不重视和不耐烦，正如柯尔在《社会主义思想史》中所说：“关于基本的哲学道理，除了极少数本质上很简单的概念以外，他（指韦伯）是不愿多加考虑的。”①

---

① 〔英〕G. D. H. 柯尔：《社会主义思想史》第三卷上册，何瑞丰译，商务印书馆，1981，第222页。

其次，韦伯社会主义思想的另一个重要特点在于强调理论的实用性与可行性，用通俗点的话来说，即强调理论要与实践结合。如上所述，韦伯对纯理论和纯思辨性的东西兴趣不大，他真正感兴趣的是影响人民生活状况的实际问题，例如社会贫困问题、教育问题、就业问题等。关于这一点我们无须过多论述，从韦伯留下的大量著作和文章的选题即可看出，其中大部分都是就某一个具体问题进行论述。除了对问题的选择，韦伯社会主义思想实践性的另一个突出表现是，他绝不满足于问题的提出和分析，他更关注的是如何解决问题。也就是说，韦伯在遇到一个具体问题后，首先想到的并不是对其做理论或哲学上的思考，而是从实际的角度出发找出一个可行的解决办法，这个办法可以不是最好的，但必须是在行政上最能够行得通的。正如戈登·路易斯在《费边社会主义：理论与实践的某些特点》（*Fabian Socialism: Some Aspects of Theory and Practice*）中所说："比起形而上学，他们（指韦伯夫妇）更偏爱对事实的挖掘，并以之构成一个有着充分依据的行动理论。"① 例如韦伯提出的租金理论，强调租金社会化，但是韦伯并没有提出直接没收所有形式的租金，而是以征税的方式逐渐将之用于社会公益来实现租金社会化的最终目标。正因为如此，韦伯所写的著作和文章，很少有理论性很强的东西，更多的是为某一个具体问题，或某一项具体的社会改革所制定的具体改革方案，甚至有一些文章直接以法案草案的形式出版，例如《8 小时法案》，以供社会各阶层人士参考。韦伯这种观念的产生，主要来自他青年时代在政府部门的工作经验。韦伯从未正式进入大学进行系统性的学习，除了幼年时曾赴国外学习法语和德语外，青年时期大多数学习

① Gordon K. Lewis, "Fabian Socialism; Some Aspects of Theory and Practice," *The Journal of Politics*, Vol. 14, No. 3 (Aug., 1952), p. 443.

都是在业余学校或自学完成，而选修的科目大多也是经济、法律、语言等实用性较强的科目。自1878年通过英国文官考试后，他先后在陆军部、税务局和殖民部任职，由于出色的考试成绩和优秀的处理行政事务能力，到1884年他已经担任殖民局部门首席职员（First division clerk），直到1892年与比阿特丽斯结婚，韦伯才辞去文官职位，专职从事写作和社会改革事务。韦伯青年时代15年的文官职位经验，必然会使他更倾向于从一个行政官员，而非单纯的研究者或理论家的角度来思考问题。

最后，韦伯社会主义思想的另一特点是选择社会组织作为社会研究的主要对象。韦伯认为一项政策要顺利实施，只有通过一个合适的行政组织体系才有可能。19世纪后半期，随着英国由自由资本主义向垄断资本主义过渡，社会所有部门（包括政府部门、工商业组织等）都需要一个更为复杂的体系来支撑其发展。可以说，当时英国各种社会部门和组织都在变得更为庞大，几乎每时每刻都有新的社会组织产生，而旧组织的功能也在不断发生变化。基于社会组织的这种重要性和必要性，韦伯将主要精力都放在研究社会组织上。正如韦伯所说："我们的时间和精力都集中在地方的行政方面，社会组织实况的研究方面，以及代替现有牟利制度的种种措施的设计和宣传方面，希望根据科学的真理，在尽量避免政治摩擦和尽量顾到已有愿望的原则下，把工业改组为一种民主管理的公共服务事业。"① 韦伯关于社会组织的研究成果颇多，主要包括：地方政府方面，韦伯于1895至1898年间陆续出版8辑《费边社城市纲领》；1906~1929年出版《英国地方政府》

① 〔英〕韦伯夫妇：《资本主义文明的衰亡》，第140页。

共10卷[①]；工会组织方面，韦伯写了《英国工会运动史》与《工业民主》；合作组织方面，他于1921年出版《消费者合作化运动》等。总而言之，韦伯一直试图避免进行抽象性的理论研究，而将主要精力集中于研究社会发展过程中产生的实际问题，其中对社会组织的研究更是其关注的焦点。从这个角度来说，韦伯更应该被称为一个社会学家或社会改革家。正如比阿特丽斯所说："我们不希望成为自由主义者或者保守主义者，我们只是积极的市民，希望对公共生活的实际政策有自己的观点。我们在社会组织上日益增加的知识使得我们形成了这样一个观念，那就是将财富生产和分配的组织，从无秩序的为个人牟利的状态，变成一个受管理的社会服务体系。也就是说，我们作为社会主义者，不是在自由主义或保守主义中做选择，而是作为选民、行政人员和宣传家的身份进行活动。"[②]

韦伯的这个特点，在其社会改革实践中也体现得尤为明显。首先，与其思想主要关注社会实际问题一样，韦伯的社会改革实践也大多选择与人民生活直接相关的社会改革作为关注的重点。韦伯作为社会改革家，在他最活跃的30余年（19世纪80年代末~20世纪20年代初）中，取得最大影响力的两次社会改革实践——教育改革和济贫法改革，包括他一直致力于实现的关于最低工资、最高工时等国民最低生

① 这十卷分别为：*English Local Government from the Revolution to the Municipal Corporations Act*：*The Parish and the County*；*English Local Government from the Revolution to the Municipal Corporations Act*：*The Manor and the Borough. Part I*；*English Local Government from the Revolution to the Municipal Corporations Act*：*The Manor and the Borough. Part II*；*English Local Government*：*Statutory Authorities for Special Purposes*；*English Local Government*：*The Story of the King's Highway*；*English Local Government*：*English Prisons under Local Government*；*English Local Government*：*English Poor Law History. Part I*：*The Old Poor Law*；*English Local Government*：*English Poor Law History. Part II*（2卷）；*English Local Government*：*English Poor Law Policy*.

② Barbara Drake and Margaret I. Cole, eds., *Our Partnership by Beatrice Webb*, London: Longmans, Green and Co., 1948, p. 16.

活标准的社会改革，实际上都属于与下层民众生活休戚相关的社会财富分配问题。其次，与其思想强调实用性相比，韦伯的社会主义改革实践也显得极为务实。也就是说，为了最终实现某个目标，他可以进行妥协，可以暂时放弃一些要求，甚至可以改变以往自己提出的某些观点和建议，只为在目标实现的道路上前进一步。这一点在韦伯的社会改革方式中体现得尤为明显。所谓渐进的、分期改革的方式，渗透的、宣传教育以转变社会舆论的方式以及社会立法的方式，都是韦伯为了减轻社会改革所必将遭遇到的阻力而采取的他认为最务实的改革策略。最后，也是最为重要的一点就是，韦伯在改革实践过程中尤为注意行政单位的建设。韦伯认为，某一项具体的改革议案在议会通过后还需要建立一套与之相适应的行政组织体系才能真正使之得到贯彻执行。正如他在废除济贫法运动的改革实践中表现的那样，他并不满足于国家接受其社会福利理论（包括贫困是社会责任的观念、国民最低生活标准的制定），他更为关注的是如何建构一个最合适的行政单位来实施他提出的社会福利思想。正因为如此，他和比阿特丽斯发动了废除济贫法以及济贫法机构的运动[①]；为解决失业问题，他们提出了劳工介绍所制度，并对劳工介绍所的组织架构、规模大小、功能设置，甚至办公室的设立地点、工作时间等都做了详细的规定；此外，他们还设计了一整套，诸如中央由精英专家主导的机构统筹管理（反对新济贫法地方各自为政），地方则由专门化的各委员会具体处理不同对象的济贫事务的相辅相成的、完善的专家行政体系，贯彻执行其提出的福利济贫改革主张。基于同样的理由，韦伯在1903年教育法通过后，仍然于1904年出版《1903年伦敦教育法：如何实现最好的管

① 韦伯认为1834年“新济贫法”其失败的一个重要原因就在于根据它法建立的济贫法机关并没有完全贯彻其提出的原则。

理》以及《伦敦教育》，对 1903 年教育法后新的教育委员会的权利和义务、委员会的管理、财政和其他复杂程序等具体的行政管理问题提出了现实可行的意见。[①]

二 效率为先

“效率”一词，在韦伯的社会主义思想中占有极其重要的地位。如果说实现社会平等是韦伯社会主义思想的最高目标的话，那么“效率”便是韦伯实现社会主义目标过程中的最高追求。韦伯提出的社会主义目标，包括生产资料公有化、分配平等化、政治与产业民主化，其首要目的便是要提高整个国家的效率。韦伯的效率观念，产生于韦伯秉持的社会有机体观念。韦伯在《社会主义的历史基础》一文中写道：“法兰西民族在上一次战争（普法战争）中被打败了，这并不是因为一般的德国人较一般的法国人高出一吋半，或者是因为一般的德国人多读了五本书，而是因为德国人的社会有机体，为了达到当时的各种目的，在效率方面要比法国人的社会有机体优越。”[②] 在韦伯看来，国家效率观念应该凌驾于自由主义、保守主义甚至社会主义之上。韦伯认为：“19 世纪中期，自由主义是‘带来进步的一种伟大的手段’，解开了阻碍个人进步的所有束缚——包括政治的、财政的、法律的、宗教的、社会的。但是到了 19 世纪的最后 20 年，它对于普通市民来说日益不令人愉快，它的契约自由原则和供需关系，现在对大众来说都是灾难性的，他们太穷而达不到经济学家称之为最低标准的‘有效需求’（effective demand）……当公共的灾难发生的时候，社会大众考虑的不是自由主义、保守主义或者社会主义，而

---

① 参见 Sidney Webb, *The London Education Act* 1903: *How to Make the Best of It*, The Fabian Society, 1904 以及 Sidney Webb, *London Education*, London: Longmans, Green and Co., 1904.

② 〔英〕萧伯纳主编《费边论丛》，第 114 页。

是内心深处为英国的'失败'而感到羞愧，羞愧政府的无力，议会的无能，政治家的愚蠢，公共管理的低效，商人的散漫，以至于使我们国家的商业霸权被美国夺走，由于酗酒、赌博以及贫民窟的生活导致种族退化，因此就需要政党和政治家站在国家效率的政策基础上考虑问题。"①

基于此，韦伯在社会主义改革实践中也始终将效率摆在首位。一方面，韦伯注重具体的行政机构和社会组织的效率。例如韦伯在教育法改革中提出的废除教育委员会的观点，固然一部分原因在于韦伯反对这种为某一特定事务设立专门机构的模式，以及他对地方议会的强烈支持，最主要的原因还在于他认为当时英国各地存在的教育委员会由于规模小，没有管理中等及高等教育的经验，无法高效地管理英国的教育体系。另一方面，他更注重整个国家的效率提高。韦伯进行的包括教育改革、社会福利改革在内的社会改革实践，既出于他对社会平等（主要是经济平等）的追求，也为了促进整个国民效率的有效提高。在韦伯看来，社会效率的有效提高，才能真正实现社会平等。

三 历史与实证研究法

所谓历史的研究方法，就是对具体问题的研究倾向于以历史归纳的方法，取代演绎性的纯理论分析。韦伯认为，任何社会现象都有历史渊源，因此只有在对改革的起源、壮大与发展进行历史梳理的基础上，才有可能为以后的改革指明道路。正如他在《社会主义的历史基础》一文中所说："在英国，社会主义的发展尤其历史的基础，就像每一个人一样，虽然他也许并不知道自己的祖先是谁，但是他是有祖

① Sidney Webb, *The Basis and Policy of Socialism*, London: The Fabian Society, 1909, pp. 75-83.

先的；同样的，每一个观念，每一个偶然事件，每一个运动，在过去都有它悠久的、一系列的原因，没有这些原因，它就不可能产生。”①实证的研究方法，简单来说就是通过搜集各种客观资料，从中归纳出事物的发展规律，而资料的搜集则是通过直接参与社会调查、统计、档案资料的搜集与整理等方式进行。

韦伯运用历史与实证研究方法，固然受到当时流行的各种社会思潮或学派，如实证主义思潮、英国新政治经济学学派等的影响，但最直接的原因还在于他对抽象理论和抽象原则不重视。当然，比阿特丽斯对此也产生了重要的影响。韦伯夫人自青年时代起就对社会调查和社会组织研究产生了浓厚的兴趣，自此一生都致力于这个目标，19世纪80年代她曾协助查尔斯·布思对伦敦进行贫困调查，而在韦伯夫妇合著的《社会研究方法》（The Methods of Social Study）中也能看到她对社会调查的狂热和执着。

韦伯运用历史研究法在社会主义思想研究中取得的直接成果，就是一系列历史类著作的问世。其中最著名的是《英国工会运动史》和《社会主义的历史基础》。韦伯在《英国工会运动史》的序言中说：“吾人从事工会运动之研究，虽不思证明吾人自己之命题，只谋发现工会运动所提与吾人之问题……吾人须作出者并非一篇论文，而乃一部历史。”② 此外，韦伯的大多数文章和著作，虽然并不以史为名，但是其论述方式则以历史叙述为主，即在描述某一具体问题或某一社会组织的历史起源与发展的基础上，提出自己的观点和建议。韦伯历史研究法的另一个突出特点，就是他的研究非常注重细节的描述。韦伯并不是一个热衷于理想的社

① 〔英〕玛格丽特·柯尔：《费边社史》，第81页。
② 〔英〕韦伯夫妇：《英国工会运动史》，第1页。

会改革家或者社会主义理论的鼓吹者，相反他是一个冷静的，试图通过社会历史事实和现状来教育大众乃至精英的社会研究者。韦伯这种靠事实说话的态度，决定了他对细节的重视。而且，韦伯本人对此也充满了自信，他说："无论是关于地方政府的发展，工联主义的组织及功用，消费合作运动，工厂立法发展还是有系统的消灭贫困方面，我们有权提议说，那些诬告社会主义者逃避细节和不能为他们的抉择提出切实可行的方案等草率的控诉，对于我们，与对于英国工党和费边社的出版物一样，是不适用的。"①

同时，实证研究法也在韦伯的各种著作中得到贯彻，例如他在《英国工会运动史》中对大量政府与工会档案、议事录等原始资料的运用；他在《少数派报告》写作中，与韦伯夫人对英国各教区和济贫院的实地调查；他在费边社第 5 号短评《社会主义者须知》、第 8 号短评《伦敦真实情况》中对图表、数据资料的大量运用等。我们通过韦伯在《英国工会运动史》序言中提到的资料搜集工作，可看出韦伯对实证研究的重视。在该书中，韦伯的资料来源主要包括以下几个部分：（1）已刊登材料，其中最主要的是 1860 年社会科学社所发布的"工人团体及罢工报告"，此外还包括 1824 至 1894 年间 5 次工会运动正式调查所搜集的大量资料，全国各公立图书馆所存的与工会相关的各种期刊和小册子；（2）关于工人组织的早期历史资料，主要是政府案卷和当时的报纸、小册子，这其中主要包括下院议事录、枢密院议事录、案卷保管处的出版物，英国博物馆、伦敦市政厅图书馆及剑桥圣约翰大学福克斯威尔教授所编之经济著述专集中保存的大量国会请愿书和当时有关工会的论文；（3）1835 年最为重要的材料，普雷斯文献（Place Papers）；（4）韦伯直接赴各工会查阅的材料，主要包括工

① 〔英〕韦伯夫妇：《资本主义文明的衰亡》，第 141 页。

会的议事录、定期出版物，还有韦伯从各地工人家中搜集到的得以留存的以往工人参加工会的契约、工会章程等；（5）直接参加全国各工会会议所得到的全新资料；（6）对代表性行业的雇主直接访问得来的材料。①

重视历史与实证研究也体现在韦伯的各种社会主义实践中。1906年，在韦伯夫人受邀参加济贫法皇家代表委员会之后，韦伯夫妇就先后调查了英格兰、爱尔兰、苏格兰及威尔士的200个教区及教区联合和400多个济贫院。② 韦伯夫人在委员会调查过程中居于主导地位。虽然最终该报告未得到多数委员的认同，但是这一《少数派报告》在英国福利国家的发展过程中起到了重要的作用。此外，韦伯对历史研究法的重视，与伦敦经济学院的创立与发展有着直接的关系。1894年，韦伯创立伦敦经济学院，虽然该学院的成立具有很大的偶然性（哈钦森遗产），实际上韦伯夫妇早就希望成立一所单独的社会科学研究的学院。韦伯创立学院的初衷便是试图对当时的经济学研究和教学进行改革，这种改革主要体现在经济学研究的对象应该是国家经济生活的具体问题，如社会经济存在的低效、贫富差距扩大等具体问题，更重要的是要研究实际可行的解决方案。从这一点上看，一方面，韦伯试图将传统的以理论经济学为主的教学与研究，转变为一种更为务实的应用经济学；另一方面，在经济学研究中，韦伯重视经济史的研究，即利用统计和历史归纳的方法来研究经济问题。总的来说，韦伯在伦敦经济学院的试验，就是试图将经济学变为社会科学的一部分。

---

① 〔英〕韦伯夫妇：《英国工会运动史》，第3~5页。

② Eric Hopkins, *A Social History of the English Working Classes, 1815-1945*, London: Edward Arnold, 1979, p. 146.

四　乐观的态度

我们从韦伯的社会主义思想中，可以清晰看出他的乐观态度。所谓乐观态度，就是说韦伯深信社会主义是时代发展的潮流，一定会在不久的将来在英国得以实现。正如韦伯在《社会主义的历史基础》一文中所说："社会主义此时乃是一个席卷整个欧洲的浪潮……某个有才干的经济学家，尽管他公开地反对社会主义者，也不得不遗憾地昭告人们：所有年纪较轻的人以及许多年纪较老的教授，现在都是社会主义者了。"[①]韦伯这种乐观态度产生的主要原因，在于他对英国民主政治的信任，他认为在英国政治民主化愈来愈完善的情况下，社会主义改革也必将随之发展。而一战前英国的社会事实也加强了韦伯的这种观念，他说："社会秩序朝着物质收入上和个人自由上更大平等的方向、朝着赚取工资的生产者及全体消费者在参加控制生产财富的工具方面稳步增加的方向，逐渐予以改善。关于这种政治的和工业的民主主义的逐渐发展，已在1914年以前的一代获得了大家赞许的表示：不只是表现在工资劳动者选举权的获得上、上议院绝对否决权的取消上，以及自由结社的权利成功地获得立法的承认上，并且还表现在地方政府的有效的民主化上；地方公营事业的逐渐推广上；工厂和矿场立法的系统化和几乎普遍的推广上；千百万工人的法定的最低工资标准和法定的最高工时标准的树立上；和最后——或许最重要的——通过养老金和教育、卫生和娱乐等公共事业，从国民收入中逐渐划出日益增大的一部分资金来补助儿童们、病弱的人们和老年人的需要上。我们过去一味——也许还是错以为——这一人数有限的统治阶级，对于那些被剥夺了享受和控制权利的人们的风起云涌的要求所标示的英

① 〔英〕萧伯纳主编《费边论丛》，第116页。

国典型的赞许，会心甘情愿地或缓慢地从政治的范围逐渐推广到工业的范围；并且以为这种趋势的进展虽然缓慢，但至少是不会开倒车的。”① 可以说，韦伯的这种乐观态度，对韦伯的社会主义思想产生了重要的影响。正是因为他相信社会主义必将在英国实现，相信当时英国正在缓慢而坚定地走在通向社会主义的道路上，因此社会改革就没有必要通过一个暴力的、革命的方式进行，而韦伯要做的仅仅是让社会各阶层了解这一点。他认为只要让工人群众认识到哪些具体问题或者政策能够改善他们的生活状况，那么他们就会利用他们获得的选举权合法地为自己争取权益；他认为只要让社会上层了解到如果国家想要提高效能和继续发展，就必须施舍一定的剩余财富，解决社会贫富差距扩大导致的各种社会问题，那么他们就不会停止社会改革的步伐；他认为只要让社会各阶层认识到当时英国社会正在进行的社会改革，其实就是社会主义改革的一部分，那么大多数人就不会对“社会主义”这个名词产生不好的联想；他认为只要做到这一点，那么社会主义必将以和平的方式在英国实现。

综上所述，韦伯的社会主义思想表现出强烈的实用色彩。首先，韦伯社会主义思想形成时采取的折中办法，并不是将一大堆不同的理论、观点机械地拼凑起来，而是从实用的角度出发，将那些对自己思想有利的吸收进来，无用的则排除出去。其次，在社会主义目标方面，韦伯提出公有化目标，主要是出于他认为公有化在经济上是有助于社会发展的。他提出分配平等化的目标，当然也出于伦理道德观念，即对社会贫困问题的不忍，但更大程度上是为了社会有机体更为健康地发展。他提出的产业民主化目标，反对工人自治，强调生产者联合与消费者联合各司其职，最主要的原因在于他认为工会管理产业并不能

① 〔英〕韦伯夫妇：《资本主义文明的衰亡》，第141~142页。

促进产业的发展，只有交由社会共同管理，只有当消费者联合（主要指地方政府）在其中占主导地位的时候，产业才能得到的最快发展。再次，在社会改革方法方面，韦伯提出渗透、渐进、宣传教育等方式，并不是反对革命暴力本身，而是他认为在英国当时的政治经济环境下，这是最合适的，也是最有可能实现社会主义目标的方法。最后，韦伯在社会主义改革实践过程中，一直遵循实用的原则。为了实现改革目标，为了使社会改革的立法在议会通过，他经常会做出妥协，哪怕只为社会改革能在通往社会主义的道路上前进一步，前进一小步。此外，韦伯对社会具体问题，以及如何在行政上解决问题的关注，并非由于他否定抽象理论和思考的重要性（这一点与比阿特丽斯形成鲜明的对比），而是因为他觉得历史和实证的研究方法更容易体现社会的真实状况，使这些状况在最大程度上为社会各阶层所理解和接受，并最终形成一股令人无法抗拒的舆论以促使议会通过相关议案。

第二节　韦伯社会主义思想的影响

悉尼·韦伯在 19 世纪末 20 世纪初的英国社会发展中具有相当重要的地位。由于两方面的原因，我们要想对韦伯社会主义思想影响做出一个较完善的论述也是比较困难的。第一，韦伯身兼多种身份：他是一名多产作家，社会主义理论家，工运史研究的创始人；他是社会科学的倡导者，是英国福利国家的设计师；他是 19 世纪 90 年代伦敦郡议会激进派的理论家，是伦敦市政改革和教育改革的倡导者；他是伦敦经济学院和《新政治家》的创立者；他是费边社的领导人，是 1924~1929 年间工党政府成员……韦伯在各种身份之间不断转换和参加多种多样的活动，使得他的研究者经常会陷入混乱；第二，韦伯一生从来没有掌握过政治权力[①]，也没有掌握过大的金钱方面的权力[②]，也没有成功发动过任何重要且持久的社会改革运动[③]。同时，在一些韦伯起着重要作用的社会改革实践中，由于经常性地扮演幕后角色，他在改革中的贡献很难得到公正的评价。例如他为1903年伦敦教育法的通过做了大量的工作：在报纸期刊上发表了大量文章向大众宣传其观点，游说社会各界人士（包括当时保守党政府主要领导人、教会主教、伦敦郡议会的同事等），改变他们的观念等。而且他之前在伦敦郡议会技术教育委员会的出色工作也为该法案中教育权收归郡议会打下了坚实的基础。但是韦伯在教育法改革过程中一直没有一个官方的身份，他更多的是以私人身份在进行活动，这使得教育法改革的研究者很难界定韦伯究竟在其中发挥了多大程度的作用。从这一点引申开来，我们也可以看到在19世纪末20世纪初英国社会改革的大潮中，韦伯写了大量关于社会各种改革（主要是分配平等化方面）的文章、具体改革建议与政策纲领，并通过各种方式宣传其观点。[④] 可以说，当时英国各界，包括政治家、社会改革者、工会组织、社会主义组织，甚至自由党和保守党都可以从韦伯的文章中找到他们所需要的东西，包括理论，也包括具体的改革建议。然而，研究者却不可能清晰地表明哪一项具体的政策就是直接受韦伯的影响而提出或实现的。

尽管如此，任何人都无法忽视韦伯在19世纪末20世纪初英国社

① 韦伯两次短暂的入阁除外。

② 韦伯虽然掌管过哈钦森遗产的部分使用权，在伦敦郡议会技术教育委员会主管部分资金的使用权，但前者毕竟权限很少，后者只是局限于伦敦的技术教育和中等教育领域，且时间不长。

③ 废除济贫法运动开始时虽然声势浩大，但到1911年《国民保险法》通过后不久即衰落下去，到1912年作为一场全国性的运动即告失败。

④ 这里还包括大量的未署名的文件。韦伯工作的很大一部分就是为各种委员会起草不署名的草案和篇幅往往很长的备忘录，如皮斯所说："如果没有人证明情况刚好相反，人们就会以为（任何不署名的工党文件）是韦伯写的。"引自〔英〕玛格丽特·柯尔《费边社史》，杜安夏、杜小敬等译，商务印书馆，1984，第261页。

会生活中的重要性。他的社会主义思想，福利国家建构理论，他对伦敦教育所做的贡献等仍然是这些领域研究者不可忽视的重要内容；他创办的伦敦经济学院和《新政治家》杂志，以及他领导的费边社，在当时的英国社会中发挥了极其重要的作用，至今仍然具有影响。1947 年 12 月，韦伯夫妇的骨灰被放进威斯敏斯特大教堂（Westminster Abbey），表明他们得到了整个社会的普遍认同。

一 思想理论方面的贡献

韦伯在英国社会思潮由 19 世纪的自由激进主义向 20 世纪的社会民主主义的转变过程中起了关键的作用。韦伯是费边社早期最主要的理论家，对费边社会主义思想的形成与发展起到了重要的推动作用，而韦伯的思想也被认为是英国社会主义思想发展的主要知识来源。韦伯是社会科学研究的倡导者和实践者，他强调对社会组织进行历史研究，其代表作《英国工会运动史》成为当时英国第一部系统研究工会组织和工会运动的史学著作。韦伯提倡的关于贫困是社会的责任、国民最低生活标准的建立等社会福利思想，为日后英国福利国家的建立奠定了思想基础。

第一，韦伯对 19 世纪末 20 世纪初英国社会主义思想的复兴与发展起到了重要作用。当时英国社会普遍兴起了反对自由放任和无限制竞争的社会思潮，以往的自由主义者也大多转变为激进的新自由主义者，强调通过国家在一定程度上干预经济的方式解决贫困、失业等社会问题。然而，韦伯并没有满足于成为一个激进的自由主义者，而是更进一步提出了社会主义目标。他从李嘉图的地租理论出发，扩展至资本领域并提出租金社会化的目标，他强调确立一种以公有化为目标的更大规模的国家干预和集体主义政策，使当时英国社会主义思想大大前进了一步。如果单从韦伯提倡的社会改革政策与建议来看，韦伯的社会主义思想与自由激进派并没有太大的差别：他们都强调国家干预经济，虽然双方在干预的程度上有所区别，但差别不大，尤其是在具体政策方面。韦伯本人也不是国有化政策的积极倡导者，他在伦敦郡议会时期进行的市政化改革也未超出进步派提倡的范畴。韦伯在当时特别强调的只是在分配社会化方面，而这一点也在当时的英国得到广泛的认同。韦伯与自由激进派的区别在于，在韦伯的社会主义思想中，一直有一个包括生产资料公有制、分配平等化、政治与产业民主化在内的目标。虽然双方在政策上存在一定的共性，然而对韦伯来说，正在实行的或他提倡的社会改革只是实现他社会主义目标过程中的一个阶段，与激进派不同的是，他并不认为国家在分配平等与自由放任问题上得到一定改善（前者指制定一个国民最低生活标准，后者指通过订立工厂法、卫生法、教育法等方式维护工人权益），社会改革便可完成。他认为分配平等化的目标即使全部实现，即使能够解决社会普遍贫困的问题，也不能解决因资本主义私有制带来的社会贫富差距的不平等现象，甚至“在较长的时期中甚至还会增加资产阶级和广大人民群众之间在物质条件和个人自由方面的不平等现象”。[①] 因此，他希望建立一个由国家主导的，在知识分子专家掌控的高效的政府管理下的集体主义体制，并最终实现人民的民主、自由与平等。

第二，韦伯对社会主义思想在英国流行发挥了一定的作用。19世纪80年代，英国社会还没有对社会主义产生太大的敌意，韦伯用英国的经验和思想解释的社会主义，也显现为一个有可能被当时的政党所接受的纲领。1889年，《费边论丛》（韦伯是七位作者之一）出版时，以英国的思想和经验解释现代社会主义运动，在当时基本上是陷于孤

① 〔英〕韦伯夫妇：《资本主义文明的衰亡》，第12页。

立的。1889 年英国读者所能看到的，除了社会民主联盟和社会主义者联盟所出版的，主要是威廉·莫里斯（William Morris）、贝尔福·巴赫（E. Belfore Bax）与海因德曼（H. M. Hyndman）所写的各种宣言、小册子外，只有海因德曼的《众人的英国》（*England For All*，1881 年出版）、《英国社会主义的历史基础》（*Historic Basis of Socialism in England*，1883 年出版），巴赫的一本文集和《社会主义的宗教》（*The Religion of Socialism*，1887 年出版），而马克思的著作只有 1888 年英文版的《共产党宣言》。[①]《费边论丛》出版后，首批 1000 册在一个月内就热销完了，并在一年之内销售了 25000 册，并且出现了美国版本和其他的译本。[②] 这使得社会主义真正开始在英国流行起来。

第三，韦伯对历史与实证研究法非常重视，因而韦伯的著作不仅对当时的社会改革运动起到促进作用，也为后世的研究者提供了详细的资料。如前所述，韦伯的著作大多建立在丰富的原始资料基础上，在文章中他倾向于通过大量的统计资料、数据图表更为直观地说明当时的社会状况。1889 年出版的韦伯所写的《费边短评》第 8 号《伦敦真实情况》便是一个明显的例子。在该短评中，韦伯列举搜集到的大量生动有力的统计资料。在第一届伦敦郡议会选举中，该评论成为改革者手中的武器，并对他们的选举起了很大的作用。该短评与《费边社城市纲领》（短评 30~37 号）一起，为韦伯在第二届伦敦郡议会的选举成功奠定了基础。韦伯的著作不仅为当时的社会改革者提供了便利，为有关演说提供了素材，而且为日后研究者的研究工作提供了具有极大参考价值的资料。韦伯在《英国工会运动史》中特意为搜集到的大量有关工会运动的原始资料做了一份目录列表，作为附录，明确

① 〔英〕萧伯纳主编《费边论丛》，第 18 页。

② 〔英〕玛格丽特·柯尔：《费边社史》，第 29 页。

表示可供研究者使用。1909 年韦伯夫妇合著的《少数派报告》出版后，独立工党就宣称“它不过是他们以往政策的解释，只是通过一些新的事实和经验使其跟上时代而已”。[①] 确实，到 1909 年，《少数派报告》中提出的大多数原则几乎是所有社会主义者和劳工组织的共识，例如济贫法的改进措施、为失业者提供有酬劳的政府工作、对工作权的重新认识等都曾被独立工党或工党提出过，其中对工作权的呼吁更是可以追溯到 19 世纪 30 年代。然而，《少数派报告》做出的对 20 世纪英国贫困问题的详细调查，“为废除济贫法提供了最充实的弹药，也为其在预言终止后获得了一个永恒的价值”。[②]

第四，韦伯是当时英国现代社会学研究的主要倡导者之一。在社会学研究领域，韦伯注重运用历史归纳法对社会具体问题进行实证分析，并提倡问题研究，注重提出行得通的解决办法。这一点便是韦伯创立伦敦经济学院的初衷，他强调建立一个更贴近社会现实的重历史归纳而不是演绎推理的，更为实用的经济学教学和研究机构，这使得学院成立后不久便成为英国经济史和应用经济学的研究中心。此外，韦伯的社会学还特别强调对社会组织进行动态研究。正如比阿特丽斯在《我们的伙伴关系》中所说：“与其他科学家一样，我们对宇宙及其运转也充满好奇。但是与天文学家、物理学家、化学家和生物学家相比，我们更好奇的现象不太经常被调查，那就是人类特有的社会组织的联系，或可称之为社会学。我们，作为科学家，致力于对社会组织的研究，从工会到内阁，从家庭关系到教会，从经济到文学等都是我们研究的范围。”[③] 在韦伯之前，英国基本没有对社会组织（如工

---

① A. M. McBRIAR, *Fabian Socialism & English Politics, 1884-1918*, Cambridge: Cambridge University, 1962, p. 330.

② Margret Cole, ed., *The Webbs and Their Work*, London: Fredrick Muller Ltd, 1949, p. 101.

③ Barbara Drake and Margaret I. Cole, eds., *Our Partnership by Beatrice Webb*, London: Longmans, Green and Co., 1948, p. 16.

会、地方政府等）基于科学的资料搜集基础之上的史学研究。正如雷纳德·伍尔夫在《政治思想与韦伯夫妇》（Political Thought and the Webbs）一文中所说："韦伯夫妇并不是分析社会组织而是发现、创造了它们。政府，行政人员，政治家，甚至工联主义者自己，在《英国工会运动史》和《工业民主》出版之前，都不理解工会运动的形式，它进行到什么程度以及它的功能是什么和应该是什么。"[①] 因此，可以说，韦伯的社会组织研究不仅开创了一门新的学科，而且对其研究对象本身的活动产生了重要的影响。此外，韦伯夫妇所著10卷本的《英国地方政府》，对英国地方政府的机构和功能做了详细的分析和历史性描述，为英国地方政府提供了一份可供参考的改革纲领和一些具体的改革建议。正如该书最后一卷的前言所说："与我们的工会运动及消费者合作化运动方面的著作一样，这10卷是对特定的社会组织的结构和功能，对其起源、壮大、发展的研究。这样一个对社会组织的历史分析与政治科学的关系，就相当于应用力学之于理论力学，或矿产和桥梁之于地理、化学与力学研究。对于经济和政治科学来说，需要对特定时间特定国家的社会组织，如地方政府的结构、功能及历史做一细节性的考察和描述"。[②]

二　在实际政治领域产生的影响

韦伯的社会主义思想，对当时英国的社会改革和实际政治（政党和社会组织）起到了重要的作用。在社会改革方面，韦伯在伦敦进行教育改革实践，促进了伦敦中等及技术教育的发展，并对伦敦教育体系的改革施加了重要的影响。废除济贫法运动虽告失败，然而他所著

---

① Margret Cole, ed., *The Webbs and Their Work*, London: Fredrick Muller Ltd, 1949, p. 253.

② Margret Cole, ed., *The Webbs and Their Work*, London: Fredrick Muller Ltd, 1949, p. 253.

的《少数派报告》等著作和文章，对日后英国福利国家的建构起到了重要的推动作用。在实际政治领域，韦伯的社会主义思想对费边社的发展，对19世纪90年代伦敦的市政改革，对一战后工党的改革都起到了直接的推动作用。同时，他还对英国的劳工运动、对当时的社会主义组织（如独立工党），甚至对包括自由党和保守党在内的英国政治都起到了一定的作用。关于韦伯在社会改革领域所做的贡献，主要是教育改革和济贫法改革，笔者已在前文加以论述，故本节主要论述韦伯对费边社、伦敦郡议会以及工党的影响。

1. 对费边社的影响

1884年，伦敦一些中产阶级知识分子成立了费边社，试图在英国民主传统下解决工业革命带来的社会普遍贫困问题。费边社成立之初，并没有形成明确的政治观念，随着韦伯、萧伯纳等人的加入，逐渐形成了以民主主义、宪政主义和渐进主义为代表的社会主义观念，希望在英国资本主义制度的框架内，通过转变英国社会，尤其是社会精英对社会主义的看法，实现生产和社会生活的公共管理，从而改变英国公众和统治阶级的地位。韦伯是费边社会主义思想的代表，也是19世纪80年代末至20世纪20年代这段时间内费边社的实际领导人。在这段时间内，韦伯始终掌控着费边社的发展主流，这不仅体现在组织层面，更多地体现在意识形态层面：他是早期费边社执行委员会中任职除皮斯外最长的人（皮斯则是韦伯的信徒）；他是早期费边社主要的撰稿人和文件起草者；他提出的租金理论成为费边社会主义思想的基础；他是标志费边社会主义思想形成的《费边论丛》的七位作者之一；他创造了费边社的政策和纲领；他是费边社第一个使其成员关注地方政治的人……可以说，正是因为韦伯的加入，费边社从一个默默无闻的小组织不断发展壮大，费边社会主义思想也成为英国社会主义思想的代表。

韦伯在加入费边社不久便成为费边社的领导人，这一状况一直延续到20世纪20年代。1885年9月，韦伯在萧伯纳的引荐下在费边社一次会议上读了一篇名为《出路》（*The Way Out*）的文章，两个月后韦伯便与殖民局的同事悉尼·奥利维尔（Sydney Olivier）一起加入了费边社。韦伯的这篇报告，使费边社开始放弃以往对抽象理论的追求，开始转向实际政治和社会改革领域。正如汉密尔顿在《悉尼和比阿特丽斯·韦伯》中所说："费边社最早的讨论主要是关于抽象理论和乌托邦的，但韦伯的报告（指《出路》）使他们回到了地球上（bring them down to earth）。"① 1886年韦伯入选费边社执行委员会，且一直持续到1935年②，而且韦伯在大多数选举（甚至可能在所有选举）中都处于领先地位。19世纪90代初，费边社发展兴旺，原7人的执行委员会扩展至15人，韦伯在第一次竞选中就名列第一，在117张选票中占得103票。③ 在执行委员会中，韦伯和萧伯纳是最突出的两个人："他们一个是抑制不住发表议论的人，另一个是不知疲倦的精通事实的专家和记忆佳；一个是当时最卓越的文学家，另一个表达思想的方法酷似一长列缓缓经过的满载货车。"④ 可以说，正是这两个性格截然不同的人的合作构成了早期的费边社，正如玛格丽特·柯尔在《费边社史》中所说："韦伯在坚实的事实基础上建立了费边社的宣传，萧伯纳又使费边社的讨论充满了知识趣味。"⑤ 1911年，在萧伯纳和布兰

① Mary Agnes Hamilton, *Sidney and Beatrice Webb: A Study in Contemporary Biography*, London: Sampson Low, Marston & Co, 1932, p. 23.

② 从20世纪20年代开始，韦伯虽然一直是费边社执行委员会委员，但他已逐渐开始淡出费边社的活动，而到1932年更是对苏联模式产生兴趣，而逐渐离弃了工党和费边社。

③〔英〕玛格丽特·柯尔：《费边社史》，第41页。

④〔英〕玛格丽特·柯尔：《费边社史》，第58页。

⑤〔英〕玛格丽特·柯尔：《费边社史》，第60页。

德退出执行委员会后，韦伯及其夫人比阿特丽斯·韦伯便成为公众眼中费边社的代名词。而在之后的20年中，无论执行委员会在什么时候举行选举——其中有几次没有竞争者——要么韦伯夫妇中一人获得最多票数，要么就是双双领先。正如比阿特丽斯在日记中所说："我担心的是，我害怕我们可能再也不能离开岗位了。"[①] 同时，不管是韦伯和萧伯纳，还是后来的韦伯夫妇，韦伯一直在双方的关系中发挥着主要的作用。韦伯夫人暂且不用论述（不论从哪个角度都很难将韦伯和比阿特丽斯两人分开），萧伯纳自己也承认这一点，他说："我所做的聪明的事，就是把我的友谊强加给他并坚持下去；因此从那时起，我不再仅仅是无用的萧伯纳，而是韦伯和萧伯纳委员会……具有韦伯的头脑、知识和公务经验的萧伯纳与萧伯纳本人有很大差别。"[②]

不仅如此，韦伯还是费边社的主要撰稿人和文件起草者。韦伯在费边社期间，费边社最主要的宣传小册子《费边短评》（*Fabian Tract*）中有49篇是以韦伯的名义出版的，尤其是前60篇中韦伯就写了25篇，当然这还不包括韦伯与他人合写的，或者是以费边社或其他成员名义出版但由韦伯起草的文章。正如皮斯在《韦伯和费边社》一文中提到的那样："费边社最初的30年，韦伯控制了执行委员会，不是因为他的独裁，而是因为他聪明且总是正确的。萧伯纳写了最多的文章，但如果我的记忆没错的话，是韦伯提出了这些计划和建议。"[③] 此外，韦伯在费边社期间，不论他是哪一个委员会的成员，只要没有很明显的证据表明不是这样的话，那么几乎所有的报告和决议都由韦伯起草。当然，这应该归功于韦伯天生的起草决议的才能："他对幼年时

① Norman MacKenzie and Jeanne MacKenzie, eds., *The Diary of Beatrice Webb (1905-1924)*, London: Virago Press Limited, 1984, p. 142.

② 〔英〕玛格丽特·柯尔：《费边社史》，第58页。

③ Margret Cole, ed., *The Webbs and Their Work*, London: Fredrick Muller Ltd, 1949, p. 22.

期费边社的贡献是很明显的——他惊人的记忆力，他对任何呈送给他的文件在很短时间内就抓住主题的能力，他能飞快地起草决议、修正案和报告的非凡天才，他是几乎能够同时抓住任何争论的焦点和调解方案的天才。此外，他对公共事务及半公共事务的知识以及（如霍布森所说的）毫无顾忌地为促进‘好’的事业而利用秘密情报，他的冷静和不抱私人恩怨——所有这一切的重要性是不容置疑的。”①

韦伯对费边社的影响主要体现在以下两个方面。第一个方面，他对费边社会主义思想的形成与发展产生了决定性的影响。如果说萧伯纳创造了费边社的性情与气氛的话，那么韦伯则主要创造了其政治与经济纲领。张明贵在《费边社会主义思想》中就提到：“在使费边主义成为一种新的社会主义哲学，新的社会主义理论与实际的方法上，韦伯要比其他费边社员贡献更大，诸如渐进的必然性（Inevitability of Gradualness）就是他在1923年才凝练出来的词句。”② 费边社在成立之初，只是一群知识分子试图对当时英国产生的社会问题进行审慎的思考，并提出相应的解决办法，因此他们没有形成特有的意识形态。虽然在1885年《费边短评》第3号《致有远见的地主与资本家的建议和警告》（*To Provident Landlords And Capitalists*: *A Suggestion and a Warning*）中，费边社首次公开宣布其是社会主义的团体，但是对于什么是社会主义（即社会主义的目标是什么），如何在英国实现社会主义（即实现社会主义的道路及方式）等问题并未形成一致的认识。正如柯尔在《费边社史》中所说：“那时（1886年）费边社的成员已达40名左右，并在试图做出抉择：是无政府主义还是集体主义，是激进主义还是议会道路。”③ 费边社会主义思想正式形成的标志是《费边论

① 〔英〕玛格丽特·柯尔：《费边社史》，第59页。

② 张明贵：《费边社会主义思想》，五南图书出版公司，2003，第37页。

③ 〔英〕玛格丽特·柯尔：《费边社史》，第11页。

丛》的出版，韦伯便是其7位作者之一，他在其中书写了《社会主义的历史基础》一文。韦伯在该文中集中阐述了他的社会主义思想，他从历史发展的角度出发，反对资本主义私有制和自由放任原则，强调民主主义基础上的集体主义生产方式；提出了生产资料公有化（包括市有化和部分国有化）及租金社会化目标；强调社会组织尤其是地方行政部门在社会主义发展过程中的重要性；注重社会有机体，即社会整体的效率提升；强调民主、和平渐进的改革道路等观念，这些都成为费边社会主义思想的重要组成部分。此外，韦伯提出的租金理论、产业民主理论、市政化的目标等都对费边社会主义思想的发展产生了重要影响。可以说，作为费边社会主义思想的理论基础之一的租金理论的形成应直接归功于韦伯（可能还要加上奥利维尔）；他也是第一个促使费边社成员开始关注地方政治领域的人，他对市政社会主义的强调使费边社会主义经常性地被称为"市政社会主义"；而他提出的民主主义、渐进主义、和平非暴力、渗透政策等社会改革的方法与策略也几乎为早期的费边社全盘接受。因此，如果将早期的费边社会主义称为"韦伯主义"应该是没有太大的问题的。

第二个方面，韦伯的社会主义思想对费边社组织本身的发展也产生了重要影响。韦伯在费边社期间，一直掌控着费边社发展的主流，这种掌控不仅体现在意识形态方面，而且，还表现于他一直把握着费边社组织发展的道路和前进的方向。费边社一贯强调社员的个体性（费边社大多数文章都是费边社员以个人名义而非费边社的名义发表）和对各种不同观点的宽容，也不禁止或反对社员参与别的组织，因此内部成员之间观念驳杂，面对某些具体问题时则不可避免地会产生许多截然不同的意见和建议。尽管如此，韦伯始终代表着费边社的主流，在面对社内成员观念不一致的情况时，他最终总能取得胜利，让费边社按照自己的思想发展下去。在此，本书试图通过论述费边社的几次比较大的分歧来表明这一点。

（1）费边社对工党的态度问题。工党成立后，费边社内部对工党的态度就分裂为截然不同的三派。第一派，以威尔斯（H. G. Wells）和斯莱塞（Henry H. Slesser）为首的部分费边社员支持工党的建立，他们认为费边社渗透或支持的对象只能是工党。1911 年斯莱塞领导的费边改革同盟（Fabian Reform Group）发表声明："如果费边社要加入一个政党，那么他们只能加入工党。"① 斯莱塞的观点得到费边社内一些成员的认同。格斯特（Haden Guest），一个年轻的威尔士医生，便提出"要将中产阶级组织起来与工党进行合作"。②第二派，以霍布森（S. G. Hobson）为首的部分费边社员认为工党并不是一个社会主义的政党，因此强烈要求费边社退出工党。1909 年 1 月霍布森以工党不是社会主义组织为由，提出决议要求脱离工党。而此后一直到一战前期，类似的要求在费边社内部一直没有停止过。1912 年 4 月，吉莱斯皮（H. J. Gillespie）在柯尔（G. D. H. Cole）的支持下，提议费边社应立刻脱离工党，理由是"工党已没有能力系统地提出一项政策，我们应当尽力影响所有的政党，而我们的职责是研究"。③ 1914 年费边社召开的社员大会，也提出了一项要求脱离工党的提议。第三派，也是费边社的主流派，以韦伯、皮斯为主，他们并不重视工党的作用，也认为费边社无需对工党发挥影响力，但是出于传统渗透政策的需要，也不同意在组织上脱离与工党的联系。可以说，也正因为如此，使得一战后费边社与工党的合作显得更为顺理成章。

① Josephine Fishel Milburn, "The Fabian Society and the British Labour Party," *The Western Political Quarterly*, Vol. 11, No. 2 (Jun., 1958), pp. 319-339.

② Paul Thompson, *Socialists*, *Liberals and Labour*: *The Struggle for London*, *1885-1914*, London: Routledge & Kegan Paul, 1967, p. 219.

③ 〔英〕玛格丽特·柯尔：《费边社史》，第 158 页。

（2）对基尔特社会主义的态度。以彭蒂（A. J. Penty）、奥雷奇（A. R. Orage）、霍布森、柯尔（G. D. H. Cole）等费边社员为代表的基尔特社会主义，其主张简单地说就是工业自治，即在承认生产资料、分配以及交换的集体主义基础上，由工人自己管理工业。由此可以看出，基尔特社会主义与韦伯在《工业民主》一书中提出的产业民主理论，即由整个社会（包括工会及专门职业团体之代表与消费者合作社、市政府及中央政府之代表[①]）共同管理产业的观点是不一致的。当然，基尔特社会主义与韦伯的分歧不单单是理论上的，更多的是“气质上的、感情上的差异，甚至是风格上的差异”。[②] 基尔特社会主义对罢工的推崇，对政府控制的不满以及对工人阶级管理产业的信任等，与强调社会精英、和平渐进和信任国家政府的韦伯社会主义思想显然有着明显的区别。虽然在1912至1922年这10年左右的时间内，费边社内部知识分子阶层中多数年轻的社会主义者都是基尔特派，但是他们与以韦伯为代表的老一辈的斗争基本都以失败而告终。1912年夏，韦伯夫人提议任命了一个关于“工业管理”的调查委员会，不久该委员会成为基尔特派的研究部，基尔特派以之为基础试图将费边社的职能限制在研究的范围之内。1915年，基尔特派写了一篇有20名费边社员签名的名为《是时候了》的声明，提出：“现在是时候了：完全废除‘基础’及其他有关信仰的声明，将费边社的职能全部限制在研究的范围之内。”[③] 而到6月份，基尔特派提交的这一议案被执行委员会全部否决，柯尔也退出了执行委员会和费边社。在改造费边社的企图失败之后，基尔特派只能于1915年在费边社外成立全国基尔特联盟，1918年将费边社的研究部脱离出费边社，并称之为“劳工研究

① 〔英〕韦伯夫妇：《英国工会运动史》，第493页。
② 〔英〕玛格丽特·柯尔：《费边社史》，第155页。
③ 〔英〕玛格丽特·柯尔：《费边社史》，第161页。

部”，直到1922年左右，基尔特社会主义运动才以失败告终。

（3）布尔战争引发的费边社内部关于帝国主义观念的矛盾分歧。1899年布尔战争爆发后，费边社成为英国唯一一个没有明确表明反战态度，反而支持帝国主义政策的社会主义组织。在费边社帝国主义观念形成过程中，费边社内部曾经产生了极大的矛盾，费边社本身对帝国主义的态度也经历了一个较大的转变，而韦伯和萧伯纳在这期间发挥了最主要的作用。

19世纪末期，帝国主义政策在促进英国经济发展、维持世界霸主地位中占有重要的地位。这一时期英国的世界工业霸主地位逐渐消失，在国际市场上日益受到美、德等国的威胁。1870~1900年，英国在世界制造业产品中所占比例由31.8%降到9.5%，美国则由23.3%增长到30.1%，德国由13.2%增长到16.6%。[①] 由此，英国的帝国主义政策逐渐褪去“传播先进文明”“实现落后民族自治”等口号的道德自信面纱，越来越被认为不过是英国解决本国经济、社会问题的权宜之计。1893年，路加德勋爵说：“争夺非洲是由于日益增长的商业竞争使得文明国家不得不侵占这块唯一剩下了的领土来从事企业投资和扩张。”[②] 比阿特丽斯·韦伯在日记中也写道：“作为建立帝国原则的经济利益一旦恢复，英国的政治家又会沉醉在别墅聚会的笑容中，唠叨着那些无聊的形而上学的东西，嘲笑着英国越来越糟糕的经济。”[③]

19世纪的最后10年，英国对殖民地贸易的依赖，使得英国的帝

① Phyllis Deane and W. A. Cole, *British Economic Growth, 1688-1959: Trends and Structure*, Cambridge: Cambridge Press, 1967, p. 297.

② 〔英〕莫尔顿、台德：《英国工人运动史：1770~1920》，叶周等译，生活·读书·新知三联书店，1962，第146页。

③ Norman MacKenzie and Jeanne MacKenzie, eds., *The Diary of Beatrice Webb (1873-1892)*, London: Virago Press Limited, 1982, p. 169.

国沙文主义情绪不断增长。这一点我们从张伯伦的讲话中就能很明显地看出：“我们现在都是殖民主义者，我们认识到了殖民带来的责任，但不畏惧；我永远不愿意失掉我们现在对于我们伟大的印度属国的掌握，这是我们现在和将来的一切买主当中最大的和最有价值的主顾……我曾敦促过现在的政府和前几届政府，必须利用每个正当的机会，在现在正在进行文明的和商业的开发的非洲大陆，扩张我们的势力和控制；我坚持我们的海军应当加强，直到它的优越地位达到这样的稳固，使我们在所掌握的或以后能够掌握的任何属地，都不致被动摇……假使这些‘小英格兰人’的主张获得了胜利，他们将不只放弃那扩张帝国的和为我们获取新市场的正当机会，甚至我还要怀疑他们是否肯做必需的努力来保存我们祖先传给我们的伟大遗产。”[①] 1898年恩图曼大屠杀后，基钦纳甚至提出用掘出的马赫迪头盖骨装饰一所私人房屋。布尔战争的爆发，更是彻底点燃了英国民众的好战情绪，英军在南非的行为被描写成“英国人骑着命运的白色战马驰骋在南非的国土上狂欢”[②]。初期战争的失利，更使战争的支持者与亲布尔派之间的辩论显得激烈。甚至于，任何表示支持布尔人的举动都可能遭到帝国主义分子的诽谤和人身攻击，这与1940年敦刻尔克大撤退时期，允许共产党人进行反战宣传而几乎没有任何非难形成了鲜明的对比。[③] 1900年卡其选举（Khaki election），保守党正是利用了英国民众的好战情绪赢得了大选的胜利。1901年，爱德华七世登基后采用的封号也表明当时英国帝国主义情绪在加速发展。1901年11月4日，一项公告宣布英国国王尊衔如下：“天佑大不列颠及爱尔兰联合王国及海外

---

① Norman MacKenzie and Jeanne MacKenzie, eds., *The Diary of Beatrice Webb (1892-1905)*, London: Virago Press Limited, 1983, p. 153；韦伯夫妇：《资本主义文明的衰亡》，第120页。

② 〔英〕玛格丽特·柯尔：《费边社史》，第100页。

③ 〔英〕玛格丽特·柯尔：《费边社史》，第100页。

各殖民地国王、英格兰教会护教者、印度皇帝爱德华第七”。其中“海外各殖民地国王”，是经过各政党一致同意通过的，这与25年前为维多利亚女王加冕时所遭到的激烈反对形成了鲜明的对照。①

布尔战争在引发英国民众的好战狂热情绪的同时，也使英国社会产生了严重的分裂。首先，保守党在张伯伦和米尔纳（Alfred Milner）领导下认为要击垮布尔人，扩大英帝国。其次，自由党方面则分裂成三个不同的阵营：一是自由帝国主义派（Liberal Imperialist，简称为Limps），包括罗斯伯里伯爵（Archibald Philip Primrose，Earl of Rosebery）、霍尔丹（Richard Burdon，Lord Haldane of Cloan）、阿斯奎斯（Herbert Henry，1908—1916年自由党首相）以及爱德华·格雷（Edward Grey）等，支持保守党政府发动战争；二是亲布尔派（Pro-Boer），主要是一些有名的个人主义者、自由工联主义者和自由主义者，例如劳埃德（Lloyd George）、亨利（Henry William Massingham）等，由考特尼（Lconard Courtney）领导，在许多非政治家知识分子的帮助下，支持布尔共和国赢得独立的权力，指责保守党政策为罪恶的侵略行为；三是由自由党新的领导人坎贝尔（H. Campbell Bannerman）领导，在哈考特（William Harcourt）支持下的中间派，认为不能否认战争的必要性，但是也不赞同这场战争中英国政府的目的和方式；②再者，社会主义者方面，除了费边社外，几乎所有的社会主义者，其中包括英国两大社会主义组织——独立工党和社会民主联盟——都明确反对英国的帝国主义战争。独立工党认为，战争，就跟被广泛接受的社会主义理论所认同的那样，总是资本家为了利益而发动的。战争

① 〔英〕约·阿·兰·马里欧特：《现代英国1885~1945》中册，姚曾廙译，商务印书馆，1973年版，第302页。

② Barbara Drake and Margaret I. Cole，eds.，*Our Partnership by Beatrice Webb*，London：Longmans，Green and Co.，1948，p. 191.

会消耗社会改革所需的资金，并遭到国际上所有社会主义者的谴责。因此，他们反对战争进程中的每一步，批评英国当局的所有行为。[①]劳工代表委员会（英国工党前身）在1901年第一次会议上，在伯吉斯（Joseph Burgess）的提议下，通过了反帝和反战的决议。费边社的有关帝国主义观念就是在这一复杂的社会背景下形成的。

费边社对布尔战争及帝国主义的态度，如英国左派史学家霍布斯鲍姆（E. J. Hobsbawm）所说："费边社，是社会主义组织中唯一一个支持帝国主义，拒绝反对布尔战争，并对左派关心的反战毫无兴趣的组织。"[②] 然而，1899年前费边社并不支持政府的殖民战争，并不支持帝国主义。布尔战争爆发后，费边社内部就帝国主义问题产生了极大的矛盾，最终以部分社员退出费边社，费边社赞成政府的帝国主义政策，即以韦伯的胜利为结果而告终。

从费边社成立到布尔战争前（1884~1898年）这一时期，费边社成员对帝国主义问题的态度基本保持一致，他们并不关心国际事务，也没有形成对国际关系和政府对外政策的固定看法。1895年前，唯一一个可称为"国外"问题而费边社感兴趣的问题就是爱尔兰自治问题。1895年到布尔战争前，这个情况基本没有变化。[③] 费边社成立之初，它的目的是在英国实现社会主义，它试图"通过立法和施政以消

---

① Edward R. Pease, *The History of the Fabian Society*, New York: Frank Cass, 1926, p. 129.

② E. J. Hobsbawm, *Labouring Men: Studies in the History of Labour*, London: Weidenfeld and Nicolson, 1964, p. 253.

③ 1896年到布尔战争前费边社关于国际问题的所有公开演讲有：1896年3月伯特兰·罗素（Bertrand Russell）的"德国独立劳工政治的经验"；1896年7月李卜克内西（Liebknecht）的"德国社会主义"；1896年10月淳维斯（Trenwith）的"澳大利亚劳工"；1897年8月对新西兰首相的演讲；1897年11月威廉姆斯（E. E. Williams）的"社会主义与贸易保护"；1897年12月迪尔克（Dilk）的"帝国"；1898年12月休因斯（W. A. S. Hewins）的"与社会问题有关的帝国主义政策"；1898年2月悉尼·韦伯的"澳大利亚印象"。引自（澳大利亚）A. M. 麦克布雷尔：《费边社会主义与英国政治》（A. M. McBriar, *Fabian Socialism & English Politics, 1884-1918*, Cambridge: Cambridge University, 1962, p. 120）。

除贫困，以大量的事实与‘内幕的’的宣传，实行对生产和社会生活的公共管理，以及转变英国公众和英国统治阶级的地位。”[①] 对悉尼·韦伯和萧伯纳而言，费边社并不是政治组织，他们的精力应该主要放在如何在国内实现社会改革上，而战争、政府的对外政策并不是“社会主义应该解决和触碰的问题”。[②]

布尔战争爆发后，就是否赞成政府的战争行为，费边社内部产生了严重的矛盾。费边社的左派和右派联合起来对抗主流派的观点，认为这场战争的起因主要是英国统治阶级的特性以及其对战争的癖好，并提出费边社作为一个社会主义组织，应该公开谴责战争。这其中，左派成员包括瓦尔特·克兰（Walter Crane，马克思主义者），与独立工党关系密切的拉姆塞·麦克唐纳（J. R. MacDonald，两任工党领袖）、萨缪尔·霍布森（S. G. Hobson）以及乔治·巴恩斯（G. N. Barnes，1910~1911 年间任工党主席）等；右派则与自由党关系较密切，其中包括奥利维尔（《费边论丛》作者之一）、劳森·多德（F. Lawson Dodd）、威廉·克鲁克斯（Will Crooks，劳工议员）、克莱门特·爱德华（Clement Edwards）、约翰·克利福德（John Clifford）以及皮特·柯伦（Peter Curran，劳工议员）等。[③] 另外一边，以韦伯和萧伯纳为首的主流派则在布尔战争爆发初期，就认为每一个成员对是否支持战争可以有他自己的看法，只是费边社作为一个整体没有必要发表正式的观点。短短几个月之后，他们明确提出费边主义与帝国主义在一定程度上是一致的观念，并公开支持政府的帝国主义政策。这一派以韦伯和萧伯纳为首，其中以萧伯纳和布兰德（Hubert Bland）

① 〔英〕玛格丽特·柯尔：《费边社史》，第 2 页。

② G·D·H·Cole, *A Short History of the British Working Class Movement*, New York: The Macmillan Company, 1927, p. 93.

③ Edward R. Pease, *The History of the Fabian Society*, New York: Frank Cass, 1926, p. 129.

支持战争的态度最为强烈。布兰德曾公开发表观点说："如果英国不能利用自己在世界上的优势地位，就会很快被其他国家超越；英国是唯一一个适合在世界上传播文明的先驱。"①

费边社帝国主义观念形成过程中出现的矛盾主要体现在三个方面。第一，双方争论的焦点集中在费边社作为一个整体是否应该公开阐明对布尔战争的态度。亲布尔派认为费边社应该公开表明反战态度。1899 年 10 月 13 日，布尔战争爆发后两天，费边社一个成员就要求在当天举行的全体会议上发表一项同情布尔人的决议，被费边社执行委员会以及全体委员会投票否决。接着，在 12 月 8 日的费边社全体成员特别会议上，霍布森提出一个议案，宣称这场战争的起因主要是英国统治阶级的特性以及其对战争的癖好。因此，费边社必须阐明它反对这场战争的态度。这个议案当时以 59 票赞成、50 票反对得以通过，但不久就被执行委员会取消。保守派则相反，他们提出既然战争已经爆发，那么出于国家的利益，就必须取得胜利。同时他们还认为不论个人的态度如何，费边社作为一个整体没有必要阐明对战争的态度。鉴于内部分歧越来越大，费边社不得不采取邮寄投票的方式解决争端。邮寄投票的问题是："你是否赞成费边社就帝国主义在这次战争中的表现发表一项正式声明"，而不是"这场战争是正确的还是错误的?"几周后，投票结果为 217 票赞成、259 票反对（总计 476 人投了票)。② 这表明，费边社拒绝了任何一项要求公开发表对战争态度的声明的决议。

第二，双方的矛盾主要体现在费边社对政府帝国主义政策的态度方面。亲布尔派反对费边社支持政府的帝国主义政策。霍布森提出，

---

① Norman and Jeanne Mackenzie, *The First Fabians*, London: Quartet Books, 1979, p. 269.

② Edward R. Pease, *The History of the Fabian Society*, New York: Frank Cass, 1926, p. 130.

费边社必须“正式断绝与资本主义的帝国主义及民族虚无主义的关系；只有当帝国的扩大同费边社的宗旨——更高级的社会主义扩展——一致的情况下，才能支持帝国扩大政策”。[①] 与之相反，保守派支持政府的帝国主义政策，在邮寄投票结束后不久便公开表明支持帝国主义的态度。1900 年 2 月 23 日，在邮寄投票结束的当天，萧伯纳在费边社一次最大的公共会议上发表名为“帝国主义”的演讲，提出费边主义实际上与帝国主义是一致的。随之，费边社发表了由萧伯纳起草的第一个关于帝国政策的正式文件：《费边主义与帝国》（Fabianism and the Empire），正式表明了支持帝国主义的立场。萧伯纳在文章中明确指出：“现在已不再是以前建立美国或者建立谷物法联盟的原始政治经济时代了，帝国主义是国际政治的新台阶。”[②]

第三，费边社内部就是否支持殖民地自治政府问题产生分歧。部分费边社员接受了新功利主义的看法，把自由而不是最大多数人的最大快乐作为功利主义的最终价值。他们认为个人是自由的，每个人都应该享受自由的选择权和自由的生活。因此，在他们看来代议制政府才是最好的政府，因此倾向于自治政府。而以韦伯、萧伯纳为首的保守派则更认可传统功利主义，即“对政治经济的事实的看法会战胜情感，慈善性的家长制作风（殖民政府统治）必定能够维持殖民地的繁荣”。[③]萧伯纳认为一个拥有较高文明程度的国家有权接管较低程度的

---

① S. G. 霍布森在 1899 年 12 月 8 日费边社全体成员特别会议上提出的议案。引自 Edward R. Pease, *The History of the Fabian Society*, New York: Frank Cass, 1926, p. 130.

② Fabian Society and Shaw Bernard, *Fabianism and the Empire*: *A Manifesto by the Fabian Society*, Montana: Kessinger Publishing, 2004, pp. 3-4.

③ Fred D. Schneider, "Fabians and the Utilitarian Idea of Empire," *The Review of Politics*, Vol. 35, No. 4 (Oct., 1973), pp. 501-522.

国家，即使这些国家本身已没有什么力量。[①] 因此，萧伯纳强烈反对在印度、苏丹这些“文明程度”较低的国家实行民主自治。在他的眼中，民主机构，对澳大利亚和加拿大来说意味着自由，而对印度和苏丹来说意味着奴隶制。鉴于此，必须建立两套殖民体系：一种是白种人占多数的地区实行民主自治，一种是有色人种占多数的地区实行官僚专制。[②] 具体到南非，萧伯纳认为奥兰治和德兰斯瓦这两个布尔人共和国，并不能代表南非当地居民的利益，由于没有一个国家或世界联邦把这两个共和国接管过去而强迫它们根据全人类的共同利益管理，因而最好的办法就只能是由英帝国予以兼并。总的来说，萧伯纳提出的费边帝国主义思想抛弃了“民族自治”这个抽象的原则，试图在全世界范围内建立一个以社会主义为基础的英联邦模式的多种族、多宗教、多语言的联邦。正如韦伯所说：“20 世纪应该把国家主义看作过时的东西，人们应该把注意力集中于建立一个以社会主义为基础的，包含多种族、多宗教、多语言的世界联邦。”而在世界联邦建立前，一个大国实行帝国统治是社会的必须，而这个大国就是英帝国。当然，“英帝国的任务不是为了自身的利益，也不是要将盎格鲁—撒克逊的观念强加给世界，而是要用我们的智慧组织殖民地从而促进最大多数个体的发展”[③]。

费边社内部帝国主义观念的分歧首先是源于双方意识形态的冲突。亲布尔派认为保守派一味强调经济、效率，而忽视了社会主义思想的道德因素。正如英国著名作家切斯特顿（G. K. Chesterton）所说：

---

① 虽然萧伯纳没有说明文明程度高的详细情况，却清楚地指出了这是西欧国家所拥有，那些亚洲、非洲国家所没有的。引自 Fred D. Schneider，“Fabians and the Utilitarian Idea of Empire,” *The Review of Politics*, Vol. 35, No. 4 (Oct., 1973), pp. 501-522.

② Fabian Society and Shaw Bernard, *Fabianism and the Empire: A Manifesto by the Fabian Society*, Montana: Kessinger Publishing, 2004, pp. 15-16.

③ 〔英〕萧伯纳主编《费边论丛》，第 80 页。

"费边社混淆了有效率的社会主义和帝国主义的区别，社会主义应该是对那些不断累积的不利环境的高度不容忍才产生的，因此社会主义和帝国主义是不能相容的。"[①] 相反，保守派则认为社会主义与帝国主义在一定程度上是一致的，他们认为双方对于社会义务的重要性、国家组织、有效率的政府、工业行政部门、在公共利益上对私有企业的管理、以国际组织的方式解除边界限制等问题都有着相同的看法。[②] 同时，他们还认为社会主义的道德是经济力量，是对社会浪费的憎恨和对社会无效率的批判[③]，而帝国主义在维护英国国家利益方面起着重要的作用。韦伯在《20 世纪政治——国家效率》一文中谈到，20 世纪是老传统的个人主义开始消亡的时代，20 世纪的每个人都不仅仅是独立的个人，而是社会的一分子，是世界的公民。不论是劳工还是工厂主，其生活好坏都取决于政府的好坏、国家组织的效率以及帝国在世界贸易中的影响力。[④] 因此，将落后国家置于英帝国的统治之下在现阶段是最符合这些国家利益的最好选择。而对英国来说，"唯一要考虑的问题是英国是成为未来世界国家之一的中心还是被殖民地摆脱从而回到以往孤岛的状态"。[⑤]

其次，费边社内部帝国主义观念的分歧还缘于双方对政治现实的不同考量。费边社内部左派和右派分别与独立工党和自由党亲布尔派关系密切，其中部分成员本身就是这两党成员，例如麦克唐纳、巴恩

---

① Fred D. Schneider, "Fabians and the Utilitarian Idea of Empire", *The Review of Politics*, Vol. 35, No. 4 (Oct., 1973), pp. 501-522.

② A. M. McBriar, *Fabian Socialism & English Politics, 1884-1918*, Cambridge: Cambridge University, 1962, p. 124.

③ Fred D. Schneider, "Fabians and the Utilitarian Idea of Empire," *The Review of Politics*, Vol. 35, No. 4 (Oct., 1973), pp. 501-522.

④ 〔英〕萧伯纳主编《费边论丛》，第 77 页。

⑤ Fabian Society and Shaw Bernard, *Fabianism and the Empire: A Manifesto by the Fabian Society*, Montana: Kessinger Publishing, 2004, pp. 3-4.

斯等就拥有费边社和独立工党的双重身份。因此他们反战、反帝国主义的态度一直很明确；相反，保守派的态度则在极短的时间内发生了很大的转变，初期他们并不反对也不支持帝国主义，只是反对费边社公开阐明对战争的态度，几个月后他们就公开支持帝国主义。前者是因为他们害怕一旦费边社表明其态度，不管是支持或是反对，都可能造成费边社的分裂。后者，他们态度的转变则源于韦伯和萧伯纳试图拉拢自由党自由帝国主义派，以达到实现国内社会主义改革的目的。韦伯本身并不喜欢战争，也不信任米尔纳，刚开始的时候他拒绝了解任何有关布尔战争的信息。[①] 比阿特丽斯·韦伯在日记中对韦伯的心态做了一个很详细的描述："悉尼在感情上是亲布尔人的，在理性上则赞同好战的阿斯奎斯和霍尔丹。但是他在思想上没有解决问题，因此他很少或者可以说根本没有注意战争的事态发展，置身于整个事情之外对他来说是最好不过了。"[②] 直到 1900 年卡其选举，自由党失败，韦伯意识到可以与自由帝国主义派合作，创立一个新的政党，实现社会主义改革。韦伯、萧伯纳和自由帝国主义派的霍尔丹、罗斯伯里关系一直比较密切，而霍尔丹一直以来也表现出对集体主义政策的好感。于是韦伯就提出建立一个以国家效率（National Efficiency）为基础的政党，[③] 通过支持帝国主义换取自由帝国主义派对集体主义的支持。这也就解释了萧伯纳《费边主义和帝国》中有一半的篇幅都在讲国内社会改革。由此可见，费边社帝国主义观念的转变，完全是受韦伯和萧伯纳的影响，即为了渗透自由党的需要而采取的措施或策略，而最终也以韦伯的胜利而完成。

① Royden J. Harrison, *The Life and Times of Sidney and Beatrice Webb*, London: Macmillan Press Ltd, 2000, p. 324.

② Norman MacKenzie and Jeanne MacKenzie, eds., *The Diary of Beatrice Webb (1892-1905)*, London: Virago Press Limited, 1983, p. 213.

③ 〔英〕萧伯纳主编《费边论丛》，第 75~95 页。

此外，费边社内部还就1902及1903年教育法改革[①]、关税改革等问题产生过极大的分歧，但最终结果都一致是以韦伯为代表的主流派取得了胜利。值得注意的是，尽管费边社内部就许多问题产生过极大的矛盾和分歧，但是费边社本身却一直没有分裂。基尔特派在改造费边社失败后，仅仅是柯尔和埃米莉·汤森两名执行委员会委员退出，普通社员并未随之退社；而因帝国主义问题而导致包括麦克唐纳和他的妻子埃米林·潘克赫斯特（Emmeline Pankhurst）、瓦尔特·克兰、乔治·巴恩斯以及皮特·柯伦等18名费边社员正式提交辞呈，也已是费边社因同一问题而退社人数最多的一次。[②] 如果单从费边社执行委员会来看，尽管存在分歧，但很少有大的争吵，也很少有人因意见不合而退出，而安妮·贝赞特离开费边社是因为神智学的影响，华莱士离开是因为他不认可韦伯对宗教和教会学校的容忍。而且即使是退出费边社，诸如柯尔，他在退出费边社后与韦伯的私人关系却几乎没有受到影响。这一点，一方面应该归功于费边社本身对其成员的宽容，也部分应归功于韦伯的好脾气和良好的调节能力。正如皮斯所说："他的脾气很好，我与他共事30年左右时间，从未看见他发脾气或者抱怨。而费边社执行委员会的团结，很少有大的争吵，也很少因为意见不合而退出，大多归功于韦伯的好脾气和调节。"[③]

韦伯在19世纪80年代末开始的30多年中在费边社一直处于绝对的领导地位，而费边社也在韦伯的领导下取得了举足轻重的发展成果。柯尔在《英国社会主义思想史》中就曾说过："费边社原是一群热心追求真理的人组成的小团体，并不十分引人注目，萧伯纳和韦伯

---

① 关于教育法改革的内容，详见本书第四章第一节。

② Lisanne Radice, *Beatrice and Sidney Webb: Fabian Socialists*, London: Macmillan, 1984, p. 143.

③ Margaret Cole, ed., *The Webbs and Their Work*, London: Frederick Muller Ltd, 1949, p. 23.

共同着手把它变成一支具有新颖而又非常现实的社会理论的强大精神力量。"[①] 1889 年，韦伯等人出版《费边论丛》，该书出版后首批 1000 册在一个月内就销售完；一年之内销售了 2.5 万册，并且出现了美国版本和其他的译本，并连续 60 年保持销路。[②]《费边论丛》的出版和热销，不仅标志着费边社会主义思想的正式形成，也使得费边社从摇篮时代进入了第一个兴旺时期。1890 年，费边社成员开始增加，到 1891 年 4 月年会为止，已有 361 名正式成员（上年总数的两倍多），外加 12 个地方费边社的大约 300 到 400 个成员，而 1890 年《费边短评》的总印刷量达到 3.5 万册，几乎是前 7 年总数的 5 倍。[③] 1890 年，韦伯出版了《八小时法案》（短评第 9 号），该短评的出版使费边社在当时英国社会主义思想方面出人头地。正如韦伯在前言中写的："这份议案草案，部分的或全部的被伦敦自由与激进联盟（London Liberal and radical Union），首都激进联合会（the Metropolitan Radical Federation），伦敦商业委员会（the London Trades Council）以及大多数伦敦工人俱乐部（the London Working Men's Club）所接受，而且还为 1890 年 5 月 4 日在海德公园进行的声势浩大的'八小时游行示威'（Eight Hours Demonstration）运动所拥护。"[④]

综上所述，在 19 世纪 80 年代末—20 世纪 20 年代的 30 多年中，韦伯作为费边社会主义思想的代表，对费边社会主义思想的形成与完善发挥了重要的作用，费边社会主义思想也成为当时英国社会主义思想的代表；同时，作为费边社的实际领导人，他始终控制着费边社的

① 〔英〕G. D. H. 柯尔：《社会主义思想史》第三卷上册，第 116 页。
② 〔英〕玛格丽特·柯尔：《费边社史》，第 29 页。
③ 〔英〕玛格丽特·柯尔：《费边社史》，第 40 页。
④ Sidney Webb, *An Eight Hours Bill*, London: The Fabian Society, 1890, p. 3.

前进方向并能使其免于分裂，由此费边社从一个默默无闻的小团体发展成当时英国最著名的社会主义组织。

2. 对伦敦郡议会的影响

在19世纪的最后10年，韦伯的社会主义思想对伦敦郡议会产生了重要的影响。从韦伯以及以韦伯为代表的费边社会主义被称为“市政社会主义”这一点来看，早期韦伯社会改革的重点一直放在地方政治领域。因此，伦敦郡议会便成为韦伯实现自己社会主义改革目标的第一个政治舞台。作为弗斯（J. F. B. Firth）的继承者，韦伯在19世纪90年代初成为伦敦郡议会内进步派的理论家。1892年伦敦郡议会选举，韦伯当选郡议会议员，并在之后的10年中参与了其中的许多委员会工作。其中最有影响力的便是他创立了技术教育委员会，并对伦敦的技术教育和中等教育的发展起到了重要的促进作用。直到20世纪初，由于韦伯在布尔战争中对帝国主义的支持，尤其是1902及1903年教育法改革过程中对教派学校的支持，韦伯才彻底失去了进步派的支持。虽然韦伯在郡议会一直待到1910年左右，然而到1903年左右韦伯对伦敦郡议会已基本没有影响力了。

要厘清韦伯对伦敦郡议会影响以及在伦敦市政改革领域所做的贡献，首先要明确几个问题。第一个问题是，韦伯是否市政社会主义和伦敦市政改革运动的创始人？说韦伯是市政社会主义的创始人，一方面源于韦伯社会主义思想对市有化以及加强地方政府职能的强调，另一方面更主要的是源于费边社与市政社会主义密切联系。从19世纪90年代初开始的20年中，韦伯领导的费边社便一直是市政社会主义的主要宣传者。在费边社内部，韦伯被认为是第一个促使同事的注意力转向地方政治这个全新领域的人；而费边社第一篇关于市政社会主义的小册子《伦敦真实情况》（*The Facts for Londoners*），也基本由韦伯起草并于1889年出版。1891年，韦伯出版《伦敦纲领》，同年更连续出版了8辑小册子（《费边短评》第30-37号），表述其施政纲领，内容涉及同业行会、市政当局、伦敦市场以及煤气、电车、码头的市有化等。[①]可以说，在第一和第二届伦敦郡议会选举之时，韦伯基本是郡议会内部进步派的理论家，他提出的政策，尤其是《伦敦纲领》也成为郡议会内部进步派所认可的纲领性文件。正因为如此，许多人，尤其是费边主义者和受他们影响的人都过高地估计了韦伯在市政社会主义和伦敦市政改革方案上的创造性，并错误地认为韦伯是其创始人。

实际上，韦伯及费边社并没有对伦敦郡议会的成立发挥作用，而伦敦的市政改革运动也早在韦伯提倡前就已有了很长的一段历史了。1835年《地方机构法》（Municipal Corporations Act）颁布，对英国各城市政府进行改革，而伦敦则被排除在外，其直接原因是伦敦政府的复杂性使得皇家委员会对伦敦的调查和报告直到2年后才出具。1855年颁布的《伦敦地方管理法》（Metropolis Local Management Act）虽然建立了首都事务部（Metropolitan Board of Works），但给予的权力较小，而教区仍然是市政管理的主要行政单位。总的来说，当时的伦敦地方政府机构仍然规模较小，效率低下且不民主，而公共事业也主要掌控在以利润为目标的私人企业手中。这一状况直到1888年保守党政府通过地方政府法（Local Government Act）建立了伦敦郡议会后才开始逐渐得到改善，而此时的伦敦市政改革早已落后于英国其他城市。因此，可以说伦敦本身对市政改革的迫切需求，已成为当时几乎所有人的一种普遍的要求，“70年代伦敦改革的需求是如此强大，以至于许多保

---

① 这8辑小册子分别为：*The Unearned Increment*, *London's Heritage in the City Guilds*, *The Municipalisation of the Gas Supply*, *Municipal Tramways*, *London's Water Tribute*, *The Municipalisation of the London Docks*, *The Scandal of London's Markets*, *A Labour Policy for Public Authorities*.

守主义者，甚至是威严的《泰晤士报》，也对伦敦改革的要求表示同意”。[①] 由此可见，从19世纪70年代开始到19世纪90年代早期，伦敦市政改革基本属于非政治的改革，也正是这种对改革的迫切需求，促使伦敦郡议会成立。

从个人的角度来说，相比于韦伯，弗斯更有资格被称为伦敦市政改革运动的创始人，他在19世纪80年代伦敦的激进主义者中有着很大的影响力。早从19世纪70年代开始，弗斯便写了许多有关伦敦市政改革的著作和文章，例如《市政化的伦敦》（*Municipal London*）、《市政化伦敦的选择》（*Selections from Municipal London*）、《公平对待伦敦人民》（*Justice to the people of London*）以及《伦敦政府和同业公会之改革》（*Reform of London Government and of City Guilds*）等，形成很大的影响。1882年，弗斯成为伦敦市政改革联盟（London Municipal Reform League）主席，不久该组织便成为伦敦激进改革运动中最主要的组织。可以说，直到1889年弗斯意外死亡之前，一直是弗斯而非韦伯是伦敦激进改革者的理论领袖。第一届伦敦郡议会选举时，大多数改革主义者基本都拥护弗斯的伦敦市政改革联盟，弗斯也被任命为郡议会的副主席（deputy-chairman），而当时包括韦伯在内还没有一个费边社员入选第一届伦敦郡议会。此外，韦伯提倡的许多伦敦市政改革纲领都受到弗斯很大的影响。比较韦伯在伦敦郡议会早期的工作与弗斯的著作，可以看出两者具有许多相似点：例如他们都提倡建立市立的自来水、煤气[②]以及有轨电车，他们都希望废除城市同业行会等。唯一弗斯没有提出，而韦伯提倡的是伦敦码头的市政化，这主要是因

① A. M. McBriar, *Fabian Socialism & English Politics, 1884-1918*, Cambridge: Cambridge University, 1962, p. 188.

② 弗斯在1874年出版的《伦敦煤气供应》（*The Gas Supply of London*），就通过比较英国各地煤气公司的不同情况，提出最好的解决办法便是煤气行业的市有化。

为直到19世纪80年代末期，码头工人的骚乱才引起改革者的关注。

第二个问题是，韦伯在郡议会内部所提倡的伦敦市政改革，基本没有超出弗斯和伦敦郡议会内部进步派的计划范畴。如果我们单从韦伯提出的社会主义目标来看，韦伯对地方政府职能的扩大充满期待，他不仅提出了一个极大规模的市有化目标，还提倡市政当局对未公有化行业通过登记、视察等方式进行管理。实际上在整个19世纪90年代，韦伯和费边社员在伦敦郡议会期间所提倡的市有化方面的改革，都是弗斯和进步派早已提出并且在其他城市早就开始的改革。例如，当费边社员第一次建议在伦敦提供市立的煤气供应时，他们提到英国170个不同的镇已经拥有市立的煤气厂；当他们要求建造市立有轨电车时，他们说31个镇拥有了自己的有轨电车，而在自来水供应市有化方面，英国皇家委员会出具的报告也早就提出相关方面的建议。[①] 至于其他诸如废除同业行会，将其财产转由伦敦市民控制，由郡议会控制市场，提供浴室、洗衣房、图书馆、公园等改善首都公共服务的建议，更只是为伦敦争取英国其他城市很早就已经得到的东西。

如上所述，韦伯作为弗斯之后郡议会内部进步派新一代的理论家，他在伦敦市政改革运动中未能使进步派超出弗斯所提倡的范围，而且他也没有试图去劝服他们。那么作为一个社会主义者，韦伯对伦敦郡议会及伦敦市政改革运动到底提出了哪些创新性的观念和政策，到底发挥了多大程度的影响力？对此，本书试图从理论及实践两个方面来陈述。

首先，理论层面，韦伯对于地方政府集权、公共管理、选举等问题提出了自己的观点。19世纪七八十年代，关于地方政府权力集中问题有两种不同的观点：一种是弗斯强调的建立一个强有力的集权的郡议会，而以往的地区议会则从属于它；另一种观点则是张伯伦强调的

① Margaret Cole, ed., *The Webbs and Their Work*, London: Frederick Muller Ltd, 1949, p. 78.

分权体系，他从当伯明翰市长的实际经验来看，提出伯明翰的行政区划是地方管理中一种理想的区划，而伦敦则需要分为几个市来管理。韦伯在19世纪80年代末90年代初的时候，试图采取一个折中的办法，即希望在保证集权带来高效率的同时，提高各地区的自治权。在1889年出版的《伦敦真实情况》中，韦伯提出小的权力机关要在伦敦郡议会的控制、监督和审查之下。他说："现存的更低一级的地方机构，如伦敦市法团、25个大教区以及小教区联合组成的14个地区事务部，都需要在一个直选的郡议会下进行统一管理。"[①] 而到1891年，韦伯出版《伦敦纲领》时则转变了观念，他提出"在伦敦，地区议会对于减轻郡议会的日常工作负担来说是必要的。然而权力如何在郡议会和地区议会之间划分的问题，一直没有统一的意见。"[②] 韦伯还进一步指出，郡议会对所有事务拥有决定权和监察权的统一管理模式，虽然有助于提高整体效率以及免除地方腐败，然而从济贫法委员会以及教育委员会的例子可以看出，这种模式却是以损害地方活力和人的积极性为代价的。因此，韦伯认为，"地区议会显然必须成为拥有独立权力的机构，有自主的征税权、开支权和自主解决问题的权力。它们需要接管诸如铺路、街道清洁和照明、下水道管理等职能"。[③] 由此可见，早期的韦伯虽然不赞成张伯伦所说的将伦敦分为几个市来管理，但是他的集权观念也没有弗斯那么强烈。例如，韦伯对济贫法委员会、教育委员会等地方权力机构，并没有提出反对意见；相反从《伦敦纲领》中可以看出，相比于郡议会，韦伯更偏向由这些直选的专门机构来处理济贫、教育之类的专门事务。直到19世纪末，韦伯才重新接受了弗斯的集权观念，而提出废除这些地方机构，将权力收归郡议会。

① Sidney Webb, *Facts for Socialists*, London: The Fabian Society, 1891, pp. 9-10.

② Sidney Webb, *The London programme*, London: S. Sonnenschein & Co., 1891, p. 10.

③ Sidney Webb, *The London programme*, London: S. Sonnenschein & Co., 1891, pp. 25-26.

然而值得注意的是，韦伯此种观念的转变，并不是受到弗斯的影响，而是他在伦敦郡议会，尤其是在技术教育委员会的工作使他看到了集权与郡议会对于提高整体效率的重要性。此外，在地方政府的公共管理方面，弗斯及郡议会的进步派一直对地方政府直接控制或管理工业和服务业存有疑虑。可以说，这部分激进自由主义者本身并不想触动生产资料所有制，他们只是出于政府效率的考虑才实行一定程度的国家垄断。而我们从韦伯的生产资料公有化及产业民主化理论中可以看出，韦伯是更偏爱地方政府自己兴办公共事业，并对未收归国有或市有的企业和服务业进行管理和控制。由此，韦伯也一直提倡将市政当局建成一个“模范的雇主”（model employer），它应该严格实行 8 小时工作制，制定合理的工资等。此外，还有一件韦伯并未妥协而一直坚持己见的事，就是他关于地方议会和行政机关的选举形式。在韦伯看来，“不同的权力机构基本上都应有相同的选举区域和相同的选民注册，他把议会的选举区域作为基本的单位。他认为如果不同的机构，有重叠的区域和不同的选民，那么必然会造成普通市民的混乱，并降低市民对地方事务的参与度”。[①]

其次，实践方面，韦伯对伦敦郡议会及伦敦市政改革运动也发挥了重要的作用。在 1892 年第二届伦敦郡议会选举时，韦伯所写的《伦敦纲领》（*The London Programme*）成为进步派认可的纲领。1892 年韦伯入选伦敦郡议会后，便成为许多委员会的成员，承担了大量委员会的工作。其中最具成效的是他创立了技术教育委员会，且在之后的 10 年中一直处于领导地位。此外韦伯还长期是诸如地方政府与税收委员会、议会委员会以及一般事务委员会等委员会的成员。关于韦伯参与

① Margaret Cole, ed., *The Webbs and Their Work*, London: Frederick Muller Ltd, 1949, p. 82.

的伦敦郡议会各委员会名单，详情见下表。[①] 虽然说，伦敦郡议会各委员会的会议记录有回避个人影响的倾向，也就是说一个人的影响只有在他反对他的同事时才能表现出来，因此，韦伯个人的影响很难从中看出。然而，韦伯在伦敦教育改革领域所做的极大贡献则有目共睹，他不仅创立了技术教育委员会，整合了伦敦奖学金体系，兴建和资助了伦敦各中等、技术院校，而且对 1902 及 1903 年教育法改革施加了重要的影响。

表 5-1 韦伯参与伦敦郡议会各委员会名单

<table>
<tr><th></th><th>委员会名称</th><th>时间</th><th>职位</th></tr>
<tr><td rowspan="3">教育方面</td><td>Technical Education Committee</td><td>1892~1893 年</td><td>主席</td></tr>
<tr><td>Technical Education Board</td><td>1893~1904 年</td><td>1899~1901 年任副主席，1901~1902 年任主席</td></tr>
<tr><td>Education Committee</td><td>1904~1910 年</td><td></td></tr>
<tr><td rowspan="4">财政方面</td><td>Local Government and Taxation Committee</td><td>1892~1901 年</td><td>1892~1895 年任副主席，1900~1901 年任主席</td></tr>
<tr><td>Corporate Property Committee</td><td>1895~1904 年</td><td></td></tr>
<tr><td>Finance Committee</td><td>1893~1895 年
1904~1909 年</td><td></td></tr>
<tr><td>County Rate Committee</td><td>1896~1901 年</td><td></td></tr>
<tr><td rowspan="5">特殊委员会</td><td>London Government</td><td>1894~1895 年</td><td></td></tr>
<tr><td>New Office</td><td>1900~1904 年</td><td></td></tr>
<tr><td>City Parochial Foundation</td><td>1899~1909 年</td><td></td></tr>
<tr><td>Senate of London University</td><td>1900~1909 年</td><td></td></tr>
<tr><td>Metropolitan Water Board</td><td>1904~1905 年</td><td></td></tr>
</table>

① Margaret Cole, ed., *The Webbs and Their Work*, London: Frederick Muller Ltd, 1949, pp. 85-86.

续表

	委员会名称	时间	职位
其他委员会	Parliamentary Committee	1892~1901年	
	General Purposes Committee	1892~1901年	
	Thames Conservancy Committee	1893~1894年	
	Rivers Committee	1894~1895年 1899~1901年	
	Water Committee	1892~1895年	
	Public Healthand Housing Committee	1892~1893年	
	Establishment Committee	1892~1893年 1899~1901年	
	Appeals Committee	1892~1893年	
	Historical Records and Buildings Committee	1901~1904年	

综上所述，韦伯在伦敦郡议会和伦敦市政改革领域的贡献是明显的，但是这些成就从表面上看都不是社会主义性质的。那么韦伯在郡议会期间所进行的活动是市政社会主义的抑或仅仅只是激进主义的？答案应该都是。一方面，说它是激进主义的理由很明显，韦伯在伦敦郡议会期间所进行的改革都没有超过激进派所倡导的改革范畴，甚至他都没有试图冒着可能激怒进步派的风险，而去提出该范畴之外的带有更多社会主义性质的改革。正如自由派杂志《演讲者》（*The Speaker*）在1891年10月3日评论《伦敦纲领》时所说：“韦伯的作品显现出来的更多的是一个激进主义者而不是费边主义者，几乎所有他所提倡的改革都包含在每一个伦敦自由激进主义者的计划里。”①

另一方面，说它是市政社会主义的，则有以下几方面的理由。第一，韦伯本人毕竟是一个社会主义者，而弗斯及进步派等则具有激进

① Margaret Cole, ed., *The Webbs and Their Work*, London: Frederick Muller Ltd, 1949, p. 77.

自由主义者的身份，双方虽然在19世纪90年代的伦敦市政改革期间有着相同的政策纲领，但这种相同仅仅体现在当时伦敦改革的迫切需要上，而双方在实行改革的原因以及最终的目标和结果方面都有着明显的不同。显然，激进派改革者并不想涉及生产资料所有制问题，他们只是出于效率的需求而要求实行一定程度的国家垄断；而韦伯则不同，他是在认可生产资料公有制的目标基础上，提出一定程度的市有化。因此，当伦敦的市政改革进行到一定程度并摆脱其落后地位时，一些改革者便认为发展已经足够，而对于韦伯来说，这一切只是实现其社会主义目标过程中的一个阶段而已，最终目的仍然是要实现社会主义。正如霍布豪斯在1892年的一次讲话中所说："悉尼·韦伯先生的能力和正直值得所有人尊敬，我毫不怀疑如果他回到议会（伦敦郡议会），会极其出色地完成其工作。但他还有一些长远的观念，因此他不可能跟随着我的脚步，而且就我所知，他与大多数，甚至是进步派的所有人都不同。"① 到19世纪90年代末，以韦伯为代表的费边社员便开始提出面包房、牛奶供应、烈酒供应、当铺、屠宰场、火灾保险等进步派还未开始关注的行业的市政化，这表明韦伯及费边社会主义者并没有放弃自己的社会主义者的身份。

第二，韦伯在伦敦郡议会期间的表现，并非是他放弃了自己提出的社会主义目标而转向自由主义，相反这是韦伯提倡的渐进、渗透的实现社会主义方式的具体体现。当时郡议会内部进步派所试图推行的政策，诸如改善城市公共事业，虽然只涉及小范围的市有化进程，但对习惯于渐进改革的韦伯来说，利用进步派的支持来推行自己提出的具体改革方案，一方面可以拉近与自由主义者的关系以满足渗透策略

① A. M. McBriar, *Fabian Socialism & English Politics, 1884-1918*, Cambridge: Cambridge University, 1962, p. 195.

的需要，另一方面又可以在社会主义的道路上踏进一步，虽然只是一小步，但对韦伯来说，这反而可以表明是走在理想的社会改革道路上。而且，退一步说，19世纪90年代的伦敦郡议会基本掌握在进步派的手中，一旦失去进步派的支持，他提倡的任何政策都不可能在郡议会内部通过。

因此，可以说，正是因为韦伯在郡议会的这种表现，他才能对19世纪90年代伦敦的市政改革，尤其是教育领域的改革做出巨大的贡献。此外，韦伯早期的这种市政社会主义行为，也对当时英国的社会主义者产生了重要的影响。他使他们开始关注地方政府，从而让他们认识到国家并没有消灭社会主义所有行为的可能；在社会主义者还不能进入议会的时候，在地方政府工作，既可以锻炼他们从事实际行政事务的能力，也可以给他们带来一定的声望，从而对日后的议会选举产生一定的影响。

3. 对工党的影响

1918年6月，韦伯为工党起草了一份名为《工党与社会新秩序》的新章程，这份韦伯式的文件成为以后30多年工党政策的基础，这也表明工党正式接受了以韦伯为代表的费边社会主义的基本理念，而费边社也开始作为新工党的思想库和智囊团而存在。关于韦伯以及韦伯领导的费边社对工党的影响[①]，主要有两种观点：一种观点认为费边社会主义一直是英国工党政策的基础，而费边社对工党的成立也扮演了“施洗约翰”的角色。[②] 例如密尔本（J. F. Milburn）在《费边社与英国工党》一文中明确指出，虽然费边社作为一个整体并没有对工党

① 本段虽然论述的是韦伯对工党的影响，然而由于在19世纪80年代末至20世纪20年代初这段时间内，韦伯基本上等同于费边社，故此涉及的问题也表明费边社对工党的影响。

② Mark Bevir, “Fabianism, Permeation and Independent Party,” *The Historical Journal*, Vol. 39, No. 1 (1996), pp. 179-196.

政策产生直接的影响，然而费边社的“社会主义”观念被独立工党或后来的工党广泛接受并且一直是他们政策的基础。[①]托尼（Tony Cliff）和格鲁克斯坦（Donny Gluckstein）在《工党——一个马克思主义者的历史》一文中也提到，费边社会主义塑造了独立工党和以后的工党，他们的政策、思想都来源于费边社会主义。威拉德·沃尔夫（Willard Wolfe）在《从激进主义到社会主义》一书中更是提出：“不管费边社作为政治家是否成功，有一点是肯定的，那就是不论是早期的独立工党，还是后来的工党，当他们发现需要理论支持的时候，费边社会主义就是他们的一个提供者。”[②] 另一种观点则认为，虽然工党成立之初（主要指从工党成立到一战前这段时间），其政策从整体上来看与费边社会主义有较大的相似性，然而费边社并没有在其中发挥多大的影响。这种观点的主要支持者是霍布斯鲍姆（E. J. Hobsbawm）和麦克布雷尔（A. M. McBriar）。他们认为工党建立初期，费边社并没有试图对工党施加影响，至少在1906年大选之前，费边社都没有对工党的日常决策或事务产生过实质性的影响。霍布斯鲍姆认为早期费边社并不是工党的智囊和先驱，他们对工党的贡献不但比不上独立工党，甚至比不上当时力量很小的社会民主联盟（Social Democratic Federation）。[③]麦克布雷尔也认为费边社对于劳工代表委员会的建立，对于促使工党逐渐转向社会主义方面并没有产生什么影响。他认为以往学者的观点基本只有一个证据，那就是工党政策谨慎的、非革命的、宪政的和集体主义的特性和费边社会主义具有极大的相似性。麦克布雷尔认为费

① Josephine Fishel Milburn, “The Fabian Society and the British Labour Party,” *The Western Political Quarterly*, Vol. 11, No. 2 (Jun., 1958), pp. 319-339.

② Willard Wolfe, *From Radicalism to Socialism*, New Haven and London: Yale University Press, 1975, p. 23.

③ E. J. Hobsbawm, *Labouring Men: Studies in the History of Labour*, London: Weidenfeld and Nicolson, 1964, p. 251.

边社会主义的性质早在工党成立之前就已经形成了，二者这种在政策思想上的相似性并不能证明工党的政策是受费边社的影响，也更不能证明工党政策是直接来源于费边社的。

本书将韦伯对工党的影响分为两个阶段来论述：第一个阶段从工党成立至一战前（1900~1914），在这个时间段内韦伯并不重视工党的发展，他以及费边社对工党的影响主要是通过非主动以及非直接的方式体现的；第二个阶段则是从一战爆发后到20世纪20年代，这个阶段内韦伯对工党的影响则是直接的和主动的，他加入了工党，并积极参与工党改组，为工党撰写新章程，并在第一和第二届工党政府中任职。

1900年，代表英国工人阶级利益的工党成立，并没有引起韦伯应有的关注，这一点从比阿特丽斯的日记中很少关注这个新成立的政党即可看出。早期工党是英国独立劳工政治运动与工联运动联合形成的，政策上偏向维护工联的利益，而在组织上则处于独立工党的影响之下。因此，当时正沉醉于渗透自由党与保守党美梦，以及提倡自上而下改革的韦伯，自然对工党这一新兴且不成熟的政党不感兴趣。此外，在1900年前后，韦伯关于布尔战争以及教育法改革的看法，更是加大了两者之间的分歧。关于布尔战争，双方的矛盾主要集中于是否支持英国政府的帝国主义政策。1899年布尔战争爆发后，劳工代表委员会（工党前身）在独立工党的压力下声明它代表世界工人阶级的利益，并于1901年年会上通过了反帝和反战决议。而韦伯及费边社坚持一贯以来对国际事务漠不关心的态度，一直不希望自己卷入这场关于战争是否正确的争论。韦伯认为，费边社并不是、也不希望自己成为一个政治组织，因此无须发表对战争的看法，而且这也不是“社会主义”能够解决的问题。费边社这种漠不关心的态度遭到了工党内部亲布尔派（Pro-Boer）的强烈反对，其中包括麦克唐纳，也包括费边社社员霍布森与奥利维尔。他们都认为战争是资本家为获取利益而鼓动的，战争是源于剥削的暴力，因此作为一个社会主义组织的费边社应该公开谴责战争。虽然 1901 年决议通过后，工党再也没有任何具体的反帝决议被通过，但这并不是韦伯和费边社对工党影响的结果，也并不意味着独立工党和社会民主联盟放弃了反帝立场而与费边社保持一致。1901 年的反帝决议是在独立工党和社会民主联盟两大社会主义组织的压力下通过的，而后来观念的转变则是受到工党内部部分工会势力的影响。工党反帝观念的转变，纯粹只是工党内部势力博弈的结果，而对国际事务毫不关心的费边社在其中并没有产生任何影响力；同时，韦伯与工党双方在教育法改革中的矛盾焦点主要集中于教育委员会工作以及税收支持教会学校两个方面。从前文可以看出，韦伯是政府教育法案坚定的支持者，他强调废除各地，包括伦敦的教育委员会，将教育权收归地方议会，并支持税收支持教会学校。可以说，韦伯的这一观念极大地恶化了当时费边社与工党的关系。正如萧伯纳在《费边主义》中所说："费边社在一本题为《费边主义和帝国》的小册子中意外地采取了相反的观点……费边社本来已经有托利主义之嫌，此刻更被加上沙文主义的罪名。当保守党的教育法案——教会学校靠公共救济金维持——继战争之后被提上日程时，费边社的嫌疑和自由劳工派对它的不信任已经达到了顶点。"①

这段时间内，韦伯及费边社对工党的影响主要是通过费边社会主义这个媒介进行的。在具体政策方面可以明确被称为由费边社创始的有两项提案：劳工议员维持资金的建立（Labour Members' Maintenance fund）和推行 8 小时工作制。劳工代表委员会成立的时候

① 〔英〕萧伯纳：《费边主义》，陈慧生译，《当代世界与社会主义》1981 年第 3 期。

并没有形成明确的组织原则，各工会各自为政，只支持自己提出的候选人，因此建立劳工议员维持资金对工党来说意义重大，“它是结构性的，它使得工党从仅仅能够‘认可’候选人成为一个可以自己提出自己的候选人的组织”。[①]早在独立工党建立的时候，费边社就明确提出要建立一笔法定基金支持党内当选的议员。1900 年 6 月，皮斯和霍布森正式向劳工代表委员会提交第一份备忘录，要求由工联按照每人每年 1 便士的比率筹集资金，当时由于遭到自由工党的反对而没有通过。直到劳工代表委员会 1903 年第 3 次年会，这项费边社的提议才得以通过。关于建立 8 小时工作制，独立工党认为应该采取“不论行业”策略（Trade Exemption），即要求直接建立全行业的普遍 8 小时工作制，而费边社则认为应采取“行业自由选择”策略（Trade Option），即先从各个具体的行业推行 8 小时工作制开始，然后逐步过渡到全行业。费边社的策略在 1891 年工联会议上遭到反对，然而韦伯、皮斯和华莱士等都坚持认为独立工党提出的策略没有实际操作的可能性，而且会造成工业混乱。最终，费边社通过了一个折中方案，即“行业选择”（Trade Selection）方案。该方案提出由内政部专门从郡议会、镇议会、工会、工会会议、工厂监察员中选取委员组成一个委员会进行调查而后做出具体的规定。1908 年通过单独的煤矿工人 8 小时工作法案，工党也于 1909 年的会议上接受了费边社提出的“行业选择”策略。此外，韦伯及费边社对工党政策的影响还包括重新制定济贫法、建立国家医疗服务、矿业国有化和酒类贸易市政化等方面，这些政策虽然不是费边社首先提出的，但费边社，尤其是韦伯在其中做了大量的社会调查。

---

① A. M. McBriar, *Fabian Socialism & English Politics*, *1884－1918*, Cambridge: Cambridge University, 1962, p. 313.

如果说，一战前韦伯对工党的影响主要是通过费边社会主义这种非直接的方式达到的，那么一战后韦伯对工党的影响则是直接的。在废除济贫法运动全面失败之后，韦伯认识到以往深信不疑的渗透策略终将会以失败告终，于是韦伯将目光转向工党。韦伯夫妇作为费边社的代表参加了1913和1914年的工党会议，到1915年底韦伯成为费边社在工党执行委员会中的正式代表。工党领袖韩德逊（Arthur Henderson）也于1912年加入费边社，并在一定程度上取代了萧伯纳的位置成为韦伯新的合作者。由于斯德哥尔摩事件的影响，韩德逊下定决心重新改组工党，于是，韦伯草拟了一个新章程，使工党成为一个包括各个成员组织的联盟：工会、社会主义团体、黄家军工厂合作社以及地方工党，所有这些组织都在全国执行委员会中有自己的代表；而地方工党被授权接纳工会的地方分会等组织为分支机构，并有权接纳个人党员。[①] 1918年6月，韦伯为工党起草《工党与社会新秩序》，成为工党第一个正式纲领。这份成为以后30多年（一直到1950年大选为止）工党政策基础的声明毫无疑问是韦伯思想的体现，“它的每一行里（甚至每一个字里）都明白无误地体现着韦伯的思想”。[②] 工党的这次改革表明工会和社会主义者在一个“费边主义”的纲领下开始合作，也标志着工党与费边社会主义正式结合，自此，费边社会主义正式成为工党的指导思想。

一战前，韦伯对工党的态度主要出于以下几方面的考虑。第一，双方意识形态的差异。工党建立之初，由于联合了部分工会和英国三大社会主义团体，意识形态驳杂，也一直没有形成特定的纲领和目标，最终双方只是在选举劳工进入议院方面寻求合作的基础。为了实现这

① 〔英〕玛格丽特·柯尔：《费边社史》，第176页。
② 〔英〕玛格丽特·柯尔：《费边社史》，第178页。

一目标，工党不得不放弃社会主义的旗帜：首先，为了联合工联的力量，工党不得不放弃诸如国有化、市政化等涉及整个社会主义的改革目标，而只满足于那些与工会自身相关的事务，正如乔·柯尔在《费边社会主义》中所说："他们（工会）对塔夫·维尔案比对最低工资更感兴趣，对立即见效的改良比对社会制度的根本变革更感兴趣。"[①]其次，面对当时英国两党制的政治现实，工党仍然采取了与自由党合作的政治策略。劳工代表委员会成立那年，选出了15个候选人参加议会选举，最后铁路工人联合会书记贝尔和基尔·哈第在没有遭到自由党候选人反对的情况下当选，至此劳工代表委员会开始加强与自由党的合作。在一段时间的秘密合作之后，麦克唐纳和基尔·哈第在1903年和自由党议会党团领袖格拉斯顿（Herbert Glastone）取得联系并开始秘密合作：自由党领导人同意利用他们的影响防止地方自由党人与支持自由党基本目标的劳工代表委员会候选人发生冲突；作为回报，劳工代表委员会需要在任何有影响的选区内对自由党"证明其友谊"。[②] 除了基尔·哈第之外，麦克唐纳在劳工代表委员会的其他同事都不知道这项协议，而在表面上他们俩也都否认存在任何与自由党合作的形式，不管是在全国或是地方层面上。即使到1906年工党在大选取得了辉煌的胜利之后，工党仍然或多或少地扮演着自由党附庸的角色，可以说这段时期内工党在下院更多地表现为一个压力集团而不是反对党。再加上麦克唐纳的关系，尤其是在他当选工党主席的那段时间（1911~1914年），工党更加强了与自由党的合作。由此可见，工党在成立之初，仍然是以传统的自由——劳工主义为主要的意识形态。虽然从策略上说，韦伯也同样强调与自由党的合作，强调缓慢渐

① 〔英〕乔·柯尔：《费边社会主义》，夏遇南、吴澜译，商务印书馆，1984，第129页。

② Ralph Miliband, *Parliamentary Socialism: A Study in the Politics of Labour*, London: George Allen & Unwin Ltd, 1961, p. 20.

进的改革模式，然而韦伯心中有一个包含诸如生产资料公有化这样的涉及整个社会制度改革的社会主义目标。第二，韦伯对工人阶级出身的领导人天生的不信任是造成韦伯对工党态度的一个重要原因。韦伯虽然一生致力于改善英国下层民众的生活状况，然而他并不相信工人阶级可以凭借自身的力量来实现社会变革。韦伯生活的中产阶级性质，使得他对于社会精英，尤其是知识分子、专家有一种固执的信任感，并将社会改革的希望寄托于自上而下的改革方式。正是这种态度使得韦伯一直以来反对工人阶级建立自己的政党，正如比阿特丽斯所说："事实上我们和麦克唐纳在政策上有着分歧……我们是寄希望于将有思想的人转变为社会主义者，而不是组织没有思想的人群。"[①] 恩格斯就曾指出："费边派是一伙野心家，他们对社会变革的必然性有足够的了解，但是他们又不肯把这一艰巨的事业仅仅托付给粗笨的无产阶级，因此他们大发慈悲地自己出来领头了……（费边主义者）只是由于害怕工人的严厉的统治才联合起来，他们尽一切力量通过保障自己的领导权，即保障'有教养的人'的领导权的办法来防止这种危险。"[②] 恩格斯的这种说法虽然显得措辞有点过于激烈，却很好地体现了韦伯的精英主义色彩，即只看到社会精英对社会改革所发挥的影响力，而忽视了在英国高度政治化的政治体制中工人阶级能够发挥的作用。第三，也是最主要的一个原因，即韦伯认为新生的工党力量弱小，不足以对社会变革发挥应有的影响力。在劳工代表委员会建立的时候，作为大会代表出席的工会成员并不多。1900 年全国工会会员总数为 1905116 人，其中派代表参加劳工代表委员会的只有来自共有会员

---

① Barbara Drake and Margaret I. Cole, eds., *Our Partnership by Beatrice Webb*, London: Longmans, Green and Co., 1948, p. 132.

② 转引自关勋夏《费边社会主义的产生及其反动本质》，《华南师范学院学报》1980 年第 2 期。

353070人的41个工会和7个工业理事会（主要是密德兰和苏格兰北部地区的）。[①]而且，劳工代表委员会成立之初便参加了1900年的议会选举，结果它的15个候选人只有基尔·哈第和理查德·贝尔（Richard Bell）两个人当选，而贝尔在之后不久便回到了“自由党”的队伍，使得哈第成为唯一一个劳工议员。这一情况在1906年工党参加大选获胜时也未发生实质性的改变：当时50名候选人，虽然有29名劳工议员当选，然而实际上其中24名未遇到自由党的竞争对手，而剩余5人中至少2个人只是遇到自由党非正式的候选人。[②]可以说，在20世纪头10年里工党并没有真正成为领导英国工人运动的政治力量，正如雅克·德罗兹在《民主社会主义》中所说：“早期工党拥有的政治能力同一部分工人压抑不住的怒火之间，还存在着极大的鸿沟。这是因为，直到1914年前后工联主义仍然为暴力牵着鼻子，难以接受政治方面的控制。这使得当时英国工党集团既没有必要的权威，也没有必要的影响，而无法领导这股时而撼动整个英国社会生活的力量。”[③]

正因为如此，韦伯从工党建立之初，就没有对工党产生兴趣，他也不希望能通过工党来实现社会主义目标。众所周知，韦伯是英国社会思潮由19世纪的激进主义转向20世纪的社会民主主义过程中起关键作用的人物，他的目标就是要转变社会尤其是上层精英对社会主义的看法，通过自上而下改革的方式在英国逐步实现社会主义目标。直到一战爆发前，韦伯一直都认为英国的工人运动与社会主义之间是分裂的，而事实上工党的表现也确是如此。因此，当时韦伯的主要精力

---

① 〔英〕莫尔顿、台德：《英国工人运动史：1770~1920》，第227页。

② 〔英〕亨利·佩林：《英国工党简史》，江南造船厂业余学校英语翻译小组译，上海人民出版社，1977，第17页。

③ 〔法〕雅克·德罗兹：《民主社会主义》，时波译，上海译文出版社，1985，第89页。

都放在渗透自由党和保守党的精英人士上，而实用主义观念极其强烈的韦伯在没有预料到以后工党在英国政坛中地位的情况下，自然不会重视工党的作用，这种情况一直延续到废除济贫法运动的全面失败。在认识到渗透策略失败之后，韦伯不得不转向工党这个在当时英国唯一可能实现社会主义的组织。韦伯夫人在日记中写道："此时我们不得不与工党进行合作，它虽然还很弱小，但毕竟是我们自己的政党。"① 而一战期间工党社会主义观念的转变则是韦伯与之关系转变的根本原因。一战期间，政府对经济的临时管制和俄国爆发的十月革命，使英国工人阶级对社会主义的看法发生了巨大的变化，他们开始相信社会主义者的观点是正确的："在社会上，存在着大量剩余生产能力和明显的挥霍浪费，只要为公共利益对此进行公共占有和管理，就能给所有的人带来幸福生活。"② 因此，工党也逐渐地接受了社会主义的观念和国有化政策。工党第6次年会通过了第一个社会主义性质的决议："税收应该建立在一个更加公平的基础上，用于国民收入的重新分配。"③ 1908年工党表明赞成铁路的国有化，到1913年支持国有化行业扩大到运河、水路、土地以及煤矿。1918年工党会议通过了韦伯制定的具有社会主义性质的党章，其中第四条"党的目标"明确表明了工党的社会主义基础："在生产资料公有制和对每一工业或行业所能做到的最佳的民众管理与监督的基础上，确保手工与脑力生产者获得其勤勉劳动的全部果实和可行的最公平分配。"④ 由此，从一战爆发到韩德逊重组工党，韦伯领导的费边社逐渐取代了独立工党在工党内

① Paul Thompson, *Socialists, Liberals and Labour: The Struggle for London, 1885-1914*, London: Routledge & Kegan Paul, 1967, p. 217.

② 〔英〕玛格丽特·柯尔：《费边社史》，第170页。

③ A. M. McBRIAR, *Fabian Socialism & English Politics, 1884-1918*, Cambridge: Cambridge University, 1962, p. 317.

④ 〔英〕亨利·佩林：《英国工党简史》，第47页。

的地位，开始对其产生重要的影响。

综上所述，韦伯虽然在英国的实际政治与社会改革领域未成功实现一些大的社会变革，然而在19世纪80年代末至20世纪20年代初的这30余年间，韦伯一直通过他大量的著作、报纸期刊文章、宣传小册子以及演讲，通过宣传教育以及劝说的方式，试图转变整个社会的观念，从而实现其社会主义目标。虽然从表面上看，韦伯只是一系列社会改革建议的提倡者，他并不直接对当时英国实现的大多数社会改革负责，然而这种社会观念和社会舆论的转变必定会对社会改革起到很重要的作用。例如韦伯早就提出的贫困是社会而非个人的责任的观点，虽并非韦伯首创，也不是韦伯一个人坚持的，但是他长久以来不停地宣传这种观念，使得这种观念渗透到人民群众、中产阶级乃至社会上层之中，而到《少数派报告》出版时，尽管没有得到大多数皇家委员会委员的支持，但是贫困是社会的责任的观点已被社会大多数人所认同。这种认同虽然并没有使韦伯当时提出的有关福利国家建构的政策建议得到通过，他也没有能顺手塞给英国一个社会主义的纲领，但是这种社会认同并没有消失，最终促使英国政府提出了《贝弗里奇报告》。

第三节　韦伯社会主义思想的不足

韦伯的社会主义思想是19世纪末20世纪初英国当时具体的社会政治经济环境影响的产物，而在其思想指导下的社会改革实践也是当时英国社会改革大潮的一个重要组成部分。韦伯社会主义思想体现出来的鲜明的英国特色和时代特色，使他的社会主义思想在英国得到广泛传播和认可。然而，正因为如此，韦伯的社会主义思想也具有一定的时代局限性。本书认为，对韦伯社会主义思想的不足及其原因的分析，有助于加深对韦伯社会主义思想的理解。

一　韦伯社会主义思想的不足

1. 理论薄弱

韦伯社会主义思想受到最多批评的就是其理论薄弱，而这种薄弱主要体现在其思想体系中很少有原创性的理论。可以说，对韦伯社会主义思想的这个评价还是比较公允的。如前文所述，韦伯的社会主义思想是在吸收当时英国流行的各种社会思潮的基础上形成的，但他并没有进行更深层次的理论思考而形成一套完善的社会主义理论体系，而是将主要精力集中于将他认为有用的各种原则应用于解决当时英国社会的实际问题上。这也是我们只能将韦伯的社会主义称为一种“思想”而非“理论”的一个重要原因。

首先，韦伯的社会主义思想的理论基础有二，分别为社会有机体理论和租金理论，这两种理论都显出不足。关于社会有机体理论，韦伯并没有对该理论本身做深层次思考，而只是借用了“社会有机体”这一概念，用以说明社会发展的动态性，反对革命突变以及集体相对于个人的重要性等观念。至于租金理论，韦伯也只是借用了李嘉图和密尔的地租理论，以及马歇尔的边际效用学说，并将之延伸到资本层面，用以说明资本、技术与土地一样，其产生的租金（也称为“利息”）是社会普遍发展的产物。当时社会兴起的土地改革理论，提出要废除地租或实行土地国有化的主要理由在于，人们认为地租是一种差别所得且倾向于自然增加，是地主不劳而获的产物。而地租的这种性质是源于土地本身的自然特性，因此，人们较容易证明地租是由于地理、肥沃程度等自然环境的不同而产生的一种差别所得，是社会普遍发展的结果。而当韦伯将这一理论延伸到资本层面的时候，必然会产生问题，那就是资本与土地本身的差别。此时，韦伯借用了两种说法表明资本与土地的一致性：第一，社会产品超过最低生存所需的那部分剩余产品即是租金；第二，资本供给与土地供给一样都是固定的，都来源于垄断。由此，韦伯提出租金与地租一样是社会普遍发展的产物。如果单从理论角度看，韦伯的租金理论在一定程度上是可以自圆其说的；但是与地租中也包含一定数量的土地所有者的努力一样，在资本的使用中，这一非自然差别所得的部分也是存在的，而且比地租更难以界定这部分数量的大小。这个问题必然使韦伯租金理论产生严重的不足，而实际上韦伯也很少将其运用到之后的理论阐述和实践改革之中。

其次，韦伯社会主义思想的具体内容，包括目标和应用两个层面，都有一定程度的不足与缺陷。（1）目标层面，韦伯提出了生产资料公有化、分配平等化、政治民主化与产业民主化四大目标。关于公有化目标，韦伯虽然提出了国有化的目标但并不重视，他最关注的还是市有化的目标，而把焦点更放在伦敦的市有化改革上。包括产业民主化目标在内，韦伯更倾向于由郡县一级地方政府掌握生产资料，并管理所有产业。然而实际上，像伦敦郡议会那样的地方权力机构虽然在处理社会公共服务业和行政组织方面有较好的成绩，然而由于中央政府对于议会外存在的这种另一极权力中心的敌视和怀疑，必然会限制市政化的发展。而分配平等化目标，是韦伯社会主义目标中最重要的部分，也是韦伯社会改革实践的主要内容，这一主要内容简单来说就是通过制定工厂法、教育法、卫生法等法案的方式来实现“国民最低生活标准”。关于这一方面的不足，韦伯自己在 20 世纪 20 年代也已认识到，那就是如果不涉及整个资本主义私有制的体制，即使国民最低生活标准得到实施，也无法解决社会不平等问题。至于政治民主化问题本身本不是韦伯关注的焦点，他对英国的政治民主化进程比较满意，觉得没有必要做太多改动，只是在诸如官员的任命、建立专家政府方面提出了一些建议。而他所写的诸如《上院的改革》《英国共和国宪法》等有关政治改革的著作，都显得较为理想化，且不具有什么可行性。(2) 实践层面，韦伯强调要通过民主的、渐进的、和平非暴力的方式进行社会改革，而渗透和宣传教育是主要的方法。从结果上看，宣传教育方式取得的效果比较明显，但是渗透策略却以失败告终。实际上，韦伯采用了当时英国社会普遍流行的渐进民主这一在他那个时代最适合英国，也是唯一有可能实现的方式；而在资本主义私有制的体制下，仅仅通过渐进民主的方式，例如通过实现工人阶级的选举权、中产阶级的良心或政府施舍一部分剩余财富等方法，或许可在一定程度上解决社会普遍存在的贫困问题，然而这绝不可能实现韦伯心目中那个在集体主义体制下，最大程度实现社会自由和平等的社会主义目标。正如费边社韦伯的继承者柯尔所说："渐进主义的危险，在于其倡导者认为社会的变更，是机械的管理的变更，它的进程是可以一览无余的，却没有震撼人心的心理与习惯。这将不能激起实行任何大业所必须具有的热忱与力量。须知习惯和传统的力量是非常强大的，我们多数人大部分的生活，便受着它的支配……人类是不能没有习惯与传统而生存的，然而为了生活得更好，应该尝试新的习惯与传统。焕发的信仰是理智与情感的混合体，而基于这种信仰的热忱是产生新的习惯与传统的原动力。理智本身是不会运动的，因为单纯理智从不会告诉我们'应该'做些什么。'应该'是属于情感与情绪的事，不是单独属于纯理智的事。除非人们热切地要求，并珍重自由、友爱、阶级平等以及同志精神，不然，从任何真实的意义上说，他们是不会获得社会主义的成功的。”[①]

韦伯社会主义思想理论薄弱产生的原因有二：第一，如前文所述，韦伯对抽象的理论思考并不感兴趣，他的社会主义思想绝大部分都是有关社会实际问题的研究。在作为一个思想家与社会改革家的双重身份上，韦伯是倾向于后者的。他对社会问题的研究，就是为了设计出一套可以解决问题的，且在行政上可以行得通的解决办法。显然这种解决办法不可能是偏理论的，因为这还涉及韦伯一直在做的一个工作，那就是要将这些观点、政策、方案宣传给社会最广大人民群众并使之接受。此外，韦伯在他的研究中更注重历史归纳，而非演绎推理的研究方法。在此值得注意的一点是，韦伯并不是不重视理论的作用，并不是认为归纳法就比演绎法好[②]。他曾经这样说过：“政治经济学唯一有效的方法仍然是大受滥用但依然得胜的李嘉图、密尔和凯尔恩斯的具体演绎法。”[③] 而其租金理论也是基于李嘉图地租理论和边际效用理论而做出的一个演绎推理。然而，由于受到比阿特丽斯的影响，他关注社会实际问题研究（包括社会组织研究），这使他并没有坚持走纯理论的研究道路。第二，韦伯的社会主义思想是英国式的，他根据英国的思想和经验来解释社会主义，而他要解决的问题也是英国的问题，其实现方式也是适应于英国体制而提出的。正如他在《社会主义在英国》一书中所说：“社会主义是否通过革命运动的方式实现，主要取决于社会压制力的性质。在俄国，不管社会主义思想是否存在，都被称为虚无主义运动（Nihilist Movement）的一部分。这个不是社会主义者，也不是集体主义或无政府主义者的特征，只是纯粹的寻求政

① 参见张明贵《费边社会主义思想》，第 428 页（译文略有改动）。

② 这一点就与比阿特丽斯有很大的区别。

③ 〔英〕杰拉德·M·库特：《英国历史经济学：1870~1920》，乔吉燕译，中国人民大学出版社，2010，第 183 页。

治和行政改革。而在英国，社会主义者的影响则主要通过对思想层面无意识地渗透实现，而社会主义制度正是通过立法的方式缓慢且持续地前进。”[①] 韦伯思想的这个特点，使他的社会主义思想在英国产生了广泛的影响，但也注定了这种思想不可能成为一种普遍意义上的系统化理论。

2. 强调整体效率，忽略个人

效率观念在韦伯的社会主义思想与实践中起着极其重要的作用。他认为社会主义目标的实现，必须建立在整个国家效率提高的基础上。韦伯的效率观念在经济目标中的体现，就是通过建立国民最低生活标准，改善工人阶级生活、工作状况的方式，提升国民效率；而在政治目标中的体现，则是要建立一个由知识分子精英组成的专家政府。在这一点上，韦伯被认为是强调官僚主义的中央集权形式的社会民主主义者。诚然，韦伯本人对于训练有素的行政官员的信任是根深蒂固的。[②] 从“官僚主义者”这个词的最好意义上来讲，韦伯夫妇是天生的官僚主义者，而且他们自己也承认这一点。比阿特丽斯说，他们是“B”派，慈善（benevolent）、资产阶级（bourgeois）、官僚主义（bureaucratic），并把他们自己同“A”派相对比，那就是贵族（Aristocratic）、无政府主义（Anarchist）和傲慢（Arrogant）——“他们不信任一般人做出重要决定的能力，除非他们是在较高明的人的明智引导之下，并且只能让他们作简单而明确的选择。”[③] 此外，韦伯过分强调社会组织，他认为只要社会机器（在政治上即为中央和地方政府及其职能部门）能够被合适地建构，并由聪明的人有效掌管，如果组织的各种功能能够被科学地决定，而其结构能适应这种功能，那么就能

① Sidney Webb, *Socialism in England*, London: S. Sonnenschein, 1890, p. 8.

② 韦伯本人就是有着丰富行政经验的行政官员。

③ 〔英〕玛格丽特·柯尔：《费边社史》，第154页。

得到一个相当文明的，人们足以健康、富裕和聪明地生活在其中的社会。正如比阿特丽斯在《我们的伙伴关系》中说的那样："随着我们每一次对社会机构知识了解的增加，我们坚定了这样一种信念，那就是未来人类社会的发展取决于基于个人牟利的社会机构为公共服务体系在更大程度上取代。"①

对效率的追求，对社会组织的过分关注，使韦伯经常被人们形容成一个缺乏道德关怀的无情的机器。如前所述，韦伯是因为人道主义的因素才开始转向社会主义的，而且他分配平等化的社会主义目标，以及对社会普遍福利的追求，都表现了他并不欠缺人道主义精神。然而受进化论伦理观念的影响，韦伯转向了更强调个人义务与无私奉献的集体主义。从韦伯的社会有机体理论中可以看出，他认为社会最大效率的实现只有在个人以最可能的方式在社会有机体中履行他卑微的义务时才能实现，而社会有机体的存在才是个人至高无上的目标。韦伯在成为社会主义者之前，是自由激进主义者，因此他不可能放弃个人自由的诉求。而在他的社会主义思想中也确实能看到他为自由保留的空间，如强调保证工人闲暇时的自由，允许一定程度的私人企业存在等。此外，他对社会组织的关注，使得他的社会主义思想给人一种忽视个体的强烈的集体主义印象。正如雷纳德·伍尔夫所说："他们感兴趣的是社会组织，他们认为，如果你认识到你想要哪种社会时，你就能通过建立一个合适的机构和政府框架来得到它。华莱士曾经说过他们（指韦伯夫妇—引者注）对镇议会感兴趣，而他本人则对镇议员感兴趣。他们关注的是政府的结构和功能，而不是个人。他们无疑是仁爱的，他们的目标是建立一个文明的社会，但他们是教条主义者，

① Barbara Drake and Margaret I. Cole, eds., *Our Partnership by Beatrice Webb*, London: Longmans, Green and Co., 1948, p. 16.

他们的教条引导他们关注，但仅仅关注政府和机构的功能和结构。"[①]

韦伯的社会主义思想，尤其在其早期阶段，简单来说就是认为社会产生的问题，包括政治的和经济的问题，都只有在一个大规模国家干预的集体主义体制下才可能解决；但是他却没有考虑到这种集体化可能带来的诸如官僚集权专制的可怕后果。如前所述，韦伯希望建立一个由社会精英组成的专家政府管理社会事务，其理想模式是在中央建立一个统一的权力中心，配之以地方各专门化的委员会，并相互制约（后者对韦伯来说更为重要），相辅相成。韦伯认为这样的行政机构体系，既可以增强政府职能部门的效率和专业化，又不会导致中央集权的官僚政治的形成。然而，韦伯的这套行政体系，是建立在他对英国的民主制度、国家政府极端信任乃至对社会精英（尤其是中产阶级知识分子）的盲目信任的基础上的。他认为中产阶级知识分子大多数不要求更高的社会地位，而会满足于行使权力带来的更卓越的知识和更长期的行政经验。而当韦伯在 20 世纪 20 年代认识到由地方制约中央的这套行政体系并不能真正解决集权问题的时候，他却设计了一套更为乌托邦的双议会体制。

此外，韦伯对社会组织的过分关注，也使他忽略了当时"现代"社会的两个大问题，即帝国主义问题以及战争与和平问题。对于前者，韦伯虽然于布尔战争时期在费边社与萧伯纳一起发表过有关帝国主义的观点，但这只是出于渗透策略的考虑而不得不做出的妥协之举；至于后者，直到一战后韦伯才开始予以关注。帝国主义、战争与和平可以说是当今世界灾难、罪恶和无秩序产生的主要原因，但它们却体现出盲目的激情、顽固的信仰、对权力的狂热追求、民族主义理念等，

① Margret Cole, ed., *The Webbs and Their Work*, London: Fredrick Muller Ltd, 1949, pp. 260-261.

韦伯无法用研究工会运动的办法来研究它们，而他对这种激情或者说感情基本无动于衷。直到一战后讨论有关建立类似于国际联盟之类的组织时，韦伯才开始对此产生一定的兴趣。

可以说，也正因为韦伯夫妇对社会组织结构和功能重要性的过分估计，导致他们最终皈依了马克思主义。早期韦伯是反对马克思主义的，直到20世纪20年代韦伯在认识到以往的改革策略陷入停滞的状态后，才开始重新审视马克思。此时的韦伯看到了一个实实在在存在的社会主义国家：苏联。这个国家有一个有组织的社会，有一个社会主义的政党，有一套适应其功能的社会组织结构，且在经济上取得了极为快速的发展。可以说，当时的苏联社会就是韦伯以往一直追求的理想社会，以至于他忽略了苏联后来出现的大清洗、社会压迫、思想言论不自由等弊端。

二　韦伯社会主义思想在社会改革领域中体现的不足

如前所述，作为当时英国社会比较有名的社会主义思想家和社会改革家，韦伯却没有能够发挥出本应有的更大影响。例如作为当时伦敦最出色的教育改革家，他拥有丰富的教育改革和行政方面的知识，他在伦敦郡议会技术教育委员会10年的出色工作为自己积累了丰富的教育行政经验，他在1903年伦敦教育法改革中发挥了巨大的作用，也正是他的努力使得伦敦郡议会成为教育法之后的教育管理当局。然而，在教育法通过后，韦伯虽然没有离开郡议会新成立的教育委员会，但是他再也没有能担任领导职务。此外，在20世纪最初10年的英国激进改革的大潮中，韦伯的许多思想、建议很少被采纳。产生这种现象的主要原因包括以下几点。

第一，韦伯没有充分认识到工人阶级在实现社会主义目标中所担负的使命。韦伯的社会主义改革实践的主要内容，是关于行政体系和社会组织的建构，他重视社会精英的作用，重视自上而下的社会改革。因此，他并不重视工人阶级的主观能动性。韦伯夫人在1895年就曾经说过："以我们对劳工运动的认识，我们不可能对工人阶级出生的领导人有所期待，我们唯一的希望是渗透进年轻的中产阶级之中。"[①]用恩格斯形容费边主义者的话来形容韦伯也是可以的，恩格斯说："费边派是一伙野心家，他们对社会变革的必然性有足够的了解，但是他们又不肯把这一艰巨的事业仅仅托付给粗笨的无产阶级，因此他们大发慈悲地自己出来领头了。"[②] 可以说，韦伯把工人群众看成是自由放任政策的被动牺牲品，虽然他致力于改善他们的政治经济状况，但是忽视了工人阶级在创造他们自己历史的过程中所做出的贡献。这一点，韦伯直到其渗透策略完全失败后才真正注意到。于是在一战后，韦伯开始加强与工党的联系，并进入工党的第一届和第二届政府内阁。也就在此后不久，韦伯夫妇的目光就转向了苏联，并逐渐淡出英国社会改革领域。

第二，韦伯的实际政治能力薄弱。韦伯并不是一个能力很强的政治家，这一点比阿特丽斯曾在日记中明确表示过，认为韦伯的性格是不利于参政的，这一点也在韦伯与当时政治家的交往中得到证实。韦伯的渗透策略，主要就是要影响掌握实权的人的观念，但他却总是发现不了谁才是真正的领导人："在自由党人中，他们（指韦伯夫妇—引者注）同阿斯奎斯和劳埃德·乔治无法相处，对坎贝尔·班纳曼也冷眼相看。温斯顿·丘吉尔在接到阿斯奎斯政府中的'地方政府委员会'的邀请时回答说，'我不会同悉尼·韦伯夫人一起关在施粥棚里

① Barbara Drake and Margaret I. Cole, eds., *Our Partnership by Beatrice Webb*, London: Longmans, Green and Co., 1948, p. 125.

② 关勋夏：《费边社会主义的产生及其反动本质》，《华南师范学院学报》1980年，第2期。

的'。他们宁愿把赌注压在软弱的罗斯伯里或最大的阴谋家霍尔丹身上；在工党方面，由于他们竭力想控制约翰·伯恩斯，结果使得他同他们疏远，与哈第和麦克唐纳的关系更是恶劣。"[①] 在自由党中，韦伯与霍尔丹的关系最为密切，他们在重建伦敦大学时的合作取得了很大的成功，但是在自由党内部霍尔丹并没有能够真正获得实权。霍尔丹是属于罗斯伯里派别的，如果罗斯伯里胜利的话那么他就能获得很大的权力，但罗斯伯里的健康状况不好，也未能处理好党内的冲突，因此当选首相仅 15 个月即下台。更为重要的是，反罗斯伯里派是激进主义者，而当时英国的社会改革是掌握在激进主义者手中的。此外，自 1900 年开始，由于布尔战争和教育法改革这两个问题，韦伯的双面渗透策略几乎得罪了大多数人，或许他本人并不在意，但对之后 10 年中他试图进行的社会改革产生了极大的不利影响，包括废除济贫法运动的失败也在一定程度上基于这一点。

第三，韦伯在具体的社会改革过程中显得尤为天真，他对自己的判断总是充满信心，并相信自己的社会改革目标必将实现。这种天真来源于韦伯对理性的看法，如果从韦伯的研究方法和韦伯夫妇所做的大量社会调查来看，韦伯是经验主义的；同时他又是理性的，而且他认为社会上大多数人都会是理性的，他觉得只要他制定的政策是符合社会大多数人利益的，那么就必然会得到认同，并最终得到实现。韦伯在《少数派报告》出版之初，就对其充满信心。他从来不愿意相信任何一个个人会认为他与社会是对立的，他相信人的理性，并认为只要是符合整个社会利益的政策必定会得到有理性的人的认同。正如萧伯纳对韦伯的评价："他认为他自己是一个普通的明智的英国人，生活在一个充满他这样人的世界中……在这个世界中，所有事情都会屈

① 〔英〕玛格丽特·柯尔：《费边社史》，第 86 页。

服于他所认为的常识。”[①] 基于此，韦伯很少考虑在社会改革过程中可能遇到的阻力，而一旦真正遇到阻碍的时候，他又经常陷入手足无措的境地。例如在济贫法改革运动中，他看到原有的济贫法体系的缺陷，例如救济随意性、行政机构重叠等问题，他认为原有的济贫法体系无法起到预防贫困的作用，因此必须废除原先的济贫法机关，将其权力转移至郡议会。可以说，韦伯在《少数派报告》中的许多建议都是中肯的，但是他却看不到废除济贫法体系会损害原先的地方贫穷救济委员会、地方政府的直接利益，而他提出的建立国民最低生活标准的方案也必然不可能得到当时自由党和保守党的认可。

此外，韦伯的社会主义思想还受到时代局限性的影响。当时英国流行的新自由主义政治经济学虽然开始强调一定程度的政府干预以解决完全的自由放任政策带来的社会问题，但是要注意的是，他们并没有完全放弃自由市场的理念，而只是试图实行小范围的政府干预政策。而政府和激进派当时进行的一系列社会变革，施舍了一定的社会财富，虽然这部分出于政治（获得选票支持）、社会（教育改革绝大部分起于混乱状态已到了不得不解决的时候）等因素考虑，但主要还是出于救济的考量。1909 年，当时英国社会大多数人都已认可贫困是社会的责任这个观点，然而代表自由党政府的《多数派报告》仍明确表示贫困是个人的责任，这就意味着当时政府进行的改善民生的一些改革多数是出于救济弱者这样的考量，而社会救济仍主要通过慈善和自助的方式进行。因此，可以说直到凯恩斯主义和混合经济概念出现，韦伯提出的由国家对贫困问题负责，并通过制定国民最低生活标准这样的大规模干预经济的模式是不可能得到社会上层的认同的。只是在

① Paul Barker, ed., *Founders of the Welfare State*, Aldershot: Gower Publishing Company, 1986, p. 59.

经历20世纪二三十年代的经济危机后，社会才充分认识到国家在贫困问题上的责任，认识到贫困、失业等问题已经影响到资本主义体制的生死存亡，从而不得不进行大范围的政府干预，这时韦伯的福利国家政策才有实现的可能。同时，我们还要看到20世纪初的英国，其国力是不可能支撑韦伯提出的福利计划的。当然，本书在此并不是要完全否认韦伯在《少数派报告》中提出的观念，虽然它在当时的英国并没有得到社会的认同（主要是社会上层政治家，而当时代表工人阶级利益的工会组织、独立工党在《国民保险法》颁布后就转而支持政府法案了），而韦伯也没有考虑到政府财政是否能够支撑施行该报告的各项建议，但是韦伯毕竟为英国的福利国家体系设计了一幅蓝图，为日后英国福利国家的建立提供了丰富的思想资源。

结　语

韦伯的社会主义思想从表面上看充满了矛盾：他强调个人自由，却又忽视个体；他强调民主与宪政，却又对高效率的专家集权政府情有独钟；他内心充满了人文主义情怀，却又经常被人们认作是一个毫无感情的机器；他关注工人阶级生活状况的改善，却忽略工人阶级在社会改革中所具有的作用；他强调实用性与可行性，却又经常提出一些乌托邦式的政策建议。

韦伯社会主义思想体现出的这些矛盾和前后差异，并非是由韦伯左右摇摆的态度导致的。与此相反，韦伯的思想表现出一种显明的连贯性，他几乎所有的思想及思想指导下的社会改革实践都围绕着一个原则在运转，那就是“实用”，具体体现就是“效率”。因此，从伦理学的角度来说，称韦伯为效用主义者是没有太大问题的。把韦伯与边沁、密尔为代表的功利主义相比，虽然二者在具体的关于“快乐”“幸福”的定义上有一定的差别，但就以结果为导向这方面来说，两者是一致的。为了实现“效率”，韦伯提出了一套包括生产资料公有化、分配平等化、政治及产业民主化在内的社会改革目标；也正是为了“效率”，他在强调社会有机体的重要性、个人在集体中的义务和奉献、专家集权政府和社会组织、社会机构功能的重要性的同时，不得不放弃或者弱化了其他方面的诉求。

韦伯在转向社会主义之前，是一个自由主义者，他对自由与民主，对资本主义私有制和自由放任政策有着根深蒂固的信任。直到19世纪80年代中期，韦伯仍然试图通过对资本家的道德教化而非政府干预来解决社会问题，但是到1889年《费边论丛》出版时，韦伯就完全放弃了自由主义者的身份，形成了一种强调大规模国家干预的集体主义观念。值得注意的是，当时英国经济虽然处于衰退和不稳定状态，但是这种衰退是相对的；虽然当时产生了贫困、失业等社会问题，但并没有危及影响资产阶级统治和资本主义体制生存的地步；面对诸多社会问题，当时英国社会上层已经开始在政治、经济上做出一定的让步，且取得了一定的成效，例如议会改革、工厂法案等。因此可以说，仅仅用“中产阶级的良心”或者从理论角度来解释韦伯的这种转变显然是不够的。诚然，韦伯是由一种人道主义的考量出现开始形成社会主义倾向的，他接受了进化论伦理观中对个人义务的较高要求，他通过一种基于边际效用而作的演绎推理提出了租金理论，再经由一种伦理的考虑提出了租金社会化的目标。但是这些解释，对于理解一向轻理论、重实践的韦伯思想来说是远远不够的，因为它们既无法深入解释韦伯诸如生产资料公有化目标的产生，也无法深入解释韦伯对集权政府和组织的偏爱等问题。

要解释这些问题，不得不提到韦伯对“实用”这个伦理观念的信仰。例如韦伯的公有化观念，是他在加入费边社之后才慢慢形成的。在提出租金理论和租金社会化目标后，韦伯并没有马上提出土地国有化等生产资料公有化目标，相反，他是在思考如何运用租金理论于实践过程中的时候才形成公有化观念的。他认识到要实现租金社会化目标，就必须有一个合适的单位或者组织来操作，由此他想到了地方政府，进而提出了市有化理论。韦伯集权观念的形成，也不是出于理论上的思考，而是他在实践过程中慢慢形成的。在19世纪90年代之前，韦伯的集权观念并不显著，直到他加入伦敦郡议会后才逐渐形成。韦伯在技术教育委员会时，看到了权力分散带来的教育混乱局面；他在对伦敦奖学金体系整合过程中，看到了集权带来的高效率。基于此，韦伯才逐渐开始重视集权政府的重要性。

也正是基于“实用”的原则，韦伯在自由、民主、平等、博爱与效率之间做出了自己的选择，那就是效率。在韦伯心目中，自由、民主、平等、博爱都是社会主义不可缺少的要素，而在认识到其中不可避免地会与效率产生矛盾时，韦伯也一直试图在不违反“效率”原则的同时做出一定的平衡。例如，他试图通过缩短工时增加工人休息闲暇的时间来减少工人工作时的不自由；他在强调中央集权时，试图通过地方政府职能的扩大以抗衡可能产生的专制集权；他也试图通过对自由的重新诠释，提出自由是发展人们的才能和满足人们的欲望的机会之获得，从而将自由与平等结合在一起。最终，韦伯将其社会改革方案集中于“国民最低生活标准”的框架之内，提出国家通过建立一个最低生活标准，在解决社会普遍贫困问题的同时，为社会所有人提供一个平等竞争的公正环境；最终实现在一个机会平等的社会中，任何健康的个人能够通过自己的努力，并且必须通过自己的努力，来实现物质和精神层面的个人自由的极大发展。

总之，韦伯的社会主义思想本来是要解决英国社会的不平等问题，然而他更多的精力是集中于经济不平等方面的改善，是关注社会组织和机构的高效，是认可渐进和平的社会改革方式，他想通过转变社会上层和大众的观念，通过民主宪政的方式在英国实现社会主义目标。然而，当时的英国社会虽然产生了诸如贫困、失业等许多社会问题，并在一定程度上影响到英国的国家效率，但是这些社会问题并没有严重到危及英国资本主义体制生存的地步。在这种状况下，仅仅通过民主宪政的方式，是不可能形成一个更大规模的国家干预下的集体主义体制的，而韦伯在以往的社会研究中看到的英国社会改革进程的发展，也不可能一直缓慢地持续下去。当然，最终韦伯认识到了这一系列问题，从一战后韦伯的种种著作中可以看出他认识到了工人阶级在社会改革中的重要作用，认识到了渐进和平变革的局限性或某种不可持续性，认识到集权政府会带来的官僚专制弊端。然而此时的韦伯已无力，或许也不想再对自己以往的思想和观念做出大的修正，于是他将目光转向苏联，并狂热地迷上了那个几乎是他心目中理想国度的现实体制，而这种狂热却使他忽略了以往他一直清醒地认识到的问题，那就是他提出的社会主义观点、政策、建议等都是依据当时英国的经验才形成的，而苏联的体制对具有自身历史与文化传统的英国来说或许并不合适。

附录

悉尼·韦伯生平大事记要

1859 年　7 月 13 日悉尼·韦伯出生

1871 年　赴瑞士学习法语

1873 年　赴德国学习德语

1875 年　回到伦敦

1878 年　进入陆军部任低级办事员

1879 年　进入税务局任税务检查员

结识萧伯纳

1880 年　进入探究社协会（Zetetical Society）

1881 年　进入殖民部

1884 年　发表题为“中产阶级的经济功能”的演讲，开始认可马克思的观点

1885 年　加入费边社

1886 年　著《地租、利息和工资》一文，正式认可马克思

1887 年　《社会主义者须知》出版

1888 年　发表《罗马：一个社会学启示》，开始强调集体和个人义务

1889 年　《伦敦真实情况》《费边论丛——社会主义的历史基础》出版

1890 年　《8 小时法案》《一份有关 8 小时法案的请愿》《社会主义在英国》《社会主义的进展》《可行的土地国有化》

等著作出版

与比阿特丽斯相识

1891 年　《工人的政治纲领 》《济贫法改革》《伦敦纲领》《每天8 小时工作》《伦敦来自同业行会的遗产》《市政有轨电车》《煤气供应市政化》《伦敦码头市政化》等著作出版；发表《个人主义的困境》一文

1892 年　赴工人学院发表名为“工联主义的一些问题”演讲，开始关注工会问题

3 月入选伦敦郡议会，随之创立技术教育委员会

1892 年　7 月 23 日与比阿特丽斯结婚，并辞去文官职位

1893 年　《英国向社会民主发展》出版

1894 年　《农业工人之所想》《英国工会运动史》出版

1895 年　创建伦敦经济学院

1895~1898 年　《费边社城市纲领》共 8 辑出版

1896 年　创建英国政治经济图书馆，《个人主义的困境》《妇女与工厂法》出版

发表《英国工会中的早期民主》《英国工会中的代议机构》《集体谈判的方法》《社会主义的道德》等文

1897 年　《产业民主》《维多利亚女王时期的劳工，1837~1897》出版

1899 年　《社会主义的对与错》出版

1900 年　《直接雇佣的经济分析》出版

1901 年　《教育的混乱与出路》《20 世纪政治：一项国家效率政策》出版

1902 年　《现代工业的问题》出版

1903 年 《1902 年教育法》出版

1904 年 《1903 年伦敦教育法》《伦敦教育》出版

1906~1929 年 《英国地方政府》出版（共 10 卷。1899 年开始写作，1906 年第 1 卷出版，1929 年出全）

1907 年 《贫民与养老金》《出生率的下降》出版

1909 年 《少数派报告》发表，5 月设立济贫法废除全国委员会

1910 年 《英国济贫法政策》《国家与医生》出版

1911 年 《社会的必要基础》《贫穷的预防》出版

1912 年 发表《法定最低工资的经济理论》

1913 年 5 月 12 日创办《新政治家》杂志

1915 年 成为费边社在工党执行委员会中的正式代表；《战争与工人》出版

1916 年 《和平到来后的工业重建道路》《通向社会民主?》出版

1917 年 《上院的改革》《工会状况恢复》出版

发表《战争压力下的英国劳工》《战后世界贸易》等文章

1918 年 《政治中的教师》《济贫法的废除》出版，发表《工党与医疗》一文

韦伯起草的工党第一个正式纲领《工党和社会新秩序》通过

1920 年 《英国社会主义共和国宪法》出版

1921 年 《消费者合作化运动》出版

1922 年 11 月当选下院议员

1923 年 《合作化社会问题》《资本主义文明的衰亡》出版

1924 年 1 月在第一届工党政府担任贸易部部长

1926 年 发表《自由放任的终结》

1928 年 韦伯从议会退休

1929 年 6 月在第二届工党政府担任殖民部部长，被授予帕斯菲尔德男爵爵位

1932 年 访问苏联；《社会调查方法》出版

1933 年 发表《一种新的世界宗教的产生》一文

1935 年 《苏维埃社会主义：一种新的文明?》出版

1942 年 《苏联真实情况》出版

1947 年 10 月 13 日逝世

参考文献

中文部分

陈晓律:《从亚当·斯密到凯恩斯——简评英国福利思想的发展》,《世界历史》1990 年第 5 期。

陈晓律:《英国福利制度的由来与发展》,南京大学出版社,1996。

丁建定:《从济贫到社会保险——英国现代社会保障制度的建立(1870—1914)》,中国社会科学出版社,2000。

〔德〕恩格斯:《英国工人阶级状况》,人民出版社,1956。

〔英〕E. P. 汤普森:《英国工人阶级的形成》(上),钱乘旦等译,译林出版社,2001。

樊文治:《英国独立劳工政治运动与费边社会主义》,《世界历史》1990 年第 2 期。

〔英〕G. D. H. 柯尔:《社会主义思想史》第三卷上册,何瑞丰译,商务印书馆,1981。

蒋孟引主编《英国史》,中国社会科学出版社,1988。

〔英〕玛格丽特·柯尔：《费边社史》，杜安夏、杜小敬等译，商务印书馆，1984。

〔德〕马克斯·比尔：《英国社会主义史》下卷，何新舜译，商务印书馆，1959。

〔英〕莫尔顿、台德：《英国工人运动史：1770~1920》，叶周等译，生活·读书·新知三联书店，1962。

钱乘旦：《从韦伯到汤普森——英国工人运动史研究简介》，《世界历史》1984年第6期。

〔英〕乔·柯尔：《费边社会主义》，夏遇南、吴澜译，商务印书馆，1984。

王觉非主编《近代英国史》，南京大学出版社，1997。

〔英〕韦伯夫妇：《英国工会运动史》，陈建民译，商务印书馆，1959。

〔英〕W. H. B. 考特：《简明英国经济史（1750年至1939年）》，方延钰等译，商务印书馆，1992。

〔英〕萧伯纳主编《费边论丛》，袁绩藩等译，生活·读书·新知三联书店，1958。

〔英〕萧伯纳：《费边主义》，陈慧生译，《当代世界与社会主义》1981年 第3期。

〔英〕萧伯纳：《关于费边社政策的报告》，陈慧生译，《当代世界与社会主义》1982年第3期。

〔英〕锡德尼·维伯、比阿特里斯·维伯：《资本主义文明的衰亡》，秋水译，上海人民出版社，2005。

阎照祥：《英国政治制度史》，人民出版社，2003。

〔英〕约·阿·兰·马里欧特：《现代英国 1885~1945》中册，姚曾廙译，商务印书馆，1963。

张明贵：《费边社会主义思想》，台北五南图书出版公司，2003。

英文部分

Acland, A. H. D. and Hubert Llewellyn Smith, eds., *Studies in Secondary Education*, London: Percival, 1892.

Austin, A. G., ed., *The Webb's Australian Diary*, Melbourne: I. Pitman & Sons, 1965.

Barker, Paul, ed., *Founders of the Welfare State*, Aldershot: Gower Publishing Company, 1986.

Beilharz, Peter and Chris Nyland, *The Webbs, Fabianism and Feminism*, Aldershot: Ashgate, 1998.

Beilharz, Peter, *Labour's Utopias: Bolshevism, Fabianism and Social Democracy*, London: Routledge, 1992.

Bevir, Mark, "Fabianism, Permeation and Independent Party," *The Historical Journal*, Vol. 39, No. 1 (1996), pp. 179-196.

Bevir, Mark, "Sidney Webb: Utilitarianism, Positivism, and Social Democracy," *The Journal of Modern History*, Vol. 74, No. 2 (Jun., 2002), pp. 217-252.

Brennan, Edward J. T., "Sidney Webb and the London Technical Education Board: Pattern for the Future," *The Vocational Aspect of Education*, Vol. 11, No. 23 (Sep., 1959), pp. 85-96.

Brennan, Edward J. T., "Sidney Webb and the London Technical Education Board: The Board at Work," *The Vocational Aspect of Education*, Vol. 12, No. 24 (Mar., 1960), pp. 27-43.

Brennan, Edward J. T., "Sidney Webb and the London Technical Education Board: The Education Act of 1902," *The Vocational Aspect of Education*, Vol. 13, No. 27 (Sep., 1961), pp. 146-171.

Brennan, Edward J. T., "Sidney Webb and the London Technical Education Board: The London Education Act of 1903," *The Vocational Aspect of Education*, Vol. 14, No. 28 (Mar., 1962), pp. 56-76.

Callaghan, John, *Socialism in Britain since* 1884, Oxdord: Basil Blackwell, 1990.

Cliff, Tony and Donny Gluckstein, *The Labour Party: A Marxist History*, London: Bookmarks Publishing Co., 1988.

Cole, G. D. H., *A Short History of the British Working Class Movement*, New York: The Macmillan Company, 1927.

Cole, Margaret, *Beatrice Webb*, London: Longmans, Green And Co., 1945.

Cole, Margaret, "The Webbs and Social Theory", *The British Journal of Sociology*, Vol. 12, No. 2 (Jun., 1961), pp. 93-105.

Cole, Margaret, ed., *The Webbs and Their Work*, London: Frederick Muller Ltd, 1949.

Commons, John R., "The Webbs' Constitution for the Socialist Commonwealth," *The American Economic Review*, Vol. 11, No. 1 (Mar., 1921), pp. 82-90.

Crowley, Brian, *The Self, the Individual and the Community: Liberalism in the Political Thought of F. A. Hayek and Sidney and Beatrice Webb*, Oxford: Oxford University Press, 1987.

Drake, Barbara and Margaret I. Cole, eds., *Our Partnership by Beatrice Webb*, London: Longmans, Green and Co., 1948.

Eaglesham, Eric, "Implementing the Education Act of 1902," *British Journal of Educational Studies*, Vol. 10, No. 2 (May 1962), pp. 153–175.

Eaglesham, Eric, "Planning the Education Bill of 1902," *British Journal of Educational Studies*, Vol. 9, No. 1 (Nov., 1960), pp. 3–24.

Epstein, Leon D., "Socialism and the British Labor Party," *Political Science Quarterly*, Vol. 66, No. 4 (Dec., 1951), pp. 556–575.

Fawcett, Millicent Garrett, "Mr. Sidney Webb's Article on Women's Wages," *The Economic Journal*, Vol. 2, No. 5 (Mar., 1892), pp. 173–176.

Fremantle, Anne, *This Little Band of Prophets: The Story of the Gentle Fabians*, London: George Allen & Unwin Ltd, 1960.

Hall, John A., "The Roles and Influence of Political Intellectuals: Tawney vs Sidney Webb," *The British Journal of Sociology*, Vol. 28, No. 3 (Sep., 1977), pp. 351–362.

Hamer, D. A., *The Webbs in New Zealand*, Wellington: Price Milburn, 1974.

Hamilton, Mary Agnes, *Sidney and Beatrice Webb: A Study in Contemporary Biography*, London: Sampson Low, Marston & Co., 1932.

Harrison, Royden J., *The Life and Times of Sidney and Beatrice Webb*, London: Macmillan Press Ltd, 2000.

Hill, C. E., "Sidney Webb and the Common Good: 1887~1889," *History of Political Thought*, Vol. 14, No. 4 (1993), pp. 591–622.

Hobsbawm, E. J., *Labouring Men: Studies in the History of Labour*, London: Weidenfeld and Nicolson, 1964.

Hopkins, Eric, *A Social History of the English Working Classes*, 1815–

1945, London: Edward Arnold, 1979.

Irvine, William, "Shaw, the Fabians, and the Utilitarians," *Journal of the History of Ideas*, Vol. 8, No. 2 (Apr., 1947), pp. 218-232.

Judges, A. V., "The Educational Influence of the Webbs," *British Journal of Educational Studies*, Vol. 10, No. 1 (Nov., 1961), pp. 33-48.

Leslie, Thomas, *Essays in Political and Moral Philosophy*, Dublin: Hodges, Foster, & Figgis, Grafton-St, 1879, p. 227.

Levenson, Ellie, Guy Lodge and Greg Rosen, eds., *Fabian Thinkers*, London: Bell & Bain, 2004.

Lewis, Gordon K., "Fabian Socialism; Some Aspects of Theory and Practice," *The Journal of Politics*, Vol. 14, No. 3 (Aug., 1952), pp. 442-470.

MacKenzie, Norman and Jeanne MacKenzie, eds., *The Diary of Beatrice Webb* (1873~1892), London: Virago Press Limited, 1982.

MacKenzie, Norman and Jeanne MacKenzie, eds., *The Diary of Beatrice Webb* (1892~1905), London: Virago Press Limited, 1983.

MacKenzie, Norman and Jeanne MacKenzie, eds., *The Diary of Beatrice Webb* (1905~1924), London: Virago Press Limited, 1984.

MacKenzie, Norman and Jeanne MacKenzie, eds., *The Diary of Beatrice Webb* (1924~1943), London: Virago Press Limited, 1985.

Mackenzie, Norman and Jeanne Mackenzie, *The First Fabians*, London: Quartet Books, 1979.

MacKenzie, Norman, ed., *The Letters of Sidney and Beatrice Webb* (1873~1892), Cambridge: Cambridge University Press, 1978.

MacKenzie, Norman, ed., *The Letters of Sidney and Beatrice Webb* (1892~1912), Cambridge: Cambridge University Press, 1978.

MacKenzie, Norman, ed., *The Letters of Sidney and Beatrice Webb* (1912~1947), Cambridge: Cambridge University Press, 1978.

MacKenzie, Norman, *Socialism: A Short History*, London: Hutchinson & Co. Ltd, 1967.

Mack, Mary Peter, "The Fabians and Utilitarianism," *Journal of the History of Ideas*, Vol. 16, No. 1 (Jan., 1955), pp. 76-88.

McBriar, *A. M.*, *Fabian Socialism & English Politics*, 1884-1918, Cambridge: Cambridge University, 1962.

Melitz, Jack, "The Trade Unions and Fabian Socialism," *Industrial and Labor Relations Review*, Vol. 12, No. 4 (Jul., 1959), pp. 554-567.

Milburn, Josephine Fishel, "The Fabian Society and the British Labour Party," *The Western Political Quarterly*, Vol. 11, No. 2 (Jun., 1985), pp. 319-339.

Miliband, Ralph, *Parliamentary Socialism: A Study in the Politics of Labour*, London: George Allen & Unwin Ltd, 1961.

Mill, John Stuart, *Principles of Political Economy*, London: Routledge and Kegan Paul, 1963.

Murphy, Mary E., "In Memoriam: Sidney Webb, 1859~1947," *American Journal of Sociology*, Vol. 53, No. 4 (Jan., 1948), pp. 295-296.

Oakeshott, J. F., *The London County Council: What it is and what it does*, London: The Fabian Society, 1895.

Pease, Edward R., *The History of the Fabian Society*, New York: Frank Cass, 1926.

Radice, Lisanne, *Beatrice and Sidney Webb: Fabian Socialists*, London: Macmillan, 1984.

Ricci, David M., "Fabian Socialism: A Theory of Rent as Exploitation," *The Journal of British Studies*, Vol. 9, No. 1 (Nov., 1969), pp. 105-121.

Schneider, Fred D., "Fabians and the Utilitarian Idea of Empire," *The Review of Politics*, Vol. 35, No. 4 (Oct., 1973), pp. 501-522.

Seth, James, "The Problem of Destitution: A Plea for the Minority Report," *International Journal of Ethics*, Vol. 22, No. 1 (Oct., 1911), pp. 39-50.

Shaw, Bernard, *Fabianism and the Empire: A Manifesto by the Fabian Society*, Montana: Kessinger Publishing, 2004.

Shaw, Bernard, *What socialism is*, London: The Fabian Society, 1886.

Simey, T. S., "The Contribution of Sidney and Beatrice Webb to Sociology," *The British Journal of Sociology*, Vol. 12, No. 2 (Jun., 1961), pp. 106-123.

Syme, David, *Outlines of an Industrial Science*, Philadelphia: Henry Carye Baird & Co., 1876.

Tawney, R. H., "In Memory of Sidney Webb," *Economica*, *New Series*, Vol. 14, No. 56 (Nov., 1947), pp. 245-253.

Tawney, R. H., *The Webbs in Perspective*, London: The Athlone Press, 1953.

Thompson, Paul, *Socialists, Liberals and Labour: The Struggle for London, 1885~1914*, London: Routledge & Kegan Paul, 1967,

Terrins, Deirdre and Phillip Whitehead, 100 *Years of Fabian Socialism*, London: The Fabian Society, 1984.

Tsuzuki, Chushichi, *Hyndman and British Socialism*, London: Oxford

University Press, 1961.

Ward, Michael, *Beatrice Webb: Her Quest for a Fairer Society*, London: The Smith Institute, 2011.

Webb, Sidney, *A Labour Policy for Public Authorities*, London: The Fabian Society, 1891.

Webb, Beatrice and J. H. Keay, "The New Midwives Bill," *The British Medical Journal*, Vol. 2, No. 2592 (Sep. 3, 1910), pp. 655-656.

Webb, Mrs. Sidney, "Discussion on the Relation of Poor Law Reform to Public Health and the Medical Profession," *The British Medical Journal*, Vol. 2, No. 2589 (Aug., 1910), pp. 369-375.

Webb, Sidney and Arnold Freeman, *Great Britain after the War*, London: G. Allen and Unwin, limited, 1916.

Webb, Sidney and Arnold Freeman, *Seasonal Trades*, London: Constable, 1912.

Webb, Sidney and Beatrice Webb, *A Constitution for the Socialist Commonwealth of Great Britain*, London: Longmans, Green and Co., 1920.

Webb, Sidney and Beatrice Webb, *English Poor Law Policy*, London: Longmans, Green and Co., 1910.

Webb, Sidney and Beatrice Webb, *Industrial Democracy*, London: Longmans, Green and Co., 1902.

Webb, Sidney and Beatrice Webb, *Methods of Social Study*, London: Longmans, Green and Co., 1932.

Webb, Sidney and Beatrice Webb, "Primitive Democracy in British Trade-Unionism. I," *Political Science Quarterly*, Vol. 11, No. 3 (Sep., 1896), pp. 397-432.

Webb, Sidney and Beatrice Webb, *Problems of Modern Industry*, London: Longmans, Green and Co., 1920.

Webb, Sidney and Beatrice Webb, "Representative Institutions in British Trade-Unionism," *Political Science Quarterly*, Vol. 11, No. 4 (Dec., 1896), pp. 640-671.

Webb, Sidney and Beatrice Webb, *Soviet Communism: A New Civilisation?* London: Longmans, Green and Co., 1936.

Webb, Sidney and Beatrice Webb, "The Assize of Bread," *The Economic Journal*, Vol. 14, No. 54 (Jun., 1904), pp. 196-218.

Webb, Sidney and Beatrice Webb, *The Break-up of the Poor Law: Being Part One of the Minority Report of the Poor Law Commission*, London: Longmans, Green and Co., 1909.

Webb, Sidney and Beatrice Webb, *The Consumers' Cooperative Movement*, London: Longmans, Green and Co., 1921.

Webb, Sidney and Beatrice Webb, *The History of Liquor Licensing: Pricipally from* 1700 *to* 1830, London: Longmans, Green and Co., 1903.

Webb, Sidney and Beatrice Webb, "The Method of Collective Bargaining," *The Economic Journal*, Vol. 6, No. 21 (Mar., 1896), pp. 1-29.

Webb, Sidney and Beatrice Webb, *The Public Organisation of the Labour Market: Being Part Two of the Minority Report of the Poor Law Commission*, London: Longmans, Green and Co., 1909.

Webb, Sidney and Beatrice Webb, *The State and the Doctor*, London: Longmans, Green and Co., 1910.

Webb, Sidney and Beatrice Webb, "What Happened to the English Parish," Political Science Quarterly, Vol. 17, No. 2 (Jun., 1902), pp. 223–246.

Webb, Sidney and Beatrice Webb, "What Happened to the English Parish. II," *Political Science Quarterly*, Vol. 17, No. 3 (Sep., 1902), pp. 438–459.

Webb, Sidney, *An Eight Hours Bill*, London: The Fabian Society, 1890.

Webb, Sidney, "An English Poor Law Reform Association," *The Quarterly Journal of Economics*, Vol. 5, No. 3 (Apr., 1891), pp. 370–372.

Webb, Sidney, *A Plea For An Eight Hours Bill*, London: The Fabian Society, 1890.

Webb, Sidney, "British Labor under War Pressure," *The North American Review*, Vol. 205, No. 739 (Jun., 1917), pp. 874–885.

Webb, Sidney, "Conscience and the Conscientious Objector," *The North American Review*, Vol. 205, No. 736 (Mar., 1917), pp. 403–420.

Webb, Sidney, *English Progress towards Social Democracy*, London: The Fabian Society, 1893.

Webb, Sidney, *Facts for Londoners*, London: The Fabian Society, 1889.

Webb, Sidney, *Facts for Socialists*, London: The Fabian Society, 1891.

Webb, Sidney, *Figures for Londoners*, London: The Fabian Society, 1889.

Webb, Sidney, *Five Years' Fruits of the Parish Councils Act*, London: The Fabian Society, 1901.

Webb, Sidney, *Grants in Aid: A Criticism and a Proposal*, London: Longmans, Green and Co., 1911.

Webb, Sidney, *How to Pay for the War, Being Ideas Offered to the Chancellor of the Exchequer by the Fabian Research Department*, London: The Fabian society, 1917.

Webb, Sidney, *Labour in the Longest Reign*, 1837 - 1897, London: G. Richards, 1897.

Webb, Sidney, *Labour in the Longest Reign* (1837 - 1897), London: The Fabian Society, 1897.

Webb, Sidney, *London Education*, London: Longmans, Green and Co., 1904.

Webb, Sidney, *London's Heritage in the City Guilds*, London: The Fabian Society, 1891.

Webb, Sidney, *London's Water Tribute*, London: The Fabian Society, 1891.

Webb, Sidney, *Municipal Tramways*, London: The Fabian Society, 1891.

Webb, Beatrice, *My Apprenticeship*, Cambridge: Cambridge Press, 1979.

Webb, Sidney, "On the Emergence of a New World-Religion," *International Journal of Ethics*, Vol. 43, No. 2 (Jan., 1933), pp. 167-182.

Webb, Sidney, *Paupers and Old Age Pensions*, London: The Fabian Society, 1907.

Webb, Sidney, *Practicable Land Nationalization*, London: The Fabian Society, 1890.

Webb, Sidney, *Socialism in England*, London: S. Sonnenschein, 1890.

Webb, Sidney, "Socialism in England," *Publications of the American Economic Association*, Vol. 4, No. 2 (Apr., 1889), pp. 7-73.

Webb, Sidney, *Socialism: True and False*, London: The Fabian Society, 1899.

Webb, Mrs. Sidney, *The Abolition of the Poor Law*, London: The Fabian Society, 1918.

Webb, Sidney, "The Alleged Differences in the Wages Paid to Men and to Women for Similar Work," *The Economic Journal*, Vol. 1, No. 4 (Dec., 1891), pp. 635–662.

Webb, Sidney, *The Basis and Policy of Socialism*, London: The Fabian Society, 1909.

Webb, Sidney, *The Case for an Eight Hours Bill*, London: The Fabian Society, 1891.

Webb, Sidney, "The End of Laissez-Faire," *The Economic Journal*, Vol. 36, No. 143 (Sep., 1926), pp. 434–441.

Webb, Sidney, *The Decline in the Birth-rate*, London: The Fabian Society, 1907.

Webb, Sidney, *The Difficulties of Individualism*, London: The Fabian Society, 1896.

Webb, Sidney, "The Difficulties of Individualism," *The Economic Journal*, Vol. 1, No. 2 (Jun., 1891), pp. 360~381.

Webb, Sidney, "The Economic Theory of a Legal Minimum Wage," *Journal of Political Economy*, Vol. 20, No. 10 (Dec., 1912), pp. 973~998.

Webb, Sidney, *The Education Act*, 1902: *How to Make the Best of It*, London: The Fabian Society, 1903.

Webb, Sidney, *The Education Muddle and the Way Out*, London: The Fabian Society, 1901.

Webb, Sidney, *The Eight Hours Day*, London: W. Scott, 1891.

Webb, Sidney, "The Labour Party and the Medical Profession," *The British Medical Journal*, Vol. 2, No. 3011 (Sep. 14, 1918), pp. 301–302.

Webb, Sidney, *The London Education Act* 1903: *How to Make the Best of*

It, The Fabian Society, 1904.

Webb, Sidney, *The London Programme*, London: S. Sonnenschein & Co., 1891.

Webb, Sidney, *The London Vestries*, London: The Fabian Society, 1894.

Sidney Webb, "The Moral Aspects of Socialism," *International Journal of Ethics*, Vol. 7, No. 1 (Oct., 1896), pp. 80–84.

Webb, Sidney, *The Municipalisation of the Gas Supply*, London: The Fabian Society, 1891.

Webb, Sidney, *The Municipalisation of the London Docks*, London: The Fabian Society, 1891.

Webb, Sidney, *The Necessary Basis of Society*, London: The Fabian Society, 1911.

Webb, Sidney, *The Prevention of Destitution*, London: Longmans, Green and Co., 1911.

Webb, Sidney, "The Problem of Unemployment in the United Kingdom; With a Remedy by Organization and Training," *Annals of the American Academy of Political and Social Science*, Vol. 33, No. 2 (Mar., 1909), pp. 196–215.

Webb, Sidney, *The Progress of Socialism*, London: Modern Press, 1890.

Webb, Sidney, "The Rate of Interest," *The Quarterly Journal of Economics*, Vol. 2, No. 4 (Jul., 1888), pp. 469–472.

Webb, Sidney, "The Rate of Interest and the Laws of Distribution," *The Quarterly Journal of Economics*, Vol. 2, No. 2 (Jan., 1888), pp. 188–208.

Webb, Sidney, *The Reform of the House of Lords*, London: The Fabian Society, 1917.

Webb, Sidney, *The Reform of the Poor Law*, London: The Fabian Society, 1891.

Webb, Sidney, *The Restoration of Trade Union Conditions*, New York: B. W. Huebsch, 1917.

Webb, Sidney, *The Scandal of London's Markets*, London: The Fabian Society, 1891.

Webb, Sidney, *The Story of the Durham Miners* (1662 - 1921), London: The Fabian Society, 1921.

Webb, Sidney, *The Teacher in Politics*, London: The Fabian Society, 1918.

Webb, Sidney, *The Truth about Leasehold Enfranchisement*, London: The Fabian Society, 1890.

Webb, Sidney, *The Unearned Increment*, London: The Fabian Society, 1891.

Webb, Sidney, *The Workers' Political Programme*, London: The Fabian Society, 1891.

Webb, Sidney, *The Works Manager To-day*, London: Longmans, Green and Co., 1917.

Webb, Sidney, "The World's Trade after the War," *The North American Review*, Vol. 206, No. 743 (Oct., 1917), pp. 575-582.

Webb, Sidney, *Towards Social Democracy*? London: The Fabian Society, 1916.

Webb, Sidney, *Twentieth Century Politics: A Policy of National Efficiency*,

London: The Fabian Society, 1901.

Webb, Sidney, *What about the Rates*, London: The Fabian Society, 1913.

Webb, Sidney, *When Peace Comes- the Way of Industrial Reconstruction*, London: The Fabian Society, 1916.

Webb, Sidney, *Women and the Factory Acts*, London: The Fabian Society, 1896.

Wolfe, Willard, *From Radicalism to Socialism*, New Haven and London: Yale University Press, 1975.

Wright, Anthony, *British Socialism*, London: Longman, 1983.

后　记

悉尼·韦伯是英国社会思潮由19世纪的激进自由主义向20世纪的社会民主主义转变过程中的代表人物之一。从19世纪80年代末韦伯社会主义思想正式形成开始，到20世纪20年代这30余年间，韦伯写了大量有关社会改革问题的文章，积极参与社会改革实践，对当时及日后英国社会主义思想和社会改革的发展起了关键性的作用。

笔者自2005年在南京大学历史系攻读历史学学位就开始对英国社会主义思想，尤其是韦伯的思想产生兴趣，并开始搜集相关的材料。2008年，笔者在英国苏塞克斯大学访问交流期间，搜集了相当一部分有关韦伯和韦伯夫人的第一手材料。

2010年，笔者在南京大学世界史专业攻读博士学位，决定以韦伯的社会主义思想研究为博士学位论文的题目。经过三年的学习和研究，终于完成了博士学位论文的写作。其间，南京大学世界史专业的诸位老师，特别是陈晓律老师、于文杰老师、陈仲丹老师、刘金源老师等都给予我极大的帮助，在此向诸位老师表示衷心的感谢。

毛　杰

于浙江省社会科学院院内

图书在版编目(CIP)数据

悉尼·韦伯社会主义思想与实践 / 毛杰著. — 北京：社会科学文献出版社，2017.6
（中国地方社会科学院学术精品文库. 浙江系列）
ISBN 978-7-5097-9782-2

Ⅰ.①悉… Ⅱ.①毛… Ⅲ.①悉尼·韦伯（1859-1947）-社会主义-政治思想史-研究 Ⅳ.①D091.6

中国版本图书馆 CIP 数据核字(2016)第 235297 号

中国地方社会科学院学术精品文库·浙江系列
悉尼·韦伯社会主义思想与实践

著　　者 / 毛　杰

出 版 人 / 谢寿光
项目统筹 / 宋月华　杨春花
责任编辑 / 卫　羚　袁卫华

出　　版 / 社会科学文献出版社·人文分社(010)59367215
地址：北京市北三环中路甲 29 号院华龙大厦　邮编：100029
网址：www. ssap. com. cn
发　　行 / 市场营销中心（010）59367081　59367018
印　　装 / 三河市尚艺印装有限公司

规　　格 / 开　本：787mm× 1092mm　1/16
印　张：19　字　数：235 千字
版　　次 / 2017 年 6 月第 1 版　2017 年 6 月第 1 次印刷
书　　号 / ISBN 978-7-5097-9782-2
定　　价 / 98.00 元

本书如有印装质量问题，请与读者服务中心（010-59367028）联系